新 위험한 경매

국내 1호 우형달 경매 박사가 말하는
아무도 알려주지 않는 불편한 진실

新

위험한 경매

우형달 지음

한국경제신문 *i*

추천사의 부탁을 받고 고민에 빠졌다

기존 경매 시장을 180도 완전히 뒤집어 전혀 새로운 각도에서 문제접근을 시도한, 그래서 지금까지와는 전혀 다른 컨셉의 책을 구상하고 집필해낸 노고와 용기에 먼저 박수를 보낸다. 부동산 경매 시장이 이제는 좀 차분해져야 한다는 저자의 견해를 기본적으로 이해는 하지만, 이 책을 통해 밝힌 견해에 100% 공감하기는 어려운 면이 있다. 그러나 오죽했으면 이렇게라도 시장에 경고의 메시지를 전달하려 했을까 하는 진심은 보인다.

초보 투자자들이 피해를 당하지 않을까 하는 염려에서 견제구를 던지는 저자의 용기는 높이 칭찬받을 만하다. 저자의 지적이 아니더라도 경매 시장의 과열양상은 우려의 수준을 이미 넘어섰다고 본인도 판단한다. 올바른 판단이 어려운 초보 시장참여자들을 상대로 한 전문가들의 높은 도덕적 행동양식이 어느 때보다 절실하게 요구되는 시점이 아닌가 한다. 예를 들면, 감정가 1억 원짜리를 1억 2,000만 원에 응찰하게 바람잡는 식의 충동은 하지 말아야 한다.

시내 대형서점 재테크 코너를 가보면 '얼마를 투자해서 얼마를 벌었네', '시작한 지 얼마 만에 얼마를 벌었네', '어떻게 투자해서 얼마를 벌었네' 하는 대박 환상을 부르는 책들을 볼 때마다 부동산학과 교수인 본인마저도 '혹시나 나도!' 하는 마음이 들 정도인데, 초보 투자자들의 마음이 얼마나 흔들릴 것인지는 가히 짐작이 가고도 남는다.

붕어빵처럼 너무나 똑같다며 탄식하던 제자

저자는 본인에게는 몇 안 되는 믿음직한 후배이자 제자이다. 다른 분야에 한눈팔지 않고 오랫동안 한 우물만을 우직스럽게 고집하는 자세가 그렇다. 모두가 똑같이 한 방향만 바라보는 시각이 경매 시장에서 유별나다고 탄식하던 모습을 본 적이 있었다. 그때 '우박사가 또 가만히 있지 않겠구나' 하는 생각이 들었다.

대한민국 경매 시장을 사랑하는 저자의 마음을 어느 정도는 알고 있다. 부동산 경매 시장에 대해서 직설적으로 말을 하거나, 글을 쓰거나, 견해를 피력해서는 안 되는 공인이라는 것도 알고 있다. 그럼에도 불구하고 '오죽했으면 이런 식으로 작심하고 정의의 붓을 들었을까' 하는 고뇌가 엿보인다. 그냥 잠자코 묻어가도 될 일을 왜 굳이 풍파를 자초하는지, 그 깊은 생각에 숙연해진다. 그러나 하나 분명한 점은 지금처럼 왜곡된 경매 시장 분위기에 휩쓸려 초보 투자자들이 피해를 당할까봐 진정으로 염려하는 마음에서 용기를 낸 것이다.

저자의 바람대로 이 책을 계기로 경매 시장이 조금이라도 냉정을 회복하고, 건전한 투자의 장으로 발전했으면 하는 기대와 성숙한 독자들의 균형감각을 믿어 적극 추천하게 되었다. 전혀 새로운 시도의 책이 독자들에게 어떤 평가를 받을지 흥미진진한 것도 사실이다. 균형 잡힌 관점으로 세상을 바라보고자 하는 노력과 진실을 말할 수 있는 용기는 평가할 가치가 충분하다.

다 읽어보니 어쩌면 좀 더 일찍 나왔어야 할 책이 아닌가 하는 만시지탄의 감이 들기도 한다.

건국대학교 부동산학과
교수 이정우

아무리 생각해도 말도 안되는 억지 거짓이 아무런 의심 없이 대유행을 하고 있다. 말로는 부자 만드는 '대박 경매'라지만, 실상은 사람 죽이는 패가망신 '쪽박 경매'가 정답이다. 대박! 대박! 하지만 5명 중 1명은 경매 투자로 쪽박 차는 것이 오늘날 대한민국 경매 판의 진실이다. 두려워 눈을 감고 귀를 막고 싶겠지만 그런다고 달라질 것은 별로 없다. 인정할 것은 인정하자.

한 쪽 날개로만 날 수 있는 새가 있단다. 시작하기만 하면 대박이 보장되는 그런 신천지가 있단다. 부동산 경매가 말이다. 헛된 말을 듣고 있는 사람들은 대박 경매 환상에 머리를 조아리고 있다. 천상에서 들려오는 복음이라도 되는 것처럼 말이다. 현재 서점의 재테크 코너에서 인기가 가장 좋은 서적이 경매 서적이란다.

제목들부터가 달콤하기 그지없다. 지하 단칸방에서 시작해 3년 만에 집이 20채라느니, 투잡으로 연봉수입이 가능하다느니, 종자돈 300만 원으로 수십 억을 벌었다는 식의 소설 같은 이야기가 서점 판매대를 꽉꽉

채우고 있다. 반복되는 주문은 한결같다. 법원 부동산 경매는 언제 시작해도, 누가 시작해도, 어디서 시작해도 실패확률 제로의 황금알을 낳는 거위란다. 성공이야기를 따라가다 보면 현기증에 머리가 어지럽다. 승률 100%란다. 실패란 존재하지 않고 오로지 성공만이 보장된단다. 달콤한 속삭임에 정신을 차릴 수가 없다.

　반문해보자. 그런 신천지가 정말 있을 수 있을까? 한 쪽 날개로만 나는 새를 아직 보지 못했고, 실패 확률이 제로인 투자 세계 또한 아직 보지 못했다. 이 점은 독자나 필자가 아마 죽을 때까지 보지 못할 것이다. 남들이 대박 터뜨렸다는 말 한 마디, 책 한 권에 혹해서 험하디 험한 부동산 경매 투자를 시작했다고 하자. 대박은 고사하고 쪽박이 깨지는 경우가 더 현실적일 것이다.

　황당한 감언이설에 홀려 편하게 경매를 시작했다가는 경제적 곤란이 진행되어 가정해체를 거쳐 노숙자 신세나 심지어 목숨까지 위태로울 수 있다. 준비 없이 부동산 경매 판에 뛰어들었다가 치명타를 입은 사람들의 곡소리는 높아가지만 아무도 관심이 없다. 경매 판이 더 이상 꿀단지가 아니라는 것은 이미 공공연한 비밀이다. 아는 사람은 이미 다 알면서도 모두들 쉬쉬하고 있다. 단조로운 대박 합창만이 울려 퍼지고 있지만, 실상과는 거리가 멀어도 한참 먼 이야기다. 모두들 성공 투자에 눈이 멀어 있다. 이와 같은 왜곡된 현실을 필자까지 더 이상 방관할 수 없었다. 그것이 이 책의 집필동기다.

　필자가 체험하고 있는 경매 투자는 처음부터 끝까지 지뢰밭이다. 잘못 밟는 날에는 발목부상은 기본이고 목숨까지도 위태로울 수 있는 무서운 도박 판이다. 입으로, 책으로 성공 투자의 달콤함을 노래하는 사람들이 있다. 초보 투자자가 한두 건 투자로 대박 물건을 만난다는 것은 있을 수 없다. 불가능하다. 그런데도 대박이 가능하다고 계속해서 복음을 전파하는 책과 저자들이 세상의 한 구석에 있다. 저의가 뭔지 그저 궁금할 뿐이다. 필자가 아는 경매 세상에는 준비 안 된 대박 경매란 어디에도 없었다. 오로지 쪽박 경매만 있었고, 유형은 대체로 다음과 같다.

첫째, 입찰보증금을 날리는 경우와

둘째, 시세보다 비싸게 낙찰받는 것이었고,

셋째, 처분 못해 빠져나올 수 없는 상황이었으며,

넷째, 취득한 부동산의 소유권이 잘못되는 경우 등이다.

어떤 유형이든 치명적인 피해를 가져다주기는 마찬가지다.

보증금을 날리는 것은 기본이라고 해두자. 비싸게 낙찰받아 구입가격 이하로 떨어내봐야 경매 세계의 냉혹함에 뼈가 저릴 것이다. 처분하지 못해 부도의 위기에 빠져도 마찬가지다. 수천만 원에서 수억 원을 쏟아붓고 취득한 부동산의 소유권에 문제가 생겼다고 해보자. 피가 마르는 지옥일 것이다. 그런 상황을 당하거나 상상해보지 않고서는 이 책의 깊이가 이해되지 않을 것이다.

그러면 성공 투자란 무엇일까? 여러 말들이 많지만 답은 간단하다. 싸게 사서 비싸게 파는 것이다. 실패 투자의 답 또한 간단하다. 비싸게 사서 싸게 팔면 확실하다. 다음과 같은 네 가지 타입의 투자자와 결과가 있다고 해보자.

A투자자 : 1만 원짜리를 1만 원에 사서 2만 원에 팔았다. 무난한 투자!

B투자자 : 1만 원짜리를 5,000원에 사서 2만 원에 팔았다. 아주 잘한 투자!

C투자자 : 1만 원짜리를 2만 원에 사서 1만 원에 팔았다. 멍청한 투자!

D투자자 : 1만 원짜리를 2만 원에 사서 5,000원에 팔았다. 쫄딱 망한 투자!

누구라도 'B투자자'가 되고 싶지 'D투자자'가 되고 싶지는 않을 것이다. 지금까지 앵무새들은 경매 판에 뛰어들기만 하면 'B투자자'가 될 거라 부추기고 있다. 준비 없이 뛰어들었다가는 비운의 주인공인 'D투자자'가 될 수도 있다.

'D투자자' 신세에 빠진 사람들과 사례들로 책을 시작하고 책을 마치겠다.

많은 사람들이 'B투자자'의 꿈을 안고 시작한다. 그러나 'D투자자' 신세로 남아 경매 판에서 사라지는 사람도 적지 않은 것이 현실이다. 현실을 직시하자. 이것만이 성공 투자의 첫 걸음이다.

독자들은 기존의 경매 책들과는 전혀 새로운 컨셉의 재테크 책을 만나게 될 것이다. 허황되고 황당한 희망을 노래하지 않는 경매 재테크 책은 아마도 이 책이 처음일 것이다. 부동산 경매 투자 판에 뛰어들었다가 피바가지 뒤집어쓰고 망한 사람들의 이야기와 사례들로 넘쳐난다. 망한 사연도 다양하고 피바가지 뒤집어 쓴 방법도 가지가지다. 소개되는 사례들은 경매 세계에서 일어났던 빙산의 일각이다. 필자는 용기를 가지고 사실을 말하려 했을 뿐이고, 판단과 평가는 독자의 몫이다. 과유불급이다. 대박 환상을 맹신하는 신기루의 부동산 경매 판을 누군가는 진정시켜야 한다는 사명감을 느꼈다. 먼저 느낀 필자가 먼저 시작했을 뿐이다.

이 책이 어렵게 세상에 나오기까지 너무나 많은 분들의 관심과 사랑이 있었음을 여기에 또렷이 밝힌다. 부동산과 부동산 경매에 관한 지식을 주신 건국대학교 부동산대학원 석사과정 교수님들과 선후배 여러분, 강원대학교 부동산학과 박사과정 교수님들과 선후배 여러분, (주)익투스코리아 이남재 대표님, 직장 상사였던 최옥재 사부님, (주)GMRC멤버들, 사랑하는 아내 김양희와 건강하게 자라주어 든든한 輝와 귀염둥이 健을 비롯해 나를 있게 해준 모든 분들에게 존경과 감사의 말씀을 드린다. 엉뚱하고도 황당할 것 같은 필자의 출판제의를 흔쾌히 받아들여 수고를 다해 주신 출판사의 관계자분들께도 진심으로 감사의 마음을 전한다. 진정으로 부동산 경매의 앞날을 걱정하는 마음이 필자와 통했다.

이 책을 시작할 때 많은 고민을 했었다. 모두가 한쪽만 바라보는 평화롭고 잔잔한 세상에 왜 하필 내가 돌을 던져야 하는지 말이다. 그리고 그럴 필요가 있는지 반문의 시간이 길었다. 필자의 바람은 오직 하나다. '소문난 잔칫집에 먹을 것 별로'라는 옛말처럼 대한민국 경매 판이 '꿀단지가 넘쳐나는 블루오션이 아니다'라는 것만이라도 독자들이 깨달았으면 한다.

사이비 도사들이 읊조리는 대박 환상의 주문에서 이제는 정말로 깨어날 때가 되었다. 깨어나지 못하고 계속 따라갔다가는 '멀쩡한 맨 정신으로 피뚝뚝 떨어지는 생지옥'을 경험하게 될 것이다.

과열의 부작용으로 순수한 기능을 이미 상실한 경매 시장에서 병아리들이 다칠까 우려스러워 이 책을 시작했고, 냉수를 확 끼얹는 심정으로 과대포장된 경매 시장이 조금이라도 진정되기를 진심으로 바라며 글을 마친다.

이제 부동산 경매 투자를 시작하는 분들께는 경계의 지침서로, 이미 부상을 경험한 분들께는 위로가 되었으면 한다. 너를 가리키는 손가락은 하나인데 나를 향하는 손가락은 세 개라는 사실을 잘 안다. 멀고 험한 여정을 이미 시작했고, 이제 막 시작하려는 독자들의 결단에 박수를 보내며 행간의 의미를 읽어낸다면 용기를 낸 필자도 충분히 행복하겠다. 미비한 설명이나 잘못 표현된 부분이 있다면 그 책임은 오로지 필자에게 있을 뿐임을 미리 밝혀둔다.

저자 우형달

차 례

PART 01

경매 판에 뛰어들었다가 피바가지 쓴 사람들

경매 판에 뛰어들었다가
피바가지 쓴 사람들

법원 부동산 경매에 투자하면 번다는 황당하기 그지없는 유언비어가 대한민국 전역을 휩쓸고 있다. 대유행으로 나라 전체를 공포의 도가니로 몰아가던 신종플루보다 강력하다. 발을 담그기만 하면 누구든지 대박의 달콤함을 한껏 누릴 수 있단다. 뻔하고도 빨간 거짓이다. 듣고 있는 사람은 어떤가? 홀려도 단단히 홀려 고개들을 끄덕이고 있다. 사이비 신흥종교 교주의 감언이설도 이렇게 먹혀들어 가기 어렵다. 광적인 분위기가 두렵지만 우리의 현실이다.

진실은 어떤가?

경매 투자자 5명 중 1명꼴로 신세를 망치고 있다. 확인된 사실이다. 이 책을 통해 확인시켜드리겠다. 감언이설에 홀려서 시작했는데 정신차려 보니까 입찰보증금이 날아가 있었다. 심지어는 어마어마한 금액을 투자해 사들인 부동산의 소유권을 취득하지 못하는 경우마저 생길 수 있다. 떼돈 벌었다는 주술에 홀려 잘못 들어섰다가는 피해의 주인공이 될 수 있는 것이 바로 이 판이다.

경매 투자하면 높은 수익을 올린다는 말은 아주 틀린 말은 아니다. 전제가 되어야 할 말이 있다. '잘'해야 하고 '공부'해야 한다는 말이다. 경매 투자로 피바가지 쓰는 실패사례 유형들은 너무나도 다양하다.

"사건번호가 뭔지도 모르는 강심장도 있고",

"입찰표도 쓸 줄 모르는 강심장도 있고",

"시세를 무시하고 낙찰부터 받고 보자는 강심장도 있고",

"권리분석이 뭔지도 모르고 응찰하는 강심장도 있고",

"인수가 뭔지도 모르는 강심장도 있고",

"명도가 뭔지도 모르는 강심장도 있고",

"배당표 한 장 못 쓰는 강심장도 있고",

심지어 등기부도 볼 줄 모르는 강심장도 대박 타령에 정신이 혼미하다. 동서남북 방향도 모른 채 좇아간다. 피해의 끝은 보지 않아도 보이는 것이 아닌가 싶다.

chapter 01
경매 투자로 망하는 대표적인 유형들,
뭐가 있나?

경매 투자하다 망한 사람들의 피눈물 떨어지는 이야기들

이 책은 처음부터 끝까지 경매 투자 시작했다가 피눈물 떨어지는 상황을 경험한 이야기로만 채워져 있다. 시중의 어떤 경매 책들과도 다르다는 것을 이것만 봐도 알 것이다. 21세기 대한민국을 살면서 경매 투자에 관심을 갖는 사람들의 이유나 형식은 다를지라도 목적은 오로지 하나다.

모자라는 돈을 지렛대로 몇 푼 벌어보자고 달려든 투자 판에서 차라리 시작하지 말았으면 하고 손목이 부러지도록 땅을 치는 사람들의 이야기다. 경매를 좀 해보셨다는, 그래서 이 판의 뜨거움을 좀 아신다는 분들은 손바닥이 뜨거워질 정도로 박수칠 내용을 가득 채워보겠다.

돈 좀 벌어보겠다고 시작한 경매 판에서 부상당할 수 있는 대강의 유형을 살펴보자.

1) 비싸게 낙찰받았다가 싸게 털어 낸 사람들

경매 투자했다가 돈 날리는 가장 흔한 사고가 바로 낙찰받은 가격보다 더 싸게 처분하는 케이스다.

"과열시장에서 흔하게 봅니다."

"경매의 장점이라면 시세보다 싸게 사는 것 말고는 아무것도 없습니다."

"남들이 장에 간다고 똥지게 지고 따라가는 사람과 다를 것 하나 없습니다."

감정가보다 높게 응찰하는 사람들이 그들이다.

2) 멍청하게 입찰해서 보증금 날린 사람들

가장 대표적인 실수가 입찰표에 '0' 하나 더 쓰는 경우다.

"실제 그런 일이 발생하나요?"

"본문에서 사례로 직접 보여드리겠습니다."

"1억 원에 응찰한다는 것이 10억 원이 된다는 이야기시잖아요?"

"10% 입찰보증금 날리는 사람들의 이야기는 너무나 많습니다."

본문과 실 사례를 통해서 보여드리겠다.

3) 권리분석 잘못해서 망한 사람들

권리분석 잘못해서 돈 까먹는 유형이 아마 가장 일반적인 경우일 것이다.

"권리분석은 경매의 기본 아닌가요?"

"그런데도 사고 치는 사람들이 상당합니다!"

"실제 그런가요?"

* '말소기준권리'가 뭔지,
* '대항력'이 뭔지,
* '소액최우선배당'이 뭔지,
* '확정일자'의 의미가 뭔지,
* '선순위 임차인'의 의미가 뭔지,
* '선순위 가처분, 가등기'가 뭔지,
* '배당요구 안 한 선순위 전세권'이 어떤 의미인지,
* '인수주의, 소제주의'가 뭔지,
* '국세, 지방세'가 배당절차에서 어떻게 되는지,
* '법정기일'은 어떤 의미인지,
* '임금채권자'들은 배당순위가 어떻게 되는지 정도는 사전에 공부하고 투자를 시작해도 늦지 않다.

털도 안 뽑고 닭 잡아먹으려다 골탕 먹은 사람들의 이야기도 살펴본다.

4) 배당표 잘못 써 늘어나버린 추가비용에 망가지기

경매 투자는 다섯 개의 큰 산으로 그 맥을 이루게 된다.

"어떻게 다섯 가지인가요?"

* 첫 번째는 물건 선정,
* 두 번째는 권리분석 및 수익성분석,
* 세 번째는 입찰가 산정,
* 네 번째는 명도,
* 다섯 번째는 처분이라는 출구전략으로 이루어져 있다.

"권리분석 및 수익성분석에서 중요한 포인트가 '배당표 작성'이라는 말씀이시죠?"

"배당표 작성도 할 줄 모르면서 '경매 투자'나 NPL 투자를 하는 분들 보면 존경스러워요."

"비아냥거리지 마시죠!"

"소액임차인배당이나, 순위배당 정도는 알고 응찰하셔야 하는데 안 그런 분도 있어요."

낙찰받고 잔금납부하고 나서야 더 물어줘야 한다는 것을 공부하는 간 큰 투자자들이 의외로 많다.

5) 멍청하게 입찰해서 추가비용 발생시킨 사람들

"경매에서 추가 비용이 발생하는 큰 이유에는 어떤 것이 있나요?"

"주택의 경매에서 선순위 임차인에게 물어주는 금액이 가장 대표적인 추가비용의 발생사유입니다."

"배당표만 제대로 쓸 수 있으면 피할 수 있는 함정이라고 생각합니다."

"그럼요, 고수들은 오히려 추가로 물어주어야 하는 선순위 임차인이 잔뜩 있는 경매 물건을 훨씬 더 좋아합니다."

"박사님, 다른 책에도 그런 내용이 있었는데 이해하기가 좀 어려웠습니다."

"조금만 공부를 더 하시고 직접 투자 몇 번 해보시면 무릎을 절로 치시게 될 날이 있습니다."

"추가 인수해야 하는 부분을 현명하게 활용하면 약이, 멍청하게 달려들면 죽도, 밥도 안 됩니다."

권리분석, 배당표 작성도 온전히 준비하지 않고 달려들었다가 나동그라진 사람들의 이야기를 살펴보자.

6) 멍청하게 입찰해서 소유권 날린 사람들

"이 경우는 입찰보증금 날리는 사람들보다 부상 정도는 훨씬 심각하지만 그다지 자주 일어나는 경우는 아닙니다."

"한번 당하면 그 부상 정도가 깊고 치명적이라는 말씀이시죠?"

"낙찰받아 잔금납부하고 소유권까지 취득했는데 이런 저런 이유로 '소유권이전무효소송'을 당해서 패소해버리면…."

"사전에 잘못을 체크할 방법은 없나요?"

"등기부만 볼 줄 알면 당할 부상이 아닙니다."

"그 정도 준비도 하지 않고 투자를 시작하는 사람들이 있다는 이야기인가요?"

무식하면 용감할 수 있다는 말로 대답을 대신한다.

7) 공동 투자했다가 원금마저 까먹어버린 사람들

병아리 투자자가 부상당하기 쉬운 부비트랩이다.

"신문이나 방송에서도 자주 접하는 사고지만, 끝없이 들려오는 점이 신기합니다."

"지금도 현재 진행형입니다."

책 전체를 통해 그 실태를 여지없이 보여드리겠다.

8) 다단계 투자에 걸려들어 망한 사람들

"경매 판에도 다단계가 있나요?"

"'공동 투자+다단계 투자+기획 부동산'이 한 줄로 연결되어 연타 공격을 해대기 시작하면 그 판에 뛰어든 사람들 온전히 빠져 나오기는 불가능합니다."

"박사님이 다른 책에서 '경매·NPL 투자' 돌려막기 하는 팀 이야기를 잠깐 하신 적이 있는데요?"

"최근에는 월 10% 수익으로 투자자를 모으고 있는 사람을 알고 있습니다."

"월 10%면 1억 원 투자하면 월 1,000만 원을 준다는 말인가요?"

"무슨 수로 그런 수익을 올릴 수 있겠어요? 결국 나중에 받은 돈으로 먼저 투자한 사람들에게 수익이라고 돌려주는 쇼를 하는 거죠?"

"오래 못 간다는 말씀이시죠?"

"그게 가능하려면 저수지에 물 들어오듯이 계속해서 멍청이들이 돈을 질러줘야 하는데, 가능하지 않은 이야기입니다."

이 책을 통해 경매·NPL 투자 돌려막기 판에 뛰어들었다가 60억 원을 물린 유명대학 총동문회 회장님 실 사례를 생생히 보여드리겠다.

9) 박은 알 빠져 오도가도 못하는 사람들

얼마 전에 우리 동호회 주최로 '소액 투자로, 경매·NPL로 알박기' 강좌를 개최했었다. 강의를 맡아주신 두 분의 강사선생님들의 경매 실력에 혀를 내두를지 않을 수 없다.

결론부터 말씀드리면 "누구도 할 수는 있지만 아무나 할 수는 없다"가 답이다.

뱁새가 황새 흉내부리다가는 가랑이 찢어진다는 말이 딱 맞는 투자 판이다. 들으면 들을수록 '두 차원 높은 투자 실력'에 감탄과 존경의 마음이 든다. 그러면 한두 번 투자로 그런 경지에 올라설 수 있을까? 그럴 수 없다. 두 분의 경매 경력은 필자보다 먼저다. 20년이 넘게 이 판에서 산전수전, 공중전을 치르게 올라선 경지다.

10) NPL 매입해서 경매 응찰할 때도 이런 저런 문제가 생긴다

NPL 투자로 손해 보는 유형은

(1) 저당권 매입가격보다 싸게 낙찰되기

(2) 당초 예상보다 투자금 회수가 길어진 경우

(3) 질권대출 많이 받았는데 변경, 연기, 정지 등으로 예정보다 경매 절차가 길어져 이자 추가부담이 늘어나서 수익금이 줄어드는 경우

(4) NPL 고수와 공동투자 했다가 손해 보는 경우

(5) 채권최고액 다 찼는데 진행 도중 경매가 취하되어버리는 경우

(6) 매입한 저당권의 채무자가 개인회생이나 신용회복, 파산 신청해 경매 절차가 중지되어 버리는 경우

(7) 시골 경매 물건의 저당권을 매입했는데 부동산에 문제가 생기는 경우

(8) 배당받을 저당권보다 예상하지 못한 선순위가 있어 배당금액이 줄어드는 경우 등이 주로 발생하는 투자 사고다.

11) 많이 유찰되어 싸다고 상가 낙찰받았다가 토해낸 사람들

"장사 잘 되는 상가는 경매 안 나오는 거잖아요."

"누가 그래요?"

"얼마 전 어떤 경제신문을 봤더니 유명한 경매 전문가가 그렇게 인터뷰하셨더라고요, 또 나도 그렇게 생각하고요!"

"대꾸해야 하나? 머리가 아프네요."

"아니라는 말씀이세요!"

"'상가 경매'물건에 대한 기본조차 안 되어 있는 헛소리입니다."

"그렇게 말하시는 근거를 이야기 해주세요?"

"상가에 대한 정의는 딱 두 가지뿐입니다."

"어떻게요?"

"장사가 잘 되는 상가와 장사가 안 되는 상가로!"

"그러니까 경매 나오는 상가는 장사 안 되는 상가라는 말이 틀린 말이 아닌 듯한데."

"아니라니까요!"

"어째서 아니라는 거냐고요!"

"장사가 잘 되는 상가도 경매로 나온다니까요."

"아닌 것 같은데요!"

"장사 잘 되는 상가건물 소유자가 잘 나오는 임대료를 잘 활용하면 그 상가가 경매 나올 일 없지만, 잘 나오는 월세를 가지고 건물주가 정선 카지노에 가거나, 경마하러 과천을 다니면 짧으면 6개월, 길어봐야 1년이면 경매 나옵니다."

"맞네, 말 되네!?"

장사 잘 되고 상권 살아 있는 곳의 상가도 경매도 심심치 않게 나온다.

상가 경매 물건 낙찰받아서 망하는 경우

"상권은 도저히 회복할 수 없을 지경으로 죽어서 나온 상가를 감정가 대비 많이 유찰되어서 싼 맛에 낙찰받아서 상권 살려서 한 몫 잡아보겠다고 했다가는 한 몫이 아니라 내 목이 잡힙니다!"

"어떤 상가가 낙찰자를 죽이나요?"

"죽어 있는 상권에 속해 있는 상가는 죽은 자식 살려내기보다 어렵습니다."

"경매로 낙찰받았다가 경매로 털어내는 상가, 의외로 많습니다!"

"상권분석 제대로 할 수 있으려면 한두 해 공부나 투자로는 어렵습니다!"

해당 상권의 특성에 맞지 않은 상가는 그래도 입점 업종을 다시 잘 선정하면 한번 해볼 만하지만, 주 동선에서 벗어난 상가나, 지하상가, 2층 이상 상가, 소형 아파트 단지 상가, 대형 오픈 상가를 낙찰받아 혼자 힘으로 상권을 살려낸다는 것은 불가능한 이야기다.

12) 잔금을 납부했는데 나머지 물건이 경매 진행하다 변경, 연기, 중지 되는 경우

"나는 잔금납부했는데, 다른 물건 번호의 경매가 진행 도중 '변경', '연기', '중지'되는 경우 난감하기 그지없는 상황이 벌어집니다."

"경매는 잔금납부 순간 즉시 해당 부동산의 소유권을 취득한다고 하셨죠?"

"잔금납부하면서 경락잔금융자를 받았다면 이자 내셔야 하고, 재산세, 의료보험료도 당연히 낙찰자 몫입니다."

"배당이 종료되기 전에는 후순위 임차인이라도 인도명령신청도 안 된다고 하더라고요?"

법전에는 '이시배당'이 원칙이라고 써져 있지만, 실무에서는 '동시배당'만 있을 뿐이다.

"배당이 지연되는 기간만큼 낙찰자 부담이 눈덩이 커지듯 커진다는 말이죠?"

"수익은 하루가 다르게 쪼그라들고요!"

13) 명도 안 돼 자신이 죽어나간 사람들

"이 책 본문을 읽어보면 경매하기 싫어질 것 같아요?"

"경매 투자하지 마시라는 말이 결코 아닙니다."

"알면서도 생각했던 세상보다 실상은 참 끔찍한 것 같아요?"

독자들이 이 책 전체를 어떻게 받아들일까는 이미 평가가 끝났다.

"대한민국 경매 서적에 뚜렷이 남을 책입니다."

"화제 중심에 서 있는 책 맞습니다."

"책 전체를 통해서 명도의 실상을 이처럼 적나라하게 보여준 책은 오직 박사님의 이 책뿐입니다."

14) 지분에 들어갔다가 오도가도 못하는 사람들

경매 시장의 과열로 인해 보통의 물건에서는 수익 올리기가 어려워지자 병아리들에게 소위 '특수물건'에 도전을 권하는 고수들과 책들이 있다.

"그중에 대표적인 특수물건이 '지분 경매' 물건이라는 말씀이시죠?"

"잘 하면 돈 되지만 중닭 이하 수준의 실력을 가진 분들이 잘 하기 어렵습니다!"

"지분도 유형이 참 다양하더라고요?"

"부동산에 따라, 상황에 따라 변수가 여러 가지입니다."

15) 시골 물건 들어갔다가 심하게 맞아 그로기에 빠진 사람들

"전에 시골 농가주택을 경매로 싸게 낙찰받았다가 며칠 안 가서 전체가 홀라당 불타버린 꼴을 본 적 있습니다."

"어떻게 그럴 수 있나요?"

"시골 사람들, 옛날처럼 순진하지 않습니다."

"부동산 투자한다고 시골 동네 헤집고 다니는 돈 많은 서울 사람들 꼴 보기 싫어하는 것을 탓할 일은 아니라고 보는데요?"

"'업보'죠."

"시골 사람들, 이제는 순진하지 않습니다!"

"돈 들고 돌아다니면서 들쑤셔놓은 외지인들 책임이 큽니다."

외지인이 시골 남의 동네에 땅 사서 돈 번다는 말은 이제는 옛 말이다.

"시골 땅 낙찰받았다가 잘못되면 그 땅이 내 무덤자리 됩니다.

"왜요?"

"낙찰받았다가 평생 안 팔리면 묏자리로라도 써야 하니까요?!"

"평생 처분하지 못한다는 이야기세요?"

시골 땅은 투자의 고수가 여윳돈으로 10년, 20년을 내다보고 장기 투자하는 곳이다. 시골 땅을 단기로 투자해서 수익을 올린다는 것은 당초 불가능하다고 보는 것이 정확하다. 시골 경매 물건 낙찰받을 때는 내 맘대로 낙찰받을 수 있지만 처분할 때는 절대 내 맘대로 팔리지 않는다.

16) 명도 끝났는데 엉뚱하게 고생하는 사람들

"박사님, 이 책을 보니 이미 명도가 끝난 줄 알았는데 돈을 또 물어주는 경우가 여러 건 있네요?"

"돈만으로 해결된 경우라면, 그나마 다행인 경우도 많습니다."

"'명도'는 법대로 아니면, 돈으로 해결하는 것 아닌가요?"

"낙찰받은 집에 명도하러 갔는데 집주인이 '자살'해버린 경우도 있었습니다."

"'도박'해서 집 날렸다고 자기 집 사람을 무지하게 두들겨 패는 사람 이야기도 있다면서요."

"제가 직접 겪은 사례입니다."

17) 경락잔금융자 안 돼 애먹은 사람들

입찰하기 전에 '경락잔금'융자의 구체적인 금액까지 정하고 낙찰받았는데, 낙찰받자 융자 못해준다고 한 이야기도 살펴보자.

18) '강제집행'이라는 이도 안 들어가는 경매 물건 등이 대표적이다. 생각나는 대로 가볍게 나열했는데도 이렇다. 낙찰자 죽이는 지뢰의 종류가 '뭐가 이렇게도 많냐?'고 벌린 입을 못 다물고 얼굴이 노랗게 변하면서 얼굴 표정이 일그러지는 독자들의 얼굴이 선하게 보인다.

대박 타령이 높이 울려 퍼지는 대한민국 경매·NPL 판에 준비 없이 뛰어들었다가 지금 보는 것처럼 도처에 널린 지뢰를 잘못 밟아 인생이 피폐해진 사람들의 이야기를 빼지도 더하지도 말고 따라가 보자. 물론 이 책에서 다 살펴보지 못한 훨씬 많은 종류의 지뢰들이 깔려 있다는 점은 잊지 말자.

chapter 02

'0' 하나 더 쓴 고통이
이리도 큰 줄은 몰랐네

망할 때 망하게 해주는 경매 판은 정직하다

유명백화점에서 어떤 직원이 명품 끝자리에 '0' 하나 더 붙이자 불티 나게 팔렸다는 뉴스를 보신 적이 있을 것이다. 80만 원짜리 핸드백이 졸지에 800만 원짜리로 변신하고, 300만 원짜리 모피코트가 3,000만 원짜리가 되면 더 귀한 대접을 받는 세상이다.

또 있다. 필자의 지인 중에 강남에서도 유명한 성형외과 원장님 겸 명문대학의 해부학 실습 교수님이 계신다. 만나면 재미있는 이야기를 많이 하신다. 그중 한 가지가 자기 품삯에 대한 부분이다. 성형외과 개업의니까 당연히 수술비용에 관한 것이다. 성형수술가격을 양심껏 부르면 예뻐지신 손님들의 표정이 묘하게 변한단다. 사람을 어떻게 보느냐는 식으로 말이다.

80만 원 정도면 될 가격을 800만 원이라고 하면 대 만족이란다. 개념 없이 사는 사람들의 표본이다. 안 굶어 죽고 잘 사는 걸 보면 신기하다. 망해도 진즉 망했어야 할 부류가 여전히 활보하는 세상이다. 그러나 경매 세상에서는 절대 통하지 않는 이야기다. 경매 판은 정직하다. 이런 식의 투자 두 번이면 바로 재기불능의 불구덩이다.

감정가 5억 2,000만 원인 아파트 물건에 평소대로 '0' 하나 더 붙여 52억 원에 응찰한 사례가 있다. 그저 그런 평범한 경매 물건이 하루아침에 대한민국 최고가의 명품아파트로 탈바꿈하는 순간이다. 입찰보증금 5,200만 원을 날리는 것은 불을 보듯 훤하다. 지옥이 따로 없다. 백화점 명품매장이나 강남 성형외과에서 씌우는 바가지는 경매 판에 비하면 차라리 귀여운 수준이다. 최소한 망하게 하지는 않으니까 말이다. 여기에 소개되는 사례들은 이미 잘 알려진 케이스들이다.

'5억 7,000만 원 → 57억 원'

최근 법원 경매에 초보 투자자들이 몰리면서 입찰표 입찰가격 란에 '0'을 더 붙이는 실수로 낙찰가율이 천정부지로 뛰어오르는 해프닝이 자주 발생하고 있다. 생소한 경매 법정의 분위기에 압도당하면 누구나 저지를 수 있는 황당한 실수다.

수원지방법원 안양지원 3계에서 입찰된 군포시 산본동 개나리아파트 85㎡는 감정가 2억 1,000만 원의 838.7%인 17억 6,120만 원에 낙찰됐다. 사연은 이렇다. 이 아파트는 한차례 유찰돼 감정가의 80%인 1억 6,800만 원에서 경매가 진행됐는데 응찰자 중 한 사람이 '1억 7,612만 원'을 쓰려다 실수로 '0'을 하나 더 붙여 10배 가격에 응찰하게 된 것이다.

또 다른 사례는 서울동부법원 경매1계에서 입찰한 서울 성동구 금호동 브라운스톤 105㎡는 감정가(6억 원)의 952.1%인 57억 1,250만 원에 낙찰됐다. 지옥행 열차를 탄 사람의 행로 전반을 따라가 보자.

"2007타경 320**번 최고가입찰자를 발표하겠습니다."

"응찰자 14명!"

"최고가응찰자는 57억 1,250만 원에 응찰하신 동작구 사당동에 사시는 이혜영씨입니다."

엄숙하기만 한 법정이 '와~' 하는 함성소리와 탄식과 그리고 박수소리로 경매법정은 일순간에 아수라장이 되었다.

"조용, 조용히 하세요~ 이것으로 2007타경 320**번 입찰절차를 종료합니다~ 좀 조용히들 하세요!"

이 사건의 최고가응찰자로 지목된 이혜영씨는 귀를 의심하지 않을 수 없었다. 57억 1,250만 원이라니.

본인의 필체로 57억 1,250만 원이라 기재

"집행관님~ 나는 5억 7,125만 원에 응찰했는데요?"

"여기 보세요, 아주머니, 분명히 여기 입찰가격 란에 57억 1,250만 원이라고 쓰여 있잖아요!"

"아니라니까요~ 나는 5억 7,125만 원에 응찰했다니까요?"

"여기 보시라니까요~ 누구 글씨세요!"

"제 글씨는 맞는데?"

"영수증이나 받고 내려가세요~ 다음 사건 진행해야 돼요!"

"입찰 무효처리해주면 안 되나요?"

"무슨 명목으로 무효처리를 합니까~ 입찰표엔 아무 하자가 없는데!"

"과다금액 기재는 하자가 아닌가요?"

"그건 무효사유가 아닙니다."

"그럼 저는 어쩌면 좋아요?"

"개찰 끝나고 해당 경매계로 한번 가보세요."

눈앞이 캄캄했다. 눈물이 핑 돌고 어지러워 어떻게 입찰영수증을 받고 법대를 내려왔는지 아무 생각도 나지 않았다. 입찰표 입찰가격 란에는 자신의 필체로 57억 1,250만 원이 또렷이 기재되어 있었다. 5억 7,125만 원에 응찰한다고 한 것이 귀신 곡할 노릇도 아니고 '0' 하나가 더 써져 있었다. 떨리는 가슴이 진정되지 않았다.

경매 법정 밖으로 나와 한참을 간신히 숨을 고른 뒤 경매가 끝나기를 기다렸다. 2시간 이상을 기다렸다. 11시 30분경에 시작한 개찰절차가 오후 2시가 좀 넘자 다 마무리한 듯 집행관들이 밖으로 나왔다. 하소연을 했다. 자기들 소관이 아니니 담당 경매계로 가서 문의해보라는 똑같은 말을 하면서 자리를 시급히 떠났다. 정신없이 경매계로 달려갔다.

5,200만 원짜리 애원

"계장님, 저 좀 살려주세요?"

"누구신데 다짜고짜 살려달라고 그러세요!"

"2007타경 320**번에 응찰한 정신 나간 사람입니다?"

"아~ 어떤 분인가 했는데, 아주머니세요?"

씨~익 웃는 담당 경매계장의 얼굴에서 경멸과 조소의 그림자를 보았다. 하지만 그런 것에 마음 쓸 겨를이 없었다.

"제발 한번만 살려주세요."

"왜 그러셨어요!"

"정말 무슨 영문인지 도대체 모르겠어요. 나는 분명히 5억 7,125만 원에 응찰했거든요."

"저도 아까 보았는데 분명히 57억 1,250만 원으로 입찰표가 작성되어 있었어요!"

"제가 잘못했습니다~ 입찰보증금 안 떼이게 좀 해주세요."

"더 이상 업무 방해하지 마시고 돌아가 주세요!"

"제가 잘못했습니다. 판사님께 말씀 좀 잘 해주셔서 매각불허가가 나게 좀 도와주세요."

"말씀 드리지 않아도 다 판단하고 계십니다!"

"입찰보증금 좀 꼭 돌려받게 해 주세요?!"

"매각에 관한 허가·불허가 결정은 담당판사님 고유 권한이라니까요!"

"경매하는 것 우리 남편이 몰라요. 더구나 입찰보증금 날린 줄 알면 전 쫓겨납니다."

"그만 돌아가시라니까요!"

"잘 부탁드리겠습니다. 그렇게 알고 돌아가겠습니다. 수고하세요."

일주일 뒤 매각허가가 떨어졌다

매각허·부결정을 기다리는 일주일은 그야말로 지옥이었다. 정신 멀쩡히 경험하는 생지옥이 그런 상황이 아닐까 한다. 엄청난 일을 저질렀는지 가족들은 아직 아무도 모르고 있는 상태였다. 그러니 가슴은 더욱 갑갑했다. 입찰일로부터 일주일 뒤 자신의 기도와는 무관하게 '매각허가결정'이 떨어졌다. 매각허가를 확인하는 순간 눈물부터 벌컥 쏟아졌다. 울어 충혈된 눈과 통통 부운 얼굴로 한걸음에 다시 경매계로 달려갔다.

"판사님께 말씀은 잘 드렸는데 매각허가가 나버렸네요!"

"그럼 앞으로 어떻게 하면 좋을까요?"

"제가 말씀드리기는 좀 어렵습니다만, '매각허가취소소송'을 제기해 보세요!"

"받아들여질까요?"

"그야 저도 모르죠!"

"어떻게 하는 건가요?"

"법원 앞에 있는 법률사무소를 가서 상담해보세요. '매각허가취소소송'은 정식재판을 신청하는 것이니 전문가의 도움을 받으셔야 할 겁니다!"

법원 앞에 있는 법률사무소를 찾아갔다. 자초지종을 듣더니 대뜸 수임료로 1,500만 원을 달란다. 물론 승소한다는 보장도 없는 재판인데 말이다. 기간은 최장 6~7개월 걸린단다. 좀 생각해보고 다시 연락하겠다는 말을 하고 나왔다. 다시 눈물이 핑 돌았다. 눈물 콧물로 화장은 범벅이 되어 자기도 처음 보는 얼굴이었다. 일주일째 거의 밥도 못 먹고 잠도 제대로 자지 못했다는 생각이 들었다. 이러다가는 사람 잘못되겠다는 생각까지 들었다. 일주일 사이에 남편에게서 몇 번인가 무슨 일 있냐는 채근까지 받았다. 체중도 3~4kg은 줄어든 것 같다. 독하게 마음먹고 잊어버리기로 했단다.

잔금납부 포기 시 입찰보증금 날려

초보 병아리는 사람들이 내뿜는 뜨거운 열기가 가득한 경매 법정에서 제정신 차리기가 쉽지 않다. 실수 안 하는 것이 이상할 정도이다. 입찰가격 표기 실수로 낙찰가가 높아진 사례는 해마다 증가하는 추세란다. 입찰표 응찰가격 란 뒷부분에 '0'을 하나 더 써내는 실수가 가장 흔한 실수이다. 하나 더 쓴 '0'의 위력은 실로 대단하다.

"3천만 원에 응찰한다는 것이 3억 원"

"5천만 원에 응찰한다는 것이 5억 원"

"1억 원에 응찰한다는 것이 10억 원"

"2억 원에 응찰한다는 것이 20억 원"

"3억 원에 응찰한다는 것이 30억 원"

"5억 원에 응찰한다는 것이 50억 원이 된다."

다음으로 낙찰자가 선택할 수 있는 방법이라고는 앞의 이혜영씨의 사례와 흡사할 뿐이다. 감정가 6억 원짜리에 58여억 원을 납부하는 신기록을 수립하시든지, 아님 입찰보증금을 날리는 멍청한 부자들의 대열에 합류하시든지 말이다. 어떤 선택을 할지는 두말할 필요가 없을 것이다.

"3천만 원에 응찰한다는 것이 3억 원이면 300만 원 날리고"

"5천만 원에 응찰한다는 것이 5억 원이면 500만 원 날리고"

"1억 원에 응찰한다는 것이 10억 원이면 1,000만 원 날리고"

"2억 원에 응찰한다는 것이 20억 원이면 2,000만 원 날리고"

"3억 원에 응찰한다는 것이 30억 원이면 3,000만 원 날리고"

"5억 원에 응찰한다는 것이 50억 원이면 5,000만 원의 입찰보증금을 날리게 된다."

동그라미 하나 더 써낸 '눈물의 경매' 1)

"집값이 오를 가능성이 적다면 결국 싸게 사는 게 답이죠. 그래서 경매 법원에 투자자들이 북적거리는 겁니다."

강서구 화곡동 A공인중개사사무소 관계자의 말이다. 사실이다. 부동산 시장의 장기적인 침체 속에서도 경매 시장의 열기가 좀처럼 식을 줄 모른다. 최근에는 경매 시장에 투자자를 비롯해 실수요자의 참여까지 몰리며 고가 낙찰사례도 속출하고 있다. 아파트 낙찰가율은 90%에 육박하며 시세차익조차 기대하기 어려울 지경이다. 사람이 몰리다 보면 웃지 못할 해프닝도 발생하기 마련이다. 다들 '설마 누가 그러겠어?'라고 생각하지만 입찰장에서는 크고 작은 실수로 웃지 못할 상황이 많이 발생한다.

동그라미 하나 때문에 '울고 웃고'

첫 번째 사례는 지난 10월 21일 낙찰된 경기 의정부시 의정부동 196-33번지 토지 경매 물건이다. 용도는 대지고, 면적은 $6.2m^2$(1.88평)이다. 낙찰가율(감정가 대비 낙찰가의 비율)은 무려 1,316%를 기록했다. 앞서 언급한 아파트 낙찰가율과 비교해보더라도 비정상적으로 높은 수치다. 하지만 섣부른 판단은 금물이다. 그만큼 가치가 있는 땅일 수 있기 때문이다. 실제로 제주도 경매 물건 중에도 감정가 3,000만 원 단독주택이 1억 원 이상에 낙찰되는 경우가 종종 있다. 하지만 주택도 아닌 2평 남짓한 땅에 1억 6,000만 원의 가치를 찾기란 쉽지 않아 보인다. 의정부

---

1) 2014.11.01. 머니위크 제355호에 실린 기사 인용

에는 제주도와 같은 개발호재 등이 없고 현황조사서에 따르면 해당 물건은 건물과 건물 사이 골목에 위치한 땅으로, 출입로도 없는 맹지였다. 특히 해당 물건은 법원에서 '공유물분할(공유관계를 종료하기 위해 공유물을 지분에 따라 나누는 절차)을 위한 경매'라고 공지했다. 공유물분할을 위한 경매는 대다수 투자자들이 선호하지 않는다. 온전하게 하나인 부동산이 가치가 있기 마련인데, 그것을 나누기 위해 진행하는 경매인만큼 낙찰을 받더라도 제대로 활용하지 못할 수가 있어서다. 그렇다면 1억 6,000만 원의 낙찰가는 무엇일까? 경매 전문가는 '0'(이하 동그라미)을 하나 더 붙인 것이라며 미소를 짓는다.

적정가치 산출 제대로 못해 '낭패'

이번에는 가격을 적정하게 산출하지 못해 낭패를 본 사례다. 전남 신안군 자은면 유각리 산240-23번지 임야 용도의 토지로 지난 9월 15일 낙찰됐다. 면적은 3,966㎡(1,200평), 감정가는 396만 6,000원이었다. 경쟁률이 51대 1에 달하며 인기를 과시한 해당 물건은 결국 1억 8,000만 원에 낙찰됐다. 낙찰가율은 무려 4,539%. 전국 기준 올해 최고의 낙찰가율이었다. 지도로 확인해본 결과 해당 물건은 '백길 해수욕장' 동측 인근에 위치한 해안산림지대로, 양호한 주변 환경이 눈길을 끌었다. 정팀장도 나쁘지 않은 물건이라는 데는 동감했다. 하지만 낙찰가 1억 8,000만 원 정도의 가치가 있는 토지는 절대 아니라고 강조했다. 해당 물건의 낙찰자는 낙찰 후 한 달이 지났지만 아직까지도 대금을 납부하지 않은 상태다.

chapter 03

남들 5일장에 간다고
똥지게 지고 따라간 사람들

눈앞의 인기 지역에 막차 탔다가 망한 사람들

최근 10여 년 동안 대한민국 부동산 시장에서 가장 화려한 조명을 한 몸에 받았던 지역을 뽑으라면 필자는 주저 없이 '세종특별시'이다. 그런데 입주 초기의 불편함이 가시는 사이로 부동산 가격이 급속히 하락하고 있다. 매매·전세 가리지 않고 말이다. 상태는 생각보다 심각하다.

3억 원에 분양 공급했던 아파트에 프리미엄이 최고 2억 원까지 호가했던 매물도 있었다. 지금은 (-) 프리미엄이 붙어 있단다. 전세가격은 어떤가? 입주 초기에 절대 모자라는 전세물량으로 치솟기만 하던 전세가격이 이제는 바닥을 알 수 없는 추락에 추락을 거듭하고 있다. 입주초기에 2억 원 하던 전세가 지금은 반 토막 나 있는 것이 현실이고, 더 공급될 것으로 예정되어 있는 신규 물건으로 인해 임대가격은 더 떨어질 것이 분명하다.

문제는 투자 목적으로 2~3채씩 매입했던 발 빠른 투자자들이다.

세종시에 투자한 사람들의 발등에 떨어진 불

"신규 공급이 끝없이 이어질지 몰랐습니다."

"건설업자나 시행사가 기회를 놓칠 일이 없습니다!"

"생각보다 인구도 늘지 않고요?"

"행정수도가 이전한다고 해서 해당 공무원들이 세종시로 가족 전체가 이사 오는 사람들보다는 주말부부로 본인만 내려오는 사람들이 많을 거라는 예상은 당초부터 있었습니다."

현재 세종시가 안고 있는 부동산 특징은 대강 이렇다.

* 인구가 당초 예상보다 늘지 않고 있다.

* 아파트 등 주거용 부동산의 공급이 계속되고 있다.

* 초기에 형성되었던 프리미엄은 이제는 (-)로 돌아섰다.

* 전·월세 임대료가 끝없이 낮아지고 있다.

* 투자 목적으로 세종시 주거용 부동산을 매입했던 외지인들의 인내의 한계점에 이르고 있다.

세종시 주변도 난리가 났다

"대전시나 청주시도 인구가 줄어들고 있다고 하더라고요?"

"그렇겠죠, 편의 시설 양호하지, 교육 인프라 더 좋지, 계획 도시여서 교통 쾌적하지, 그래서 인근 도시에서는 세종시로 이사 가려는 사람들이 늘어나고 있다는 이야기를 들었습니다."

"그래서 인근 지역의 부동산 가격이 하락하는 불똥이 튀고 있습니다."

공급은 증가하고 인구가 줄어드니 주택이 남아돌고, 주택이 남아도니 주택가격과 전·월세 가격은 추가로 떨어지는 악순환이 시작되고 있다.

이제 시작일 뿐이다.

입주 초기에 세준 집주인들 난리났다

프리미엄 받고 떠난 사람들이 까먹고 버린 쓰레기 치우느라고 말이다. 입주 초기에는 집이 절대 모자라서 전세가격이 하루가 다르게 치솟았다. 당장의 상황에 함몰된 투자자들이 언제까지나 호시절이 계속될 것이라는 건설사, 시행사들의 달콤한 거짓말에 귀를 크게 빌려주었던 사람들의 뒷모습이 애처롭다. 세종시 입주 초기에는 하루 숙박비가 5~6만 원씩 했었다. 그러니 전·월세 가격이 오르지 않을 수 없었다. 그러나 지금은 떨어진 임차보증금 돌려주느라고 허리가 휘고 있다. 가까스로 버티고 있는 사람들 중 일부는 조만간 포기하고 경매 물건으로 합류할 징조들이 여기저기서 보인다.

눈치 보느라 숨도 못 쉬고 있는 이 지역 투자자들

당시 바람잡이들의 선전을 들어보면 '행정수도이전'이 건국 이래 최대 국책사업이란다. 불과 5~6년 전의 기사를 검색해보시라.

   * 여기에 땅 한뼘만 마련해놓으면 더 이상의 노후대책은 필요 없다.
   * 대여섯 평의 상가 하나만 가지면 잘 키운 열 자식 안 부러울 것이라는 사이비 전문가와 그럴싸한 전망들에 투자자들은 한동안 황홀하고 행복했다.

'행정수도'라는 행복열차에 아직 탑승하지 못한 사람들은 바보취급받으면서 명절에 웃돈 주고 기차 암표 사는 사람들처럼 초조와 안달이 정상적인 판단을 흐리고 있던 시절의 이야기다. 당시의 기억이 아직도 생생하다. 필자의 오랜 지인으로부터 전화가 왔다. 충청도 땅을 경매 투자하면 돈 된다는 말을 듣고 있던 차에, 마침 적당한 땅이 있어 응찰하려고 하는데 한번 검토해달라는 부탁이었다.

부탁을 받고 그 쪽에서 부동산 중개업을 하고 있는 우리 카페 회원에게 문의를 했다. 그랬더니 의외의 대답이 돌아왔다.

지금 충청도 땅에 투자하면 상투 잡기 십상이고 이미 가격이 오를 대로 올라 더 이상 투자 가치가 없다는 말이었다. 한마디로 정리하면 투자하면 안 된단다. 가지고 있는 부동산 있으면 이참에 외지 사람들에게 바가지 잔뜩 씌우고 털어내고 빠져나올 때라는 말이었다. 그 지역 사람들의 정서와 시장이 그렇게 형성되어 있다는 말씀이셨다.

지금 생각해도 그렇게 말씀해주신 분께 진심으로 감사의 마음이 든다. 그 말을 듣고서는 투자하겠다는 지인을 끝까지 뜯어 말렸다. 당시 경매 투자사례다. 세간의 뜨거운 조명을 받았지만 결과는 눈물 난다. 물건의 대강 개요는 다음과 같다.

충청도 땅에 줄줄이 낚인 외지 낚시꾼들

* 위　치 : 충남 연기군
* 입찰일 : 2004년 7월
* 지　목 : 답(논)
* 면　적 : 1,891m^2(약 573평)
* 감정가 : 28,410,000원
* 평당 가격 : 49,581원
* 낙찰가 : 160,210,000원

* 평당 낙찰가 : 279,598원

* 낙찰가율 : 563.9%

* 입찰경쟁률 : 68대1로 정리되는 물건의 당시 시세는 평당 5~6만 원선으로 시세 대비 4~5배의 가격으로 구입한 꼴이 되고 말았다. 또 다른 과열 응찰사례를 보자.

또 다른 낙찰사례

* 위　치 : 충남 연기

* 입찰일 : 2004년 8월

* 지　목 : 전(밭)

* 면　적 : 2,616.9m^2(약 793평)

* 감정가 : 42,060,720원

* 평당 가격 : 53,040원

* 낙찰가 : 205,990,000원

* 평당 낙찰가 : 259,760원

* 낙찰가율 : 489.7%

* 입찰경쟁률 : 55대1

* 당시시세 : 평당 5~6만 원선

* 응찰결과 : 낙찰되었으나, 대금납부에 부담을 느낀 낙찰자는 결국 대금을 미납했다로 정리되는 물건을 낙찰자가 잔금납부를 포기하자 법원은 입찰보증금을 몰수한 다음 재경매를 실시했다. 재경매 결과는 다음과 같았다.

잔금납부를 포기로 재경매

* 재입찰일 : 2004년 11월
* 지 목 : 전
* 면 적 : 2,616.9㎡(약 793평)
* 감정가 : 42,060,720원
* 평당 가격 : 53,040원
* 낙찰가 : 123,370,000원
* 평당 낙찰가 : 155,573원
* 낙찰가율 : 293.31%
* 입찰경쟁률 : 18대1로 마무리되었다.

당시 시세는 평당 5~6만 원선으로 아직도 시세대비 3배 정도의 과열 양상을 여실히 드러내고 있다. 재경매로 경쟁률과 낙찰가는 약간 낮아 지기는 했지만 여전히 경매의 장점을 살리지 못한 과열입찰의 전형이 다. 명절날 고향에 내려가겠다는 일념 하나로 매표소 앞에서 발을 동동 구르며 가격은 묻지도 않고 서너 배 웃돈을 붙여 기차표를 사는 사람들 과 무엇이 다른가? 그럴싸한 개발계획 및 장밋빛 청사진에 홀려 냉철히 따져보지 않고 잡고 보자는 식이다. 낚으려다 낚인다. 더욱 충격적인 경 매 투자 사례를 보자.

마찬가지로 충청도 땅이다

* 위 치 : 충남 정안면 고성리
* 입찰일 : 2004년 10월
* 지 목 : 임야

* 면 적 : 7,128m^2(2,160평)
* 감정가 : 9,461,540원
* 평당 가격 : 4,380원
* 낙찰가 : 123,000,000원
* 평당 낙찰가 : 56,944원
* 낙찰가율 : 1,300.0%
* 입찰경쟁률 : 98대1
* 당시 시세 : 평당 5,000원 전후였다.

충남 정안면 고성리 임야인 이 물건은 토지 경매사상 98대1이라는 최고의 입찰경쟁 끝에 감정가의 1,300.0%인 1억 2,300만 원에 낙찰되는 신기록을 수립했다.

이런 배경에는 참여정부의 행정수도 이전 예정지로 '공주·연기' 지역이 최종 확정되면서 최고조에 달했다. 일반매매, 경매 가리지 않고 전국의 투자자들이 총 출동하던 시기였고, 닥치는 대로 이 지역의 물건들을 싹쓸이해갔다. 그런 결과 충청권 일대의 일반매물은 완전히 바닥날 정도에 이르렀다. 그러니 경매 물건에 몰리는 것은 어찌 보면 당연한 일일 수도 있다.

불과 몇 년 전까지만 해도 수십 년 동안 팔리지도 않고 꿈쩍도 않던 땅 가격은 하루가 다르게 폭등하고 손 바뀜이 월단위로 벌어졌다. 그러나 딱 거기까지였다. 한때 터질 듯 부풀어 오르던 이 지역 부동산 가격은 마침내 터져버린 풍선 꼴 모양이 되어가고 있다. 일반 거래는 멈추어버렸고 대박의 환상은 깨진 지 오래로 폭락의 곡소리만 높아가고 있는 중이다. 이 지역에 막차 탄 외지 투자자들은 자신 생전에 산 가격으로 처분하기는 아마도 불가능할 것이다.

비싸게 사서 싸게 팔면 망 한다

앞서 'D투자자'란 1만 원짜리를 2만 원에 사서 5,000원에 파는 투자자로 정의한 바 있다. 망할 수밖에 없는 전형적인 'D투자자'의 패턴을 보고 있다. 비싸게 사서 싸게 파는 꼴이다. 더 심한 경우로 비싸게 산 애물단지를 처분하지 못하고 평생 끌어안고 가게 생겼다. 1만 원짜리를 2만 원에 사서 5,000원에도 팔지 못해, 후손들에게 상속으로 물려줄 일 벌어진다.

충남 정안면 고성리 임야 경매 건은 낙찰 후 행정수도 위헌 판결에 대한 부담으로 낙찰자는 결국 대금을 미납했다. 입찰보증금을 날린 부상병이 한 명 추가되었다는 의미다.

'토지 투자'는 단군 이래 선수들의 전유물이었다. 경매로 시골 토지에 투자한다는 것은 부동산 투자의 완성판이다. 정상에 올라서서 세상을 내려다보는 경지다. 분위기에 휩쓸려 정신없이 뱁새가 황새걸음 흉내 내다가는 가랑이 찢어지기 딱 좋은 투자 아이템이다.

'경매로 땅 투자!' 듣기에는 좋을지 몰라도 병아리가 성공하고 빠져나오기는 쉽지 않은 컴컴한 정글이다.

개발호재나 아이템을 바탕으로 시골 땅에 투자한다는 것은 도박 판에 뛰어드는 것과 다를 바 없다. 행복도시든, 기업도시든, 혁신도시든 지뢰투성이다. 정책변화라는 산사태로 물길이 조금만 바뀌어도 영원히 못 나온다. 화려한 불꽃을 보고 정신없이 몰려들었다가 치명타를 맞고 나동그라진 외지 나방들의 신음소리가 여전하다.

그러면 지금은 어디인가?

두말할 것 없이 '제주특별자치도'다. 몰려드는 중국 사람들과 넘쳐나는 중국자본으로 인해 제주도가 중국으로 넘어가는 것 아닌가 하는 염려마저 나오고 있다.

중국 사람들의 투자는 매매시장을 덮쳤고, 가격 상승에 편승한 우리나라 사람들은 경매 시장으로 마구 몰려가고 있다.

장담한다. 지금 제주지역의 임야나 전·답을 경매로 낙찰받은 분들은 본인 생전에 제값 받고 털고 나오기 어려울 것이다.

"최근 제주지역 부동산 가격 폭등이 장난이 아니라면서요?"

"가격 폭등한 거야 눈에 보이는 점이고, 조심해야 할 부분은 따로 있습니다."

"어떤 점인가요?"

"실수요가 아니라면 투자하시면 102% 묶입니다."

2013년부터 치솟기 시장한 제주지역의 경매 낙찰사례는 독자여러분들이 직접 찾아보시기 바란다.

chapter 04

화장실 들어갈 때와
나올 때 다른 것이 사람 마음

마음은 누구나 간사하다

우리말에 뒷간 갈 때와 올 때의 마음이 다르다는 말이 있다. 경매 판에서도 꼭 들어맞는 말이 있다.

경매 처분당한 주택의 임차인이 배당받은 금액을 찾으려면 낙찰자의 '인감증명서'와 인감도장이 찍힌 '명도확인서'가 반드시 필요하다. 낙찰자가 세입자에게 협조하지 않으면 세입자는 절대 배당금을 수령할 수 없다. 경매가 끝나고 나면 법원은 돈 받을 권리자들을 상대로 배당을 실시한다. 배당요구를 한 임차인의 경우 소액임차인이면 소액최우선배당을 받는다. 순위배당을 받는 임차인이면 순위배당을 통해 자신의 전세보증금 전부 또는 일부를 배당받게 된다.

여기서 중요한 것은 배당을 받는다는 말에 오해를 하면 안 된다는 것이다. 배당에 참여해 배당을 받는다는 말은 법원이 당사자에게 배당금을 책정했다는 말이다. 배당금을 내주었다는 말이 아니다. 세입자 앞으로 책정된 돈을 수령하려면 앞에서 말한 낙찰자의 인감증명서와 인감도

장이 날인된 명도확인서가 필요하다. 세입자가 배당금을 수령하는 것과 이사하는 사이에는 시간상 불일치가 생길 수밖에 없다.

수업시간이나 독자들에게 자주 듣는 질문

"박사님, 명도확인서는 언제 주어야 하나요?"

"이사 가는 날 이삿짐 다 싸서 차 출발하기 직전에 주셔야 합니다."

"너무 야박한 거 아닌가요?"

"그렇지 않습니다."

"저도 미리 달라는 말 들은 적 있어요?"

"어줍잖게 도와준다고 미리 주었다가는 호구되기 딱입니다."

"배당금 찾고 나서 안면몰수한다는 말이시죠?"

"열 명이면 열 명 모두 다 그렇습니다!"

"정말 그럴까요?"

"경매 처분당해 집 비워주고 이사 가는 사람들의 뇌리 속에는 딱 한 가지 생각밖에 없습니다!"

"낙찰자한테 어떻게 해서든지 '한 푼이라도 더 뜯어내자'는 생각만 있다는 말씀이시죠?"

"정말입니다. 잘해준다고 고맙다고 이야기할 사람 한 사람도 없습니다!?"

현실에서 발생하게 되는 배당금 수령과정과 이사과정을 살펴보자.

이해를 돕기 위해 시간표로 정리해보자.

시간상 불일치가 발생한다

* 3월 20일 낙찰
* 4월 20일 잔금납부
* 4월 30일 법원 배당기일 결정(5월 10일로)
* 낙찰자 잔금납부 후 명도작업 시작

　① 임차인 홍길동 배당 후인 5월 25일 이사하기로 약속

　② 임차인 김길동 배당 후인 5월 25일 이사하기로 약속

　③ 임차인 박길동 배당 후인 5월 25일 이사하기로 약속하면서 이사에 필요한 전세계약금이 없으니 낙찰자에게 전세계약금과 명도확인서를 미리 달라고 아우성을 쳤다고 해보자.

그리고

* 경매 법원 5월 10일 배당실시

　① 임차인 홍길동에게 3,000만 원 배당

　② 임차인 김길동에게 3,000만 원 배당

　③ 임차인 박길동에게 3,000만 원 배당이라고 해보자.

이사하기 전 법원에서 배당된 금액을 찾기 위해 미리 명도확인서와 인감증명서를 달라고 하는 것이다. 마음 약한 낙찰자는 염려는 하면서도 서류를 넘겨주는 경우가 대부분이다. 그래서는 절대 안 된다. 이삿짐 다 실고 트럭 출발할 때까지 배당금을 찾게 해서는 곤란하다. 나중에 덤터기를 쓸 가능성이 높다.

한두 번 경험해보는 일이 아니다.

배당금 찾는 데 필요한 서류는 미리 주면 안 된다

배당금을 찾기 전까지 세입자는 별의별 아쉬운 소리를 다 한다.

* 새로 이사 갈 집 전세계약금이 없다, 계약금 좀 달라.
* 돈도 다 못 받았다.
* 배당금을 찾아야 전세금을 치를 수 있다.
* 배당으로 전세계약금 다 받으니 공과금 등 아무 염려하지 마라.
* 약속 어기면 내가 당신 자식이다.
* 부자가 불쌍한 사람 돕는 셈 치고 미리 서류 좀 달라.
* 도와주면 복 받을 거다는 등등의 말을 듣게 된다.

그러나 이런 달콤한 립 서비스에 마음이 약해지면 돌이킬 수 없는 상태에 빠지게 된다.

만약 5월 25일에 이사 가기로 하고 5월 10일 실시된 배당에서 세입자가 배당된 금액을 찾을 수 있게 5월 15일쯤에 미리 서류를 주어 편의를 봐주었다고 하자. 배당금을 수령하고 난 세입자의 태도는 180도 달라진다.

이런 저런 구차한 이유를 대면서 이사비를 요구하기 시작한다. 어디서 배웠는지는 모르겠지만 낙찰자가 상상하는 금액에 '0' 하나는 아무 거리낌 없이 덧붙인다. 나중에는 이사비 주기 싫으면 강제집행하라며 오히려 큰소리치는 기가 막힌 꼴을 당하게 된다.

임차인 많은 다가구주택

필자가 직접 당한 사례다.

2005년 봄에 서울 망원동에 있는 다가구주택을 낙찰받아 당한 경우였다. 그 물건에는 일곱 가구의 임차인이 살고 있었다. 임차인의 상황은 다음과 같은 처지였다.

* 두 가구는 전세보증금을 전액 날리고,
* 두 가구는 소액임차인으로 최우선배당 시 가구당 1,600만 원씩,
* 세 가구는 모두 배당받는 임차인이 살고 있었다.

① 임차인 - 1 : 4,500만 원
② 임차인 - 2 : 4,800만 원
③ 임차인 - 3 : 5,500만 원이었다.

잔금납부 후 명도 과정에서 접촉한 임차인들이 한결같이 부드러웠다. 좀 이상하다는 생각이 들었지만 배당금만 찾으면 명도에 적극 협조하겠다는 약속을 처음부터 했다. 그래서 굳이 까칠하게 대할 필요가 없겠다는 생각이 들었다. 전액 날리는 임차인 두 가구는 어차피 이사비도 줘야 하고 시간도 걸릴 것으로 판단되었다. 분리시켜 명도작업을 하기로 결정했다. 당초 전략은 보증금의 일부와 전부를 받아가는 임차인들을 먼저 이사 보낸다. 그다음에 못 받아가는 임차인은 시간을 넉넉히 잡고 명도 작업을 진행하기로 했다.

임차인들이 명도 대책위원회를 구성

"편의를 봐드렸으니까 약속된 날짜에 이사 가시는 데 이상 없으시죠?"

"201호 아저씨한테 가서 말씀해보세요, 우리는 아무것도 몰라요."

"그 집은 전액 날리는 집이어서 아줌마네와는 다르잖아요!"

"글쎄 모른다니까요. 잘 하면 이사비를 받을 수 있다고 해서 그렇게

하기로 했어요.”

“누가 그래요~ 아니 그리고 당초하고 말씀이 다르잖아요!”

“이상하시네~ 무슨 말이 다르다고 그러세요?”

“돈 미리 찾을 수 있게 서류 주면 속 안 썩히고 이사 가신다고 그러셨잖아요!”

“그래도 우리만 보증금 받았다고 나가버리면 의리 없잖아요?!”

“누구한테 무슨 의리요!”

“201호하고, 302호요!”

“나 참, 기가 막혀 말이 안 나오네!”

“기가 막히기는 무슨 기가 막힌다는 말이세요?!”

“이것 보세요~ 아주머니~ 의리 지키려면 배당금 찾기 전에 말씀하셔야죠!”

“아이, 난 몰라요 아무 말 마세요?!”

“왜 말을 바꾸고 거짓말을 하세요!”

“이 양반이 진짜 누가 거짓말을 한다고 그래요?”

“아주머니가 말을 막 바꾸시고 있잖아요!”

“무슨 소리세요~ 내 돈 내가 찾으려는데 법이 그 따위로 생겨먹어서 그런 거지?”

“돈 찾으셨다고 말 험하게 하시네!”

“누가 뭐라 해도 난 내 돈 찾았을 뿐이고, 그 돈은 우리 돈이잖아요.”

“명도확인서랑 인감증명서 주면 이사 간다고 하셨잖아요!”

“몰라요 그런 말 한 적 없어요~ 그리고 우리 돈 우리가 찾은 것뿐입니다.”

"미리 돈 찾게 해주면 그 돈으로 전세계약금 치르고 잔금 치른다고 하셨잖아요!"

"모른다니까요. 201호 아저씨가 하자는 대로 하기로 다 합의했어요!"

"무슨 소리세요!"

"201호 가서 물어보세요!"

약하게 나오니 오히려 어렵다

이사하기 전에 배당금 수령에 적극 협조해준 것이 뒤통수를 강하게 내리치는 순간이었다. 서류를 내줄 때만 해도 이렇게까지 돌변할 줄은 정말 몰랐다.

201호(임차보증금 전액 날리는 임차인) 사람에게 전화를 했다. 전화를 받지 않았다. 201호로 갔다. 아무도 없었다. 아마 회사에 가고 없을 것이라는 것이었다. 현관문에다가 스티커 하나 붙여서 보시면 전화해달라고 메모해놓고 돌아왔다. 오면서 생각해보니 괘씸하기도 하고, 한편으로는 세입자들의 행동이 어느 정도는 이해가 되기도 했다.

그날 저녁 전화는 오지 않았고 전화를 해도 받지 않았다. 다음 날 밤, 올 때까지 집 앞에서 기다렸다. 10시가 거의 다 되어 술에 취해 돌아오는 201호 사람을 집 앞에서 만났다.

"속상해서 한잔했습니다."

"전화는 왜 안 받고 그러세요!"

"할 말, 들을 말 없습니다!"

"'명도 대책위원회' 위원장이시라고요!"

"그런 거 하면 뭐 합니까~ 다 내 불찰이죠!"

"아저씨한테 일임했다고들 그러던데요!"

"그건 자기들 생각이고, 내 앞가림도 못하는 사람이 누구를 책임지겠어요!"

"어떻게 하실 생각이세요!"

"이사 가야죠~ 이사 갈 수 있게 좀 해주세요!"

악바리로 나오는 경우보다 더 난감한 상황이 벌어졌다. 결국 임차인들이 요구한 거의 대부분을 들어주었다. 보증금 날리는 후순위 임차인들을 보면 마음이 약해지는 것이 인지상정이다. 그러나 거기서 딱 멈추어야 한다.

배당받게 도와주었더니 전화부터 안 받더라

배당금 찾기 전까지는 별별 아쉬운 소리 다 하다가 배당금 찾게 도와줬더니 낙찰자한테서 걸려오는 전화마저도 거부하는 세입자들이 있다. 어설픈 동정심의 끝에서 만나는 피해는 온전히 낙찰자의 몫이기 때문이다.

chapter 05

다가구주택 4층을
통째로 철거한 불법건축물

불법건축물을 낙찰받았다 전과자가 될 뻔한 사례

경매 시장에 가끔씩 나오는 불법건축물은 수요자들에게 별로 인기가 없다. 건축법이나 도시계획조례상 불법건축물로 판정되면 준공검사를 받지 못하거나 최악의 경우 철거도 감수해야 하기 때문이다. 원상회복할 때까지 6개월에 한 번씩 이행강제금이 부과된다.

관할 관청이 경찰에 형사고발하는 것은 기본이고, 납부하지 않으면 다른 재산에 압류까지도 가능하다. 이런 탓에 유찰을 거듭해 감정가의 절반 수준까지 떨어지는 사례도 허다하다.

서울시 성북동에서 경매 투자를 전업으로 하는 이영호(가명)씨는 대체로 하자 있는 물건에 응찰해 꽤 높은 수익을 올리는 분이었다. 예전에 필자가 한양대학교 평생교육원에서 강의할 때 수강하셨던 인연으로 본인과는 절친한 사이이다. 권리분석이 까다롭거나 판례가 궁금하실 때는 가끔 문의도 하는 분이다. 10여 년 경력의 베테랑이 당한 사례다.

물건의 개요는 다음과 같았다.

* 위　치 : 서울시 마포구 아현동
* 규　모 : 대지 402.6m^2(약 122평)
* 허가면적 : 반지하 1층, 지상 4층(총 640m^2)
* 실제면적 : 780m^2(235.95평)
* 종　류 : 다가구주택
* 입찰일 : 2008년 9월
* 감정가 : 15억 2,500만 원
* 최저입찰가 : 7억 8,080만 원(감정가 대비 51.20%)
* 당일응찰가 : 12억 1,800만 원(감정가 대비 79.87%)
* 입찰경쟁률 : 4대1로 끝이 났다.

감정가의 51.2%까지 떨어진 불법건축물

세 번 유찰로 감정가의 51.2%까지 떨어진 이유는 건축법 위반으로 사용승인을 받지 못한 상태로 경매가 진행되고 있었기 때문이었다. 현장조사를 통해 건축법 위반사항을 원상복구해도 수익이 충분하다고 판단한 것이 문제였다. 관할 구청인 마포구청 건축과로 전화를 걸어 확인한 위법내용은 허가대로 공사를 하지 않았기 때문에 사용승인을 내주지 못한다는 답변이었다.

당초 설계대로 시정하면 준공검사를 받을 수 있냐는 물음에 그럴 수 있다는 대답을 들었다. '불법건축물'이 하자로 붙어 있는 물건을 여러 건 응찰해서 상당한 재미를 본 베테랑이셨다. 불법부분 때문에 가격이 낮아진 것을 지렛대로 활용해 싸게 낙찰받고는 그 부분을 정리해 수익을 올리는 전문가였다. 이 물건에도 자신 있었단다.

"고기도 먹어본 사람이 맛을 안다."

"이미 해본 경험으로 요리방법을 안다."

"이런 물건은 아무나 못 들어온다."

"지금 응찰하면 시세의 반값이다."

"비용을 추가해도 평균낙찰가 이하다."

"높게 올려 써 잡아도 수익은 충분하다."

"요즘 이런 물건 아니면 돈 안 된다."

"해답 없는 문제 없다. 다 해결된다."

4층을 통째로 철거했다

그러나 이번에는 기존의 전술이 통하지 않았다.

"이제 와서 4층 전부를 통째로 철거하라니 말이 되나요?"

"그 부분 때문에 건물 전체가 불법건축물이 되었거든요."

"그때 담당자님이 불법부분만 시정되면 사용승인을 내줄 수 있다고 하셨잖아요!"

"선생님이 그때 전화로 물으실 때 위반내용까지는 안 물어보셨잖아요?"

"제가 뭐라고 물었는데요?"

"위반부분만 시정하면 되냐고 물어서 제가 가능하다고 말씀드린 거죠."

"그럼 철거하지 않고 다른 해결방법은 없나요!"

"그 주택은 당초 반지하 1층, 지상 3층, 연면적 $640m^2$로 허가된 사항입니다."

"그러면 3층까지만 아닌가요?"

"맞습니다~ 4층을 건축주가 무단으로 더 신축한 것입니다."

"무슨 말씀이세요?"

"그 지역은 4층으로는 주택이 허가가 날 수 없는 곳입니다."

"아니, 그럼 3층으로 허가받고, 4층으로 지었다는 말이세요?"

"그렇다니까요."

"지금 상태로는 정상화될 여지가 전혀 없나요?"

"양성화될 여지는 전혀 없습니다. 4층 전체를 철거하지 않으시면 저희는 계속해서 '이행강제금'을 부과할 수밖에 없고, 그래도 시정하지 않으시면 관할 경찰서에 형사고발하게 됩니다."

"그럼 전과자가 된다는 말씀이세요?"

"거기까지는 모르겠습니다만, 경찰서 가서 조사받고, 조서 꾸미셔야 합니다."

"이행강제금은 얼마나 부과되나요?"

"잠깐만요~ 찾아보고 대답 드리겠습니다."

"네, 그러세요. 기다리겠습니다!"

"이 건물은 반 년 단위로 1,650만 원씩 부과되는 건물입니다."

"뭐라고요? 6개월마다 1,650만 원씩이라고요?"

6개월마다 1,650만 원씩 부과되는 이행강제금

"현재 표준공시가격 수준에서 그렇다는 말이고요, 건물가격에 변동이 생기면 부과액도 달라집니다. 적용요율은 따로 정해져 있습니다."

"그럼, 건물의 표준공시가격이 올라가면 이행강제금도 올라간다는 말씀인가요?"

"네, 그렇습니다."

"납부 안 하면 어떻게 되나요?"

"선생님의 다른 재산에도 압류하도록 되어 있습니다."

"다른 부동산에도 말인가요?"

"부동산뿐만 아니라 선생님 명의로 된 다른 금융재산에도 압류 가능합니다."

"제 금융재산까지 파악하고 계신다는 말씀이세요?"

"아뇨, 지금은 모르고요. 필요하다면 전산으로 조회하도록 되어 있습니다."

"조회하면 파악 되나요!"

"그렇죠. 조회하면 금방 알죠."

"아까 말씀하신 형사고발은 또 뭔가요!"

"말 그대로 경찰서에 건축법위반으로 형사고발한다는 말입니다."

"소유자를 고발까지 한다는 말씀이세요!"

"형사고발과 이행강제금 부과를 병행하도록 규정되어 있습니다."

"고발하실 때 사전에 통보는 해주시나요?"

"그건 제가 잘 모르겠습니다. 아직 한 번도 고발해본 경험이 없어서요."

"제가 구청으로 방문해서 설명을 들어도 될까요?"

"그러시죠."

며칠 뒤 구청으로 가 담당자를 만나서 다시 확인했다. 하늘이 노래져 왔다. 그동안 올렸던 수익을 통째로 토해낼 상황이 온 것을 직감했다. 다른 방법이 없었다. 4층 전체를 통째로 철거하고 마무리 공사하는 비용으로 1억 2,500여만 원을 들었단다. 증축을 해도 시원찮은 판에 돈 들여 때려 부수고 있으니 한심한 생각이 들더란다. 마무리할 때까지 몇 번 통화를 하면서 상당한 스트레스를 받는 것으로 보았다.

끝내 형사고발까지 당한 경우

더 심각한 경우다. 강남구 논현동 소재 근린상가를 낙찰받고 불법부분을 시정하지 못해 소유자가 형사고발까지 당한 경우를 보자. 이면도로에 접해 임대가 잘 안 되는 상업용 건물을 원룸주택으로 개조해 임대했다가 관할관청인 강남구청으로부터 위법건물로 지정된 상태다. 건물의 개요는 대강 다음과 같다.

불법 개조 전 현황

* 규 모 : 지하 2층, 지상 6층
* 용 도 : 전체 상업용 임대건물
* 임대현황 : 부분공실 있음.
* 난방현황 : 전체 바닥에 난방설비 없음.

불법 개조 후 현황

* 규 모 : 지하 2층, 지상 6층(옥상에 제시 외 건물 무단증축)
* 용 도 : 전체 임대용 '원·투룸'으로 무단 개조(지상층 총 방 갯수 : 72개)
* 지하층 : 지하 1, 2층 고시원(텔)으로 무단 용도변경
* 난방현황 : 전체 바닥에 난방설비 설치
* 임대현황 : 전·월세로 임대

＊ 건축물대장현황 : 불법건축물로 등재

＊ 관청조치 : 소유자를 건축법 위반으로 형사고발되어 있음.

소유자가 형사고발까지 되었던 건물

낙찰 전부터 수차례 시정조치 통보와 형사고발까지 되었던 건물이었다. 소유자가 이행강제금을 물더라도 불법개조를 시정하지 않고 월 임대료를 받는 것이 더 이익이라고 판단해 버티고 있었다. 이런 경우 과거에는 관할 관청이 소위 '망치부대'를 동원해서 불법부분을 강제로 철거해버리는 식의 무식하지만 확실한 방법인 '대집행'을 통해서 해결했었다.

그러나 이제는 세상이 바뀌어서 그런지 대처방법도 확실히 세련되었다. 낙찰로 소유자가 바뀌어도 불법부분이 시정되지 않으면 지속적으로 이행강제금 반복부과와 형사고발을 병행한다. 경제적으로 부담을 주고, 모자라는 세수수입도 올리고, 정신적으로 고통도 준다. 시정될 때까지 말이다.

전 소유자도 이미 형사고발되어 관할 경찰서에 가서 조사받고 기소되어 상당한 액수의 벌금까지 납부한 상태였다. 즉 이행강제금과 벌금을 동시에 물고 결국 전과자 리스트에까지 이름을 올리는 불명예를 쓰고 말았다.

낙찰받고 나니 민원 들어가서 구청에서 조사 나오는 것이 이제는 오히려 상식이다. 또 다른 사례다.

낙찰받고 민원이 들어가 형사고발 당한 위반건축물

소재지	대전 동구 용운동 28**-**				
경매 구분	강제경매	채권자	이○○		
용도	다가구주택	채무/소유자	서○○	매각기일	15.02.23 (10:00)
감정가	862,898,750	청구액	25,732,131	다음예정	15.03.30 (422,820,000원)
최저가	604,029,000	토지 총 면적	260.8 ㎡	경매개시결정일	14.05.15
입찰보증금	10%(60,402,900)	건물 총 면적	665.05 ㎡	배당요구종기일	14.08.04
주의 사항	· 위반건축물				

1. 이 건물은 2014년 2월 대전 동구청에서 위반건축물로 등재(위반내용 : 불법용도변경 및 가구 수 분할 위반) 한 상태입니다. 위반건축물로 등재되면 원상복구명령이 있게 되고, 이행하지 않으면 매년 2회 이내에 서 이행강제금이 부과되는데, 본건도 이행강제금이 부과되고 있을 것으로 예상됩니다. 동구청 관련부 서를 방문해 위반내용에 대한 원상복구 가능성과 연간 부과되고 있는 이행강제금액을 확인해본 후 입 찰하시기 바랍니다(건축법 제80조).

2. 위반건축물로 등재된 경우에 행정기관으로부터 받아야 하는 영업허가 등 인허가도 받을 수 없는 것 이 원칙입니다. 이행강제금은 애초에 부과처분을 받은 자가 납부해야 하며, 소유자가 변경된 경우에 는 새로운 소유자에게 다시 시정명령을 하고, 이행 여부에 따라 이행강제금 부과 여부를 결정하는 것 이 원칙입니다(15.01.12).

요즘 경매 물건 중 유치권신고만큼이나 자주 등장하는 표현이다.

위반 건축물 특정부분 표시

낙찰받기 전에는 불법건축물 신고가 없었다

"낙찰받고나자 동구청에서 조사 나왔다는 거죠?"

"누군가의 민원 제기로 담당공무원이 실사 나왔다는 거죠."

"이행명령받고도 불법용도 변경한 부분을 원상회복하지 않으면 어떻게 되나요?"

"일정기간 이행강제금이 부과됩니다."

"행정집행은 하지 않나요?"

"요즘은 직접 철거나 훼손은 하지 않습니다."

"이행강제금액은 얼마나 되나요?"

"건물에 따라, 지자체에 따라, 면적에 따라 많이 다릅니다."

"사건에 관할 관청에 알아보는 것이 필요하겠네요?"

"응찰 전 관할 관청에 위반내용, 이행강제금액 정도를 알아본다는 것이 그게 쉽지 않습니다."

"알려주어야 응찰하기 전에 참고하지 않나요?"

"개인정보보호가 강화되어서 알려주지 않습니다."

원상복구나 정상화 하지 않으면 어찌 되는가?

"이 건의 낙찰자도 위반 내용이 본래, 허가는 4층으로 건축허가를 받았는데 건축은 5층으로 한 다가구주택을 낙찰받아서 도저히 원상복구를 할 수 없는 상태입니다."

"사진의 선 부분인 5층을 통째로 철거해야 한다는 건가요?"

"그렇죠, 원상복구는 불가능하고, 정상화도 어렵습니다."

"그러면 어떻게 해야 하나요?"

"이행강제금을 일단 부담해야 합니다."

"그러면 되나요?"

"이행강제금액이 장난이 아니라고 합니다!"

"다른 행정조치는 받지 않나요?"

지자체에 따라서는 형사고발 하는 곳도 있다.

필자의 지인도 같은 사안으로 형상고발 당한 적이 있다. 상도동에 있던 고시원을 낙찰받았던 지인이 원상회복 명령을 동작구청으로부터 받았지만 도저히 원상회복할 수 없는 사항이어서 명령을 이행하지 못하자, 동작구청이 낙찰자를 노량진 경찰서에 고발하는 바람에 벌금을 물었다. 그리고 해당 고시원은 경매로 매각해버렸다.

벌금 물어 전과자 되고 투자는 손해나고

"이행강제금 납부하고, 경찰서 조사를 받고, 벌금 물고 나니, 정이 남겠어요?"

"마음고생, 몸 고생 좀 하셨겠네요?"

"손해 좀 많이 봤습니다!"

세상 인심, 험해졌다고 불평할 일은 아닌 듯하다.

chapter 06

여섯 번 재매각된 물건에
일곱 번째 응찰한 간 큰 투자자

사연이 너무 다양한 재매각 물건

경매 정보제공 전문업체인 지지옥션(www.ggi.co.kr) 사이트를 보면 흥미 있는 사실을 확인할 수 있다. 다름 아닌 재매각에 관한 통계가 그것이다(Part 07 참고). 누군가에 의해 한 번 이상 낙찰되었다가 잔금납부를 포기해 '매각(입찰)보증금'을 날린 물건이다. 다음 입찰일에 매각보증금이 10%가 아닌 20~30%가 된다. '재매각'이라고 하는 특별매각 조건으로 진행되는 물건이다. 재매각 사유를 확인해보면 어처구니없는 경우들이 많다.

다양한 재매각 사유들은 대강 다음과 같다.

"대충 해도 한 번은 될 것 같아서",

"법원기록을 대충 확인해서",

"권리분석 우습게 보여 대충 해서",

"시세파악 역시 우습게 보여 대강 해서",

"선순위 임차인 파악 안 해서",

"쫓겨날 사람의 명도를 우습게 봐서",

"개발가치 있다는 말만 믿어서",

"잡아놓기만 하면 돈이 될 것 같아서",

"자금계획 꼼꼼히 안 세워서",

"응찰가의 80%까지 잔금융자해준다는 말에 혹해서",

"도사들은 지렛대 투자를 잘 한다는 말에 필 받아서",

"그래서 제대로 흉내 한번 내보려고 했다가",

"도사들 경매로 돈 벌었다는 말에 배 아파서",

"손도 안 대고 코 한번 풀어보려다가",

"땅 짚고 헤엄 한번 쳐보려다가",

"누워서 떡 한번 먹어보려다가",

단숨에는 숨이 차다, 한 번 끊어주자

"자본주의가 나보다 오래간다는 말이 그럴 듯해서",

"공산주의 국가에도 경매가 있다는 말이 신기해서",

"아무 물건이나 다 돈 된다는 말에 혹해서",

"경매 투자하면 누가 해도 돈 번다는 말에 혹해서",

"경매 투자하면 언제 시작해도 돈 된다는 말에 혹해서",

"경매로 떼돈 벌었다는 소문에 혹해서",

"경매로 떼돈 벌었다는 신문기사에 혹해서",

"경매 투자하면 떼돈 번다는 부동산 전문 채널을 보고 혹해서",

"나만 바보처럼 손 놓고 있는 것 같아서",

"경매 투자는 백전백승이래서",

"부동산 가격이 더 오를 것 같아서",

"정말 무조건 오를 것 같아서",

"특히 경매 투자로 사면 언제나 따 놓은 당상이래서",

"경매로 사면 싸다는 말이 그럴 듯해서",

한 번만 더 끊어, 숨 한 번만 더 돌리자

"내가 잘 아는 지역의 물건이어서",

"시세보다 한참 싸게 나온 것 같아서",

"경매가 매매보다 안전하다고 해서",

"국가는 사기 치지 않는다는 말에 혹해서",

"상가 물건은 권리금이 보호되지 않는다고 해서",

"깡통 물건이 아직도 널려 있다고 해서",

"건물만 낙찰받아도 재개발 입주권 준다고 해서",

"땅 낙찰은 성공의 보증수표라고 해서",

"공장 경매 물건은 특별법 보호대상이 아니라고 해서",

"시골 물건은 무조건 돈 된다고 해서",

"강제집행은 집행관이 대신 해준다고 해서",

"공동 투자하면 자금 부담이 그리 많지 않다고 해서",

"경매 경험은 별로 없지만 별것 아닌 것 같아서",

"경매로 싸게 사서 번듯한 내 집에서 한번 살고 싶어서",

"서너 건 투자로 경매에 도통한 것 같아서",

"경매하면 나한테만 물어봐주는 수준은 된 것 같아서",

"경매 컨설팅만 해줘도 평생 밥은 보장된 것 같아서" 등이 재매각의 원인들이다.

이처럼 엄청난 비극을 초래하는 원인이 무엇일까? 비극의 바탕에는 욕심이 똬리를 틀고 있는 것이다.

재매각보다 더 심각한 케이스

열거한 어떤 항목에 해당하시든 응찰하면 안 되는 물건은

* 누가,

* 언제,

* 무슨 이유로,

* 얼마에 응찰해도 결과는 마찬가지다. 최근 10년 동안 재매각된 물건의 자세한 통계자료 현황은 Part 07에서 보기로 하자.

다음 경우는 재매각도 모자라 여섯 번의 낙찰과 잔금납부 미납의 반복이 진행되고 있는 물건에 일곱 번째 응찰해 상상도 못한 곳에서 사고가 발생한 케이스다. 이런 함정은 웬만한 고수도 당할 수밖에 없다. 우리나라도 이제는 어디를 가도 외국인을 자주 보게 된다. 국내에 체류하고 있는 외국인들의 주거환경도 경제적 상황에 따라 천차만별이다. 용산구 이태원동이나 한남동 등지에서 거주하는 돈 많은 외국인들은 월세로 1년치를 선불로 미리 주고 쾌적한 환경에서 생활한다.

그러나 가난한 나라에서 온 돈 없는 외국인들은 공단 근처의 방 하나에서 열 명 가까이가 숙식을 교대로 해결하는 경우도 있다고 한다.

몇 해 전에 은평구 녹번동에 있는 다가구주택을 낙찰받았다가 막심한 피해를 입은 사례다. 이유는 그 주택 2층에 살고 있던 중국교포 때문이었다.

중국교포는 무조건 불법체류자?

"류수민씨세요?"

"네, 그런데요."

"우리말 잘 하시네요?"

"15년째 살고 있습니다."

"오래도 사셨네요?"

"무슨 말씀이세요?"

"아뇨~ 별 뜻 없습니다~ 언제 이사 가실 건가요?"

"날짜를 말씀해주시면, 거기에 맞추어드리지요!"

"그럼, 내일이라도 나가주세요."

"그러세요, 돈은 언제 주시나요?"

"무슨 돈이요!"

"제 임차보증금 1억 2천만이요?"

"지금 '선순위 세입자'라고 말씀하시고 싶어서 그러세요?"

"네~, 그럼요~ 외국인이지만 저도 정당한 임차인인데요?"

"이미 동사무소를 통해 전입하지 않은 것 알고 있는데요. '단순점유
자'잖아요?"

"단순점유자가 뭔데요?"

"그렇죠~ 그러셔야죠~ 모르면 그렇게 고분고분 물어보시는 게 현명
하죠!"

"무슨 말씀이세요~ 저한테 지금 강의하세요?"

"선생님처럼 전입 안 하고 사는 사람을 단순점유자라고 합니다!"

"저희가 전입을 어떻게 해요?"

"그러니 단순점유자죠~ 경매를 당하면 무조건 나가주어야 합니다!"

"나보다도 한국 법을 더 모르시네~ 그러면서 경매 투자를 하세요?"

"말씀 함부로 하지 마세요!"

"제가 무슨 말을 함부로 한다고 그러세요?"

"전입세대 열람해서 류수민씨는 전입자가 아니라는 거 다 확인했다니까요!"

외국인 관리는 동사무소가 아닌 출입국관리사무소

이 정도 실력이라면 차라리 입찰보증금을 포기하는 것이 더 현명할 수도 있다.

"그런데 동사무소를 왜 가세요?"

"전입자 세대 열람하러 동사무소로 가지, 그럼 어디로 가나요?"

"동사무소야, 저희랑 아무 상관없죠?"

"더 이상 우기지 마시고 이사 날짜나 합의합시다!"

"돈을 어떻게 주신다고 말씀을 하셔야지, 억지로 무조건 나가라면 말이 되나요?"

"억지는 류수민씨가 부리고 있는 거라니까요!"

"억지는 선생님이 부리고 있습니다."

"정 이러시면 경찰 부릅니다!"

"경찰이요, 그럼 내가 불법체류라도 하고 있다는 말씀이세요?"

"그건 내가 알 바 아니고, 경찰이 오면 일이 커지지 않겠어요?"

"그럴까요? 경찰서를 부르든, 소방서를 마음대로 하세요!"

"이 양반이 뭘 믿고 이렇게 큰소리치시나, 나중에 후회하시려고!"

"정말 모르시나 본데요. 그럼 내가 정말 가르쳐드릴까요?"

"누구에게 뭘 가르친다는 말씀이세요!"

"저희 같은 동포나 외국인의 관리는 '출입국관리소' 소관사항이죠."

"웬 뚱딴지 같은 소린지 모르겠네!"

"불법체류자도 아니어서 대항력에 아무 문제가 없는데, 정말 모르시나 봐요?"

"'대항력'이 있다고요?"

"그럼요, 출입국관리소에 가서서 확인해보세요."

"출입국관리소라고요?"

"그래요, 한번 알아보세요~ 그리고 이거 보시고 다시 연락주세요."

"이게 뭡니까!"

"여기 제 외국인 등록증입니다. 복사해드릴까요?"

동사무소를 통해 전입세대열람을 마쳤다고 생각했는데 문제가 터진 것이다. 낙찰자 왈, 몰랐단다. 외국인이나 재외동포의 대항력은 출입국관리사무소에서 확인해야 한다는 것을 말이다. 확인해보니 류수민씨의 말대로 합법적인 체류자였다. 점유가 그 집의 최초 저당권 설정일자보다 먼저였다.

단순점유자라고 생각했다. 약간의 이사비만 주고 이사 보낼 계획이 한방에 무너져 내렸다. 3억 1,700만 원에 응찰해 감정가 대비 92%에 낙찰받은 물건에 추가로 1억 2,000만 원을 물어주고 마무리되었다. 시세보다 약 2억 원을 더 주고 산 셈이 되었다. 그제야 유난히 낙찰 과정에서 변동이 심했던 이유를 어렴풋이 알게 되었다.

chapter 07
명도 대상 동생은 한정치산자,
형은 교통사고 장애인

낙찰자만 쳐다보는 채무자의 가족

낙찰자나 컨설팅 업체의 잘못이라고 말하기 어려운 케이스다. 운이 없거나 재수가 없었다고 위로하는 편이 정확할 것이다. 낙찰받은 아파트의 점유자(채무자의 가족)가 '행위무능력자'라면 어떻게 대처해야 할까? 지금은 문정동 삼성래미안으로 재건축을 통해 탈바꿈해 이전 모습을 전혀 찾아볼 수 없는 송파구 문정동에 있었던 주공 아파트의 사례이다.

당시 23평형 아파트가 1억 4~5,000만 원에 시세가 형성되어 있었다. 그런 물건이 서울 동부법원에 경매 물건으로 나오자 투자 목적으로 관심을 가지고 있던 자양동 정여사는 경매 컨설팅 직원과 함께 물건조사를 갔다.

비슷한 물건에 응찰했다가 여러 차례 떨어지고 있어 조바심이 앞서는 상황이었다. 이번에는 조금 무리하더라도 꼭 잡자는 마음으로 물건 조사를 나갔다. 지역과 물건을 잘 알고 있어 응찰 여부와 응찰가는 쉽게 정할 수 있었다. 물건의 개요는 대강 다음과 같다.

* 주 소 : 서울 송파구 문정동 주공아파트
* 향후 전망 : 재건축이 추진될 예정
* 대지지분 : 55.44㎡(16.8평)
* 건물면적 : 69.3㎡(21평)
* 건물현황 : 5층 중 2층
* 점유현황 : 채무자와 그 가족이 점유 중
* 권리현황 : 등기부상 모든 권리 낙찰로 말소
* 일반시세 : 1억 4,000만 원~1억 5,000만 원
* 감정가 : 1억 2,800만 원
* 입찰가 : 1억 2,800만 원일 때 감정가 대비 110%인 1억 4,080만 원

에 응찰했다. 투자 가치는 충분해 보였다.

채무자의 가족은 명도가 문제없다?

관할 동사무소를 가서 전입세대열람을 해보았는데 별다른 것이 없었다. 경매 정보지에 실려 있는 내용과 컨설팅업체 직원이 브리핑한 내용과 일치했다. 권리분석 역시 깔끔하게 마무리하고 입찰일에 서울 동부법원으로 향했다. 채무자 가족이 점유하고 있어 명도에 아무 문제가 없다는 직원의 말에 마음이 한결 가벼웠다.

당시 경제상황은 외환위기를 막 벗어나는 중이었고, 한일 월드컵의 공동개최로 나라 전체가 들썩이고 있었다. 회복이 영영 불가능할 것처럼 보이던 국내 부동산 경기도 바닥을 치고 서서히 달아오르던 상황이었다. 일부 신문들과 방송에서는 호들갑을 떨기 시작했다. 부동산 경기가

과열양상을 보이고 있었다. 또는 일부 지역과 물건은 이미 '거품'이 끼기 시작했다는 기사를 쏟아내기 시작하던 때였다.

언론들에서는 그렇게 호들갑이지만 여러 차례 부동산 투자를 경험한지라 마음 급할 것 없었다. 그러나 경매 투자는 처음이고, 이미 여러 차례 응찰했다가 떨어진 상태여서 마음이 바쁜 정여사는 컨설팅업체가 제시해준 가격보다 80만 원을 더 올려 썼다.

경쟁자는 여덟 명이었지만 결과는 당연히 1등 낙찰이었다. 당시 이런 물건의 평균 응찰가는 98% 전후였는데 100%를 넘겨 응찰했기 때문이다. 2등하고 22만 원 차이였다. 개찰 결과에 가슴을 쓸어내렸다.

컨설팅업체가 제시한 가격에 응찰했더라면 이번에도 물먹을 뻔했기 때문이었다. 아슬아슬하게 1등이 되고 나니 기분이 더욱 묘하게 즐거워졌다. 학교 다니는 동안 한번도 1등을 해본 경험이 없었다는 생각마저 들더란다. 붕 뜬 기분에 컨설팅업체 직원에게는 황태칼국수를 점심으로 대접하고 나머지도 부탁하고 헤어졌다. 그리고 저녁에는 집안일에 소홀하다고 투덜거리는 남편에게 폼도 잡았단다.

배실배실 웃기만 하는 채무자의 가족

다음 일들은 일사천리로 진행되었다. 일주일 후 '매각허가결정'이 났고, 다시 2주 후에 잔금납부일자가 결정되었다. 모자라는 잔금은 경락잔금융자를 통해 이미 마련해놓았다. 법원이 정한 잔금납부일보다도 1주일이나 먼저 납부해버렸다. 경매는 잔금만 납부해버리면 모든 것이 끝이라는 말을 들었기 때문이었다. 잔금을 납부하기 전에 경매가 혹시 취소되거나 변동사항이 발생할까 봐 염려가 되었기 때문에 말이다. 경매로 부동산 소유권을 처음 취득한 정여사는 세상이 다 내 것 같은 황홀감마저 맛보았다. 기특하기까지 하더란다. 경매 세상에 성공적으로 뛰어든 자신이 말이다.

소유권이전등기를 끝낸 다음날 새로운 등기부를 발급받아 아파트로 가서 벨을 가볍게 눌렀다.

"딩 동 ♬~♪~♩ 딩 동 ♬~♪~♩ 디 잉 동 ♬~♪~♩"

"분명히 사람이 있는 것 같은데, 반응이 없네?"

"다시 딩 동 ♬~♪~♩ 딩 동 ♬~♪~♩ 디 잉 동 ♬~♪~♩"

서너 차례 더 초인종을 누르자 안에서 인기척이 나고 잠시 뒤 현관문이 열렸다. 청년이 한 명 나왔는데 좀 느낌이 이상하더란다. 누구냐고 물어야 할 사람이 아무 말도 없이 그냥 실실 웃기만 했다. 기본적인 대화가 전혀 되지 않았다.

"!?!?!?!?!?!?!?!?"

"여기 사는 분이세요?"

"!?!?!?!?!?!?!?!?"

"혹시 다른 분은 안에 안 계세요?"

"!?!?!?!?!?!?!?!?"

"다른 분은 안 계시냐고요!"

"!?!?!?!?!?!?!?!?"

"저는 낙찰받은 사람인데, 누구세요?"

"!?!?!?!?!?!?!?!?"

"사람 가지고 장난하시나요!"

"혜 에 ♬~♪~♩~♪"

"아니, 뭐 이런 사람이 다 있어?"

"헤 에 ♬~♪~♪~♩"

"언제까지 집을 비울 수 있나요?"

"헤 에 ♪~♬~♩~♪"

"아니, 놀리지 마시고 언제까지 이사할 수 있냐고 묻잖아요?"

"헤 에 ♬~♪~♩~♬"

그제야 뭔가 이상하다는 느낌이 들었다.

대화가 안 되는 정신지체 장애자

더 이상 대화가 어렵다는 판단에 문을 닫고 나와서 1층으로 내려가서 물으니 집주인 동생인데 '정신지체 장애자'란다. '아차' 하는 생각이 갑자기 머리를 '꽝' 치더란다. 무슨 방법이 없을까? 영원히 이사 보내지 못하는 것은 아닌지 하는 방정맞은 생각마저 들었다. 동사무소 직원이 가끔 찾아온다는 1층 아주머니 말에 동사무소로 갔다.

근처에 사는 친형님이 돌봐주고 있다는 것을 알았다. 사회복지과 직원에게 사정을 이야기하고 전화번호를 알아내서 형님이라는 사람에게 연락을 했다.

"나도 장애인으로 어떻게 해줄 처지가 못 된다."

"믿어지지 않으면 와서 보시라."

와 보라는 집으로 갔더니 형님 역시 생활능력이 없는 사람인 것을 한눈에 알 수 있었다. 교통사고로 자신은 이렇게 되었다면서 도와달라며 매달렸다. 집이 경매 처분당한 내막도 상세하게 설명해주더란다.

"이 집은 부모님이 돌아가시면서 형제들 앞으로 상속했다."

"장애를 가지고 태어난 둘째 때문에 눈도 제대로 못 감고 돌아가셨다."

"삼형제 중 유일하게 멀쩡한 막내 동생이 사업한다며 은행 돈을 빌려 썼다."

"그 사업이 잘못되는 바람에 경매로 넘어 갔다."

"막내가 지금은 어디서 뭐 하는지 연락조차 되지 않는다."

"집을 비워주어야 한다는 것도 잘 알지만, 방법이 없다."

"최소한 월세보증금만이라도 보조해달라."

"아니면 전셋집을 하나 얻어달라."

"낙찰자가 도와주지 않으면 죽으라는 말이다."

"이익 좀 덜 보았다고 생각하고 도와다오."

더 들을 것도 없이 앞이 캄캄해져 오더란다.

필자인들 무슨 해결방법을 가지고 있겠는가?

필자에게 전화를 한 것은 이때였다. 하소연을 하셨다.

"어떻게 했으면 좋겠냐고."

"답답해서 그러니 아이디어가 있으면 말해달라고."

물론 필자에게 어떤 대안을 기대하고 연락한 것은 아니었을 것이다. 결국 다가구주택 전세보증금 4,500만 원을 모두 지불하고 집을 넘겨받았다. 시세보다 비싸게 사고, 망한 집주인의 집을 구해주는 비용으로 4,500만 원을 추가로 지불하고 마무리했다. 마음고생이 얼마나 심했을지 쉽게 짐작이 된다. 어렵고도 어렵다. 경매니까 경험하게 되는 상황이었을 것이다. 모두 마무리되었다면서 다시 전화를 하셨다.

"그나마 이렇게라도 마무리되어서 다행이에요."

"그렇죠. 돈이 문제가 아니잖아요!"

"좋은 공부하셨네요?"

"이런 일이 생길 줄은 꿈에도 몰랐어요!"

"그 집 이제 어떻게 하실 생각이세요?"

"지금은 모르겠어요. 집이 아주 엉망입니다!"

"그러시겠죠. 대개 비슷하죠?"

"수리업자 아는 분 계시지요?"

"연락처 알려드릴까요?"

"부탁 좀 드릴게요!"

"이렇게라도 마무리된 것 좋은 쪽으로 생각하세요?"

"그게 좋겠죠!"

사전에 알 수 있는 방법? 그런 것 없다

"그런데 궁금한 게 한 가지 있어요?"

"말씀해보세요!"

"망한 집에 살고 있는 사람의 상태를 사전에 알아내는 방법은 없나요?"

"글쎄요, 있으면 좋은데!"

"그럼 모두들 모르고 입찰한다는 말씀이세요?"

"거의 그런 셈이죠!"

"정말이세요?"

"운에 맡긴다고 해야 하나요?"

"말도 안 돼요?"

"저도 그렇게 생각합니다!"

Part 02

권리분석 대충 하다
망한 사람들

경매 투자의 첫 번째 높은 산이 '권리분석'이라고 말해도 틀린 말은 아니다. 산이 높다 보니 사고도 자주 발생한다. 발목을 삐는 정도의 가벼운 부상에서 119 구조헬기에 실려 하산해야 하는 경우도 있을 수 있고, 심지어 사망으로 바로 영안실 냉동고로 이송되는 경우도 발생할 수도 있다. 경매 판에서 당하는 사고와 부상 정도는 어떤 것이 있을까?

어떤 사고든 당해봐야 그 심각성을 알게 된다. 경매 사고 역시 그렇지 않을까? 예방책은 없을까? 사전에 준비운동 제대로 하고 몸 풀기 충분히 하면 사고 확률은 훨씬 줄어드는 것 정도는 잘 아는 사실이다. 준비 여부에 상관없이 그런 저런 위험이 도사리고 있음에도 수많은 사람들이 오늘도 산을 찾는다. 경매 판 역시 비슷하다. 경매라는 높은 산에 오르기 위해서는 사전 준비운동과 챙겨야 할 등산장비가 한두 가지가 아니다. 부동산 투자 중 경매가 가장 공부를 많이 해야 하는 것이 사실이다. 공부라는 것이 등산장비 챙기는 것과 같은 의미라는 정도는 이미 간파하셨을 것으로 믿는다.

다만 여기서는 등산장비를 열심히 챙겼다고 해도 발생할 수밖에 없는 경우를 보자. 우리는 이런 경우를 '불가항력'이라고 한다. 등산 도중에 만나는 불가항력이라면 어떤 것들이 있을까? 갑자기 폭우 쏟아지고, 폭설 내리고, 기온 뚝 떨어지고 암벽등반 도중 난기류에 휩싸이면 곤란할 것이야말로 표현할 일이 아니다. 더 여러 가지가 있을 수 있다. 목숨을 걸어야 할지도 모른다.

투자하는 데 무슨 목숨까지 거냐고 손사래를 치시는 분들도 계실 수 있다.

모든 경매 물건이 항상 그런다는 말은 아니지만 이번 장을 읽어보시면 생각이 바뀌지 않을까 생각한다.

chapter 01

경매 세상에서 한번 후순위는 영원한 후순위

불쌍하게 떨고 있는 후순위 임차인

여기서는 경매의 한 축인 세입자 이야기를 조금 하고싶다. 선순위 세입자는 굳이 살펴볼 이유가 없다. 어떤 경우에도 전세보증금 전액이 안전하니까 말이다. 낙찰자 입장에서 난감한 상대인 후순위 세입자를 보자. 이들은 낙찰자 건너편에서 불쌍하게 떨고 있는 사람들이다. 경매 판의 시한폭탄들이다. 명도 과정에서 기막힌 꼴을 당하게 된다. 그래서 어디로 튈지는 아무도 모른다.

누가 뭐라 해도 경매 판에서 가장 불쌍한 사람들이다. 피 같은 전세보증금을 전액 날리고 쫓겨나며 당하는 세상은 생지옥이다. 적게는 수백만 원에서 많게는 수천만 원의 전세보증금을 한방에 날린다. 그리고는 이사비나 몇 푼 구걸하다가 끝내는 길거리로 나 앉게 된다. 그러면 그런 세입자를 만나는 낙찰자는 고통이 없을까? 멍청하고 한심한 세입자를 만나는 낙찰자도 피곤하기는 마찬가지다.

이런 상황에서 가장 큰 책임은 누구에게 있는 것일까? 비극적인 상황의 모든 책임은 온전히 보증금 날리는 임차인 자신에게 있다. 다시 두 번 말할 일이 아니다. 이 점에 대해서 혼란스러워 하는 사람들도 있다. 그러나 그렇게 볼 일이 못 된다. 임차인(세입자)을 보호하려는 최소한의 법들은 이미 만들어져 있다. 주택임대차보호법이나 상가건물임대차보호법이 그것이다. 최소한의 안전망 구실은 하고 있다.

대한민국에서 집 없는 설움을 다시 강조할 일은 아니다. 아니꼽고 치사한 일들뿐이다. 죄지은 일도 없는데 집주인 앞에서 허리가 펴지지 않는다. 그러나 낙찰자 앞에서는 허리가 펴져야 한다. 간단하다. 전세 들어가기 전에 부동산 등기부 확인하는 정도의 수고가 전부다.

주민등록전입 할 때까지 등기부만 깨끗하면 온 우주가 평안하다. 후순위 임차인이 되면 보증금에 날개가 달린다. 이사 가고 싶어도 갈 수가 없다. 비극은 그때부터 시작된다. 비극이 끝나지 않는 구도를 보자.

전세보증금에 날개가 달리는 구도

집 없는 내가 전셋집을 구하러 다니다가 이런 다가구주택을 만났다고 가정해보자. 그 주택 임차인과 임차보증금 현황은

* 반지층(두 가구-가구당 전세보증금 5,000만 원씩-총 1억 원)
* 일　 층(두 가구-가구당 전세보증금 7,000만 원씩-총 1억 4,000만 원)
* 이　 층(두 가구-가구당 전세보증금 8,000만 원씩-총 1억 6,000만 원)
* 삼　 층(두 가구-가구당 전세보증금 8,000만 원씩-총 1억 6,000만 원)으로 임차보증금 총액은 5억 6,000만 원이라고 하자.

내가 이사 간다면 이층 일부이고, 전세보증금 8,000만 원이라고 가정해보자.

대강 시세는 6억 원 정도이고, 등기부에는 현재 1순위로 1억 원짜리 저당권(저당권자 ○○은행)이 오직 하나 설정되어 있다고 하자. 설정순위는 저당권이 가장 먼저이고, 모든 임차인은 후순위라고 하자. 즉 현재 전세 살고 있는 여덟 가구 모두가 저당권 이후에 전입했고, 그러면 새로 이사 들어오는 사람(나)도 마찬가지로 후순위가 된다.

전세계약 할 때 저당권이 마음에 걸린다고 시비했다고 하자. 중개업자나 집주인은 이구동성이다.

"이 집이 얼마짜리인데."

"하나 있는 겨우 1억 원짜리 저당권을 문제 삼느냐" 오히려 면박이다. 아무 탈 없다며 큰소리를 꽝꽝 친다. 나를 제물로 삼아 이사 가려는 임차인까지 나서서 한마디 거든다.

"보시다시피 나도 잘 살다가 이사 가는데, 무슨 걱정이냐."

이 말에 넘어가면 비극은 그때부터 시작된다. 나는 잘 살고 있는데 내 뒤로는 새로 이사 들어오는 사람이 없다는 걸 서서히 느끼게 된다. '옆집'에서 이사 가겠다는 말은 들었다. 그런데 이사는 못 가고 가끔 집 빼달라는 내용으로 집주인과 실랑이가 벌어진다. 실랑이는 벌이지만 달라진 것은 없다. 이사 가지 못해 인상만 험해진 옆집 사람들을 아침저녁으로 보며 살게 된다.

한두 해 사이에 사고 난 도로에 차량 넘치듯 이사 가겠다는 사람이 금방 늘어난다. 올 사람이 없으니 갈 사람이 가지 못하는 것은 당연하다. 이런 상태로 살 만큼 살다가 이번에는 내가 이사 가야 할 일이 생겼다고 해보자. 그제야 상상도 못한 일들이 벌어져 있는 사실을 깨닫게 된다. 나도 인상이 험해지지 않을 수 없는 상황에 처한다. 웃고 싶어도 웃을 수 없게 된다.

이사를 갈 수 없는 상황이 그것이다. 경매로 정리되기 전까지는 말이다. 전세보증금이 위험에 처한 것을 그제야 알게 된다. 배가 서서히 침몰하는 비극이 눈앞에서 펼쳐지기 시작한다. 멀쩡한 정신으로 처음부터 끝까지를 보게 된다.

85%에 낙찰되었다고 가정하고 써본 배당표

6억 원짜리 다가구주택이 경매에 붙여져 감정가의 약 85%인 5억 1,000만 원에 낙찰되었다고 가정해보자. 1,000만 원은 집행비용과 기타 세금이라고 하자. 그러면 배당가능금액은 5억 원이 된다. 배당은 각자의 권리순서에 따라 다음과 같이 진행된다.

① 저당권자 ○○은행 − 1억 원(배당가능 잔여액 → 4억 원)

② 반지층 임차인-1 : 5,000만 원(배당가능 잔여액 → 3억 5,000만 원)

③ 반지층 임차인-2 : 5,000만 원(배당가능 잔여액 → 3억 원)

④ 1층 임차인-1 : 7,000만 원(배당가능 잔여액 → 2억 3,000만 원)

⑤ 2층 임차인-2 : 7,000만 원(배당가능 잔여액 → 1억 6,000만 원)

⑥ 2층 임차인-1 : 8,000만 원(배당가능 잔여액 → 8,000만 원)

⑦ 3층 임차인-1 : 8,000만 원(배당가능 잔여액 → 0)

⑧ 3층 임차인-2 : 배당없음(배당받지 못한 금액 → (-)8,000만 원). 배당가능금액 고갈로 배당종료된다. 이 단계에서 배당이 끝나버린다는 말이다. 그리고

⑨ 이층 임차인-2(나) : 역시 (-)8,000만 원(임차보증금 → 전액 날림)으로 정리된다.

이 상황에서 내가 임차보증금을 날리지 않을 유일한 길이 하나 있다. 내 뒤로 최소한 두 가구 이상이 이사를 들어와주면 된다. 그런데 그럴 바보가 세상에는 없다는 것이 나를 슬프게 한다. 즉 내가 사는 동안 두 가구만 이사를 들어오면 만사 OK다. 내가 가지고 있는 시한폭탄을 그들에게 떠넘겨주면 되기 때문이다. 그러나 그걸 받아줄 사람은 아무도 없다.

새로 이사 들어와 바뀐 권리 및 배당순서

편의상 삼 층 임차인 두 가구가 새로 이사 왔다고 해보자. 두 가구가 새로 이사를 들어오면 배당 순위는 다음과 같이 바뀐다.

① 저당권자 ○○은행 - 1억 원(배당가능 잔여액 → 4억 원)

② 반지층 임차인-1 : 5,000만 원(배당가능 잔여액 → 3억 5,000만 원)

③ 반지층 임차인-2 : 5,000만 원(배당가능 잔여액 → 3억 원)

④ 1 층 임차인-1 : 7,000만 원(배당가능 잔여액 → 2억 3,000만 원)

⑤ 1 층 임차인-2 : 7,000만 원(배당가능 잔여액 → 1억 6,000만 원)

⑥ 2 층 임차인-1 : 8,000만 원(배당가능 잔여액 → 8,000만 원)

⑦ 2 층 임차인-2(나) : 8,000만 원(배당가능 잔여액 → 0원)으로 내 순위가 상승되었다.

⑧ 3 층 임차인-1 : 배당없음[배당받지 못한 금액 → (-)8,000만 원]. 배당가능금액 고갈로 배당 종료된다. 이 단계에서 배당이 끝나 버린다는 말이다. 그런데 나는 배당순위 안에 들어가 있다. 내 전세보증금을 배당에서 전액 회수했다는 말이다. 그리고

⑨ 3 층 임차인-2 : (-)8,000만 원(임차보증금 전액 날림)으로 된다. 내 뒤로 누구든지 두 가구만 새로 이사 들어오면 이 구도는 성립된다. 그러

면 내 임차보증금은 안전하다. 남의 슬픔까지 신경써줄 여유가 내게는 없다. 신분상승이 즐거운 일인 것처럼 권리의 순위상승도 마찬가지다. 그런데 문제는 아무도 내게 그런 행운을 주지 않는다는 것이다.

후순위로 저당권이나 압류, 가압류가 추가되면

허망한 바람은 접어두고 고통스러운 현실을 보자. 저당권이 하나만 있는 상황에서도 이렇다. 여기다가 저당권이나 압류, 가압류 같은 권리가 후순위로 하나만이라도 더 추가 설정된다면 그걸로 끝이다. 내 임차보증금에 제트엔진이 추가되는 꼴이 되고 만다. 즉 다음과 같은 경우를 생각해보자.

① 저당권자 ○○은행 – 1억 원
② 반지층 임차인-1 : 5,000만 원
③ 반지층 임차인-2 : 5,000만 원
④ 1층 임차인-1 : 7,000만 원
⑤ 1층 임차인-2 : 7,000만 원
⑥ 2층 임차인-1 : 8,000만 원
⑦ 3층 임차인-1 : 8,000만 원
⑧ 3층 임차인-2 : 8,000만 원
⑨ 2층 임차인-2(나) : 8,000만 원
⑩ 가압류 - 1 : 5,000만 원
⑪ 가압류 - 2 : 5,000만 원으로, 채권액 5,000만 원짜리 가압류 두 개가 추가로 설정되었다고 해보자.

그제야 집주인 앞에서 허리가 펴진다

이런 식으로 가압류가 한두 개 추가되어버리면 어디로도 오도 가도 못하게 된다. 그 사이 전세보증금은 홀로 이륙준비를 한다. 집주인과는 시간이 날 때마다 실랑이가 벌어진다.

"큰소리 치셨잖아요. 빨리 집 좀 빼주세요."

"벌써 몇 년째 이사도 못 가고 이게 뭡니까?"

"일도 손에 안 잡히고, 밥맛도 없고, 죽을 맛입니다."

"보증금 날아가면 그땐 정말 가만 안 있습니다."

별 소리 다해도 정상적으로 이사 갈 가능성은 '제로'다. 한번 후순위이면 영원한 후순위이다. 결국 전세보증금만이 홀로 이륙을 감행한다. 그 꼴을 멀쩡한 정신으로 쳐다보는 속은 썩어 문드러지지만 손 쓸 방도는 별로 없다. 경매로 떨이되는 그 판에서 내 본전이라도 건지겠다고 아우성 쳐보았자 내 목만 아프다. 땅을 쳐보았자 내 손목만 아플 뿐이다.

이쯤 되면 빨리 포기하고 돌아서는 것이 건강에 유리하다.

근본적인 해결책은 무엇인가? 처음부터 비극의 구도를 만들지 않으면 된다. 간단하다.

부동산 등기부등본에 설정되어 있는 주택에 세 들어가지 않으면 된다. 방법도 간단하다. 전세계약서 사인하기 전에 등기부등본을 확인한다. 이사할 때까지 권리변동 있으면 계약파기하고 계약금 배액을 상환한다는 특약사항을 명기하면 그걸로 족하다. 할 일 생기면 계약대로 하면 그만이다.

집은 깨끗하지 않아도 되지만 등기부는 반드시 깨끗해야 한다. 지저분하면 이사 들어가지 말자. 등기부등본 지저분한 집에 이사 가면 내 인생도 지저분해진다.

chapter 02

한 번 잘못된 투자로
살아 경험하는 생지옥

7,200만 원짜리 대화

"아무 하자가 없는데 왜 매각불허가결정이 나죠?"

"누구시죠?"

"낙찰받은 사람입니다."

"사건번호가 어떻게 되시나요?"

"2007 타경 254**입니다."

"아~ 그 사건, 소유자가 특수법인이잖아요!"

"네~ 불교 무슨무슨 종단 소유라고 들었습니다."

"잘 아시면서 왜 따지듯 물어보시는가요!"

"뭘 잘 안다는 말인가요, 잘 모르는데?"

"특수법인 소유라는 것 아시고 응찰하셨잖아요!"

"그건 알았죠?"

"그럼, '매각으로인한소유권이전승낙(허가)서'를 매각허부결정일까지
경매계에 제출해야 한다는 것도 아셨을 것 아닌가요?"

"몰랐다니까요?"

"몰랐다고 해서 매각불허가결정이 바뀌지는 않습니다!"

"그런다고 계장님, 매각불허가란 게 말이 됩니까?"

"특수법인 소유의 부동산은 절차가 그렇습니다!"

"그러면 입찰보증금은 돌려주어야지, 왜 몰수합니까?"

"그러니까 더 주의하시고 응찰하셨어야죠!"

"벌건 대낮에 코 베어가는 국가가 무슨 강도도 아니고, 이게 뭡니까?"

"말씀 막 하지 마세요!"

"국가가 선량한 국민 돈이나 떼먹으려고 작정하고 달려들고?"

"그럴 필요가 있으니 그렇게 규정했겠죠!"

법이 그리고 규정이 이렇게 오묘한 이유를 필자는 알지 못한다. 다만 이런 경우 소유권이전은 굉장히 어렵다. 어려운 것이 아니라 불가능하다. 소유권이전 못하면 입찰보증금도 몰수한다는 것 정도는 안다.

처녀가 애 낳기보다 힘든 소유권이전

"말씀 함부로 하지 마세요! 특수법인 소유 부동산은 응찰에서 '매각으로인한소유권이전승낙(허가)서'를 '매각허부결정일'까지 경매 법원에 제출하지 못하면 매각불허가사유이고, 그런 경우 입찰보증금을 몰수하도록 되어 있어요, 우리는 규정대로 합니다!"

"그러니까 그 규정이라는 게 말이 안 되는 '도둑놈 심보'다 이겁니다."

"말이 되는지 안 되는지, 도둑놈 심보인지는 저희가 판단할 문제는 아닙니다. 이 정도는 아시고 응찰하셔야죠!"

"뭘 몰랐다고 그러세요~ 혈압 오르게."

"자꾸 이러시면 곤란합니다!"

"곤란은 제가 더 하면 더 하지, 계장님이 저만 하시겠어요?"

"암튼 더 이상 드릴 말씀이 없습니다, 돌아가세요!"

"정 그러시다면 입찰보증금은 돌려주셔야 하지 않나요?"

"같은 이야기를 왜 또 하세요~ 허참 이 양반 큰일 낼 사람이시네!"

"큰일은 법원이 내는 것 같은데요?"

"코흘리개 꼬마들 장난인 줄 아세요, 법원 경매가!"

"그러지 마시고 계장님이 책임지고 입찰보증금 돌려주세요?"

"뭐라고요, 누구 맘대로 돌려줘요, 그리고 제가 무슨 책임을 져요!"

"제 보증금을 책임져주시라니까요?"

"시끄럽게 하지 마시고 돌아가세요!"

"입찰보증금 7,200만 원을 주셔야 돌아가죠, 제발 돌려주세요?"

"이해는 가지만 이런 경우에는 불허가가 나더라도 입찰보증금 돌려주지 않는다니까요!"

"잔금을 납부하지 않은 경우에 입찰보증금 몰수라면 이해가 되지만, 불허가라면서 입찰보증금은 안 돌려준다니 무슨 이런 말도 안 되는 경우가 있나요?"

"거참, 말이 되는지 안 되는지 저희가 판단할 문제가 아니라니까요!"

"그러지 마시고 판단 좀 해주세요?"

"가지 않으시면 경위 부릅니다!"

"그럼 정말 제 돈 7,200만 원은 날아간다는 말인가요?"

"어서 그만 돌아가세요!"

오르지 못할 나무는 쳐다보지도 마라

돌아서는 낙찰자의 눈에 눈물이 핑 돌았다. 경매계 사무실을 막 나오려는 낙찰자 뒤통수로 경매계장이 날린 비수 한마디가 꼽힌다.

"앞으로는 잘 알아보고 경매 투자하세요~!"

서울 영등포에 위치한 감정가 17억 원짜리 모 종교법인 소속의 경매 물건을 응찰했다가 매각불허가가 나고 입찰보증금을 몰수당하게 되자, 낙찰자가 서울 남부법원 경매계를 찾아가서 경매계장과 벌인 실랑이의 일부이다.

'오르지 못할 나무는 쳐다보지도 마라!'는 말은 경매 세계에서도 통한다.

오르지 못할 나무로는 채무자 겸 소유자가

① 학교법인

② 사회복지법인

③ 종교법인

④ 장학재단법인인 경우가 대표적이다.

이런 경우는 주무 관할청의 허가서를 늦어도 매각허부결정기일까지 집행법원에 제출해야 한다. 만일 기한 내 미제출 시는 관계 법률에 따라 매각결정이 불허가 된다. 문제는 이런 사유로 매각이 불허가되는 경우 '입찰보증금'은 몰수하고 돌려주지 않는다는 것이다.

특수법인의 부동산에 관한 소유권이전 장치를 어렵게 하지 않으면 관리인에 불과한 사람들이 저당권을 설정하거나 매각하는 등 개인적으로 처분할 가능성이 있기 때문이란다. 따라서 저당권 설정 당시에도 저당권설정 행위에 관한 소속법인 이사회의 처분(설정)행위 동의서가 첨부되지 않으면 금융기관은 융자해주지 않는다.

매각은 불허가나고 입찰보증금은 몰수하고

특수법인 소유의 부동산에 정상적인 저당권이 설정되었다고 하자. 그리고 그 부동산이 경매에 넘어갔다고 해보자. 경매의 결과 제3자가 낙찰받았다고 해보자. 낙찰일로부터 매각허가결정일까지 1주일이라는 시간이 주어진다. 이 기간 동안 낙찰자는 경매 부동산의 소유권을 가지고 있던 특수법인으로부터 '매각으로인한소유권이전승낙(허가)서'를 받아서 법원에 제출하지 않으면 매각불허가결정이 나고, 이 사유로 불허가된 경우의 입찰보증금은 몰수하도록 되어 있다. 그런데 어려운 문제는 여기에 있다.

이때 '매각으로인한소유권이전승낙(허가)서'는 낙찰자가 신청하고 허가받는 것이 아니다.

채무자 겸 소유자가 감독관청에 신청하고 발급받아야 한다.

낙찰자의 어디가 예쁘다고 일주일 내로 허가서를 받아 넘겨주겠는가?

그런 특수한 나무에 오르지 못하는 이유가 바로 이것이다. 제3자로서는 불가능한 일이다. 괜한 요행에 헛 품 팔지 않는 것이 좋다. 따라서 이들 4대 특수법인 물건이 경매에 나오면 아예 쳐다보지도 말자. 이들 물건의 공통점은 한없이 추락해 입맛만 다시게 하지만 제대로 먹은 사례는 거의 없다. 자기네들끼리라면 몰라도 말이다. 그런데도 특수법인 물건에 응찰하는 사람들이 있다. 결과는 입찰보증금 몰수다. 보증금은 일반물건과는 비교가 안 될 정도로 거액인 경우가 허다하다. 사례를 보자.

마포구 용강동의 근린주택

2005년 8월 서울 서부법원에서 마포구 용강동의 근린주택을 낙찰받은 차제형씨.

사회복지법인 소유로 12억 원이 넘는 물건을 절반도 안 되는 5억 5,000만 원에 단독으로 낙찰받았다. 지하실은 창고, 1~2층은 어린이집, 3층은 원장의 살림집으로 사용 중인 건물이었다.

이 경우는 매각허가가 났다.

낙찰 후 두 달도 안 돼 잔금납부와 소유권이전 등기까지 마쳤다. 호사다마라고 했던가? 모든 것이 순조롭다가 명도 단계에서 문제가 발생했다.

월급쟁이 원장이 명도에 응하지 않았던 것이다. 차씨는 법원에 '부동산 인도명령'이라는 강제집행을 신청했다. 대법원까지 가는 1년여의 지루한 법정공방 끝에 차씨는 소유권을 포기할 수밖에 없었다. 인도명령 신청이 진행되는 동안 본래 소유자였던 복지법인이 차씨를 상대로 '소유권이전무효청구및소유권반환청구소송'을 제기했다.

사회복지법인의 재산을 처분(매각이나 담보 제공 시)할 때는 관할주무관청의 허가를 받아야 한다는 법규를 위반했다는 것이다. 따라서 매각 절차에 의한 소유권이전의 효력이 없다는 것이 대법원에 와서야 확인이 된 것이다.

따라서 이런 경우 설령 낙찰자가 낙찰대금을 완납했더라도 "주무관청의 '매각으로인한소유권이전승낙(허가)서'가 없었다면 경매 목적 부동산의 소유권을 사회복지법인으로부터 낙찰자에게 이전할 수 없다"는 것이다. 차 씨는 낙찰가와 부대비용을 포함한 약 6억 원이 허공으로 날아간 것이다. 대법원까지 가는 재판비용에 생업 손실까지 감안하면 피해가 이만저만이 아니었다. 필자의 표현력 부족으로 한가롭게 표현하고 있지만 개인 파산까지도 갈 수 있는 상황이다.

양천구 목동에 있는 30평형 아파트

2006년 서울 남부법원에서는 2년여에 걸쳐 매수자와 법원 사이에 낙찰과 불허가라는 지루한 숨바꼭질이 계속되고 있었다. 양천구 목동의 30평형 아파트가 3억 8,000만 원에 입찰에 부쳐진 것은 2006년 3월이었다. 서남부권 최고의 입지조건을 자랑하는 목동 아파트가 시세보다 훨씬 낮은 가격에 나오자, 치열한 경합 속에 2억 2,990만 원에 낙찰됐으나 일주일 후 매각허부결정일에 매각불허가가 결정됐다. 입찰보증금은 당연 몰수다.

그 후 낙찰과 불허가, 유찰과 재입찰이 지루하게 반복되었다. 일곱 차례 낙찰과 불허가가 반복된 이유는 매각에 부쳐진 아파트가 학교법인 소유였던 것이다.

이와 같이 학교법인 소유 부동산이 입찰에 부쳐질 경우 매각허가 조건인 주무관청의 허가서를 적어도 매각결정기일까지 제출해야 하나, 이 조건을 지키지 못했기 때문이다. 학교법인이 운영자금을 빌려 쓰고 제때 갚지 못해 경매에 들어간 물건임을 모르고 싼 맛에 응찰했던 것이다. 그 후 변경을 거쳐 한참 동안 시간을 더 허비한 다음 채권자가 경매 신청을 취소해 법정에서 영원히 사라졌다.

살아 있는 동안 생지옥을 경험하게 된다

학교법인이나 사회복지법인, 장학재단의 부동산이 경매 나왔을 때는 주무관청의 허가서가 첨부되어 있지 않다면 아예 참여를 안 하는 것이 상책이다. 헛품 팔기 십상이고 자칫 엄청난 경제적 손실을 감수할지도 모르기 때문이다. 여기서 주무관청의 허가서는 받기도 어려울 뿐더러 매수자가 소유자라는 점이다.

　종교재산, 종중 땅도 시끄럽기는 마찬가지다. 다시 명심하자.

　"못 오를 나무 쳐다보지도 말라."

　하지 마시라는 부탁의 말이 실감이 나지 않으시면 정말 한번 응찰해 보시라.

　무슨 일이 벌어지는지.

　상상하지 못한 고통을 경험하시게 될 것이다.

　살아 있는 동안 피 뚝뚝 떨어지는 생지옥을 경험하게 될 것이다.

chapter 03

우리라도 이제부터라도
냉정하고 차분해지자

최근 경매 시장이 과열되기 시작하면서부터 나타나기 시작한 부작용이 하나 있다. 대한민국 경매 판에 뜬금없이 '도사'들이 대거 등장하고 있다는 것이다. 세상이 뒤숭숭해지면 이런 무리들이 창궐했던 것이 역사적 사실이다. 경매 시장도 그것과 흡사하다.

"정상적인 경매 물건에 응찰해서는 수익을 낼 수 없다."

"그러니 남들이 안 하는 하자 있는 '특수물건'에 집중해야 한다."

겨우 이 정도로 도사란다. '경매 도사' 정도로는 성에 안차는 것 같다. '경매의 달인'은 그나마 귀엽다. '명도 대왕', '경매 지존'에서 한 발 더 나아가 마침내 '경매의 신'이란다. 하긴 망가지려면 제대로 망가지는 것도 그리 나쁘지 않다.

그 피해가 병아리들에게까지 미치지 않는다면 말이다. 가소롭고 불쌍하고 안타까울 뿐이다. 주문이랍시고 읊조리는 것을 들어보면 더욱 가관이다. 유치하기 이를 데 없다. '하수 중의 하수'다. 듣는 귀가 민망하다. 대표적인 주문은 다음과 같다.

나를 따르라~! 평범한 물건은 이젠 돈이 안 된다!

그러면서 자기들의 주문에 귀를 기울이란다. 제목부터 선동적이고 선정적이다. 시중 서점이나 인터넷 도서구입 사이트에서 '법원 경매' 또는 '부동산 경매'를 주제로 검색해보면 바로 확인이 가능하다. 일부라도 읽다 보면 참으로 가관이라는 생각뿐이다. 그들이 설파하려는 내용과 무모한 용기에 입이 다물어지지 않는다.

그들의 저의를 온전히 알지 못하지만 용감함 하나는 칭찬해줄 만하다. 그 책들에서 말하는 극히 일부를 옮겨보자.

들을수록 '해괴망측'한 사이비 주문들

단번에 읽으시려면 호흡이 좀 가빠지시겠지만 단숨에 다 읽어보자.

"대항력 있는 '선순위 임차인'을 깨라?(안 깨지면!)"

"배당요구 안 한 선순위 임차인 있는 물건을 노려라?(인수금액이 얼마인지 모르는데 어떻게 응찰하라는 말씀이신지!)"

"채무자와 임차인이 짜고 치는 '고스톱 판'을 뒤집어라?(안 뒤집히면!)"

"명도 소송을 통해 '강제집행'을 해버려라?(강제집행 안 되면!)"

"이런 경우에는 이런 방식으로 '강제집행'을 해버려라?(정말로 권하는 것 같다!)"

"'법정지상권'을 훤히 꿰뚫어라?(그래서 어쩌라고!)"

"'법정지상권'성립여지 있는 물건에 응찰해 법정지상권을 깨라?(안 깨지면!)"

"'유치권신고' 된 경매 물건의 90%는 가짜다?(병아리보고 어쩌라고! 설마 병아리보고 낙찰받으라는 건 아닐 테고!)"

"'유치권신고' 된 골치 아픈 물건에 응찰해라?(진성 유치권이면!)"

"'선순위 가등기' 있는 물건에 응찰해라?(낙찰로도 말소 안 되면!)"

"'예고등기' 있는 물건에 응찰해라?(재판결과를 누가 예측할 수 있다고!)"

"소유권이전이 어려운 '특수법인 물건'에 응찰해라?(소유권 이전이 안 되면!)"

"'선순위 처분금지가처분'이 등기되어 있는 물건에 응찰해라?(가처분 권자가 권리행사하고 나오면!)"

"'대지권' 없는 물건에 응찰해라?(토지주가 건물철거소송하면!)"

"'건물철거소송'이 진행되고 있는 물건에 응찰해라?(누구를 죽이려고!)"

"'분묘기지권'을 박살내라?(절대 박살 안 나는데!)"

"'공유지분권자'를 회유해 우선매수청구권을 포기하게 하라?(누구 좋으라고 우선매수청구권을 포기한다는 말인지!)"

"'농지취득자격증명원'이 필요한 물건에만 응찰해라?(농사 안 지으면 '이행강제금'에 '강제매각 가능성'까지도 있는데!)"

"지목이 '도로'인 물건에만 응찰해라?(해당 지자체가 돈 없다며 매수하지 않으면!)"

"지목이 '공원용지'인 물건에만 응찰해라?(역시 해당 지자체가 매수하지 못하면!)"

"지목이 '임야'인 물건에만 응찰해라?(임야 낙찰을 초보에게 정말로 권하는 듯!)"

한숨에 다 읽고 나니 소감은 어떠신가? 소감은 둘째 치고 필자는 숨부터 가빠온다. 다시 돌아가 이번에는 음미하면서 천천히 몇 번이고 읽어

보자. 뭔지는 확실히 알 수 없는 무서운 음모가 느껴진다.

두 배 이상의 수익이 보장된단다

'이렇게만 따라하면 최소한 두 배 이상의 수익이 보장 된다'는 식의 무책임하기 그지없는 내용들이다. 들어보면 들어볼수록 정신 나간 사이비 교주의 잠꼬대와 같은 소리들뿐이다. 사이비 대박 환상을 설파하는 그들의 목적이 무엇인지, 저의가 어디 있는지 필자는 알지 못한다. 그러나 하나는 분명히 알고 있다.

그 피해가 누구에게 돌아가는지 말이다. 거기에 걸려든 사람들의 피해 상태도 잘 알고 있다. 시골집 처마 밑에 걸린 해충퇴치용 불 전등을 향해 날아드는 불나방과 어쩌면 그리도 똑같은 신세일까? 3도 화상이면 다행이고 사망이면 정상이다. 거기에 걸려들어 타 죽지 않는 해충, 나방을 보지 못했다. 하긴 타 죽어버리면 모든 것이 끝이겠지만.

법률규정과 판례대로 민사소송이 진행된다고 생각하는 얼치기들이다. 무슨 수로 재판의 결과를 미리 예단할 수 있다는 말인가? 그 판례는 어째서 그런 판례인지도 모르면서, 무슨 판례가 이러니 도전해도 된단다. 또는 안 된단다. 그것도 경매를 이제 막 시작한 병아리 투자자들에게 말이다. 자신들이 설치해놓은 그물 안으로 걸려 들어오기만을 바라는 나쁜 마음씨가 훤히 보인다. 독자 여러분들이라도 사이비 도사(교주)들의 황당한 주술에 넘어가서는 안 된다.

그렇게 높은 수익이 난다면, 시작만 하면 언제나 승률 100%가 확실하다면, 필자라면 절대 남들에게 오픈하지 않겠다. 한참 사회적으로 물의를 일으켰던 불법 다단계회원을 모집하는 방식과 너무나 흡사하다. 아무

짝에도 쓸모없는 썩은 땅을 사서 그럴듯한 감언이설로 팔아치운 후 문 닫고 사라지는 기획부동산과 뭐가 다르다는 말인가? 사기형 기획부동산은 그래도 될지 모르겠지만 적어도 '책'이나 '선생'은 그러시면 안 된다.

민사소송 결과를 예측한단다

병아리들에게 '낙찰로 인한 소송'을 부추기는 자칭 '도사'들에게 진지하게 한번 물어보자.

"소송에 실제 휘말려본 적이 있냐?"

"원고여서 그 소송이 즐겁더냐?"

"소송 결과가 맘대로 나오더냐?"

"소송으로 재미 좀 보셨냐?"고.

소송에 휘말리면서 당하게 되는 괴로움과 피곤함은 당해보지 않고서는 알 수가 없다. 경제적 손실과 함께 원고든 피고든 정신적으로 괴롭기는 마찬가지다. 모르고 권했다면 반성하시고 알면서도 권했다면 문제가 있는 사람이다.

소송을 시작했다고 내가 승소한다는 보장이 세상 어디 있다는 말인가? 민사소송이란 것이 시작해서 끝날 때까지 최소 3년에서 길면 5년은 걸려야 대충 결판이 난다. 하나만 더 확인하자. 승소했다 해도 청구가 어려운 상황도 얼마든지 벌어질 수 있는 것이 민사소송이다. 내가 잘 먹고 잘 살자고 남의 가슴에 피눈물 흘리게 하는 것 역시 즐거운 일은 못 될 것이다. 병아리 독자들을 '지옥의 불구덩이'로 끌고 들어가는 행위는 당장 그만두시기를 간곡히 부탁드린다. 못 알아들었다면 쉽게 말씀드리겠다.

병아리 독자들에게 '소송을 통해 수익을 올려라!'라는 식의 책 내용과 투자 권유는 당장 그만 두셔라. 과열 경매를 부추기는 사이비 교주들로 인한 부작용이 뚜렷하다. 독자들에게 당부한다. 불쌍한 후순위 임차인을 상대로 강제집행과 같은 그런 기술 구사하지 말자. 설마 필자가 그런 재주가 없고 방법을 몰라서 독자 여러분들을 말린다고 생각하는 분은 안 계실 것이라고 믿는다. 좀 덜 벌어도 좋으니 '소송!' 같은 것에 휘말려들지 마시라고.

필자 주변에는 부동산 관련으로 이런 저런 소송을 제기하거나 당하는 분들이 꽤 계신다. 부동산 관련 소송은 민사소송인 경우가 대부분이다. 앞에서 본 법정지상권, 유치권, 분묘기지권, 명도소송, 건물철거소송, 전세금반환청구소송, 임차권부존재소송, 소유권이전무효소송과 공사대금청구소송 등이 그것이다. 한결같이 넌덜머리를 내신다. 원고가 되든 피고가 되든 말이다. 소송 좋아해서는 남는 것은 빚뿐이라는 옛말도 있지 않은가?

사이비 경매교의 신도가 되지 말자

"경매 공부를 많이 했다."

"많은 경매 경험으로 책도 쓴다."

"여기저기 강의도 하고 강연도 한다."

"인터넷 동호회 운영도 하고 운영진이기도 하다"는 사람들이 자제하지 않고 계속해서 경매 과열을 부추기면 독자 여러분이 퇴출시키면 된다. 자본주의 시장에서 소비자에게는 '선택권'이라는 힘이 있다. 외면하면 정리된다. 사이비 경매교의 신도가 되지 않으면 그것으로 충분하다.

퇴출은 시간문제일 뿐이다.

여러분의 실수로 입찰보증금을 떼였다고 한들 누구도 책임져주지 않는다. 잔금납부로 취득한 소유권에 문제가 생겼다고 사이비 도사(교주)가 책임 안 져주기는 마찬가지다. 책임도 안지면서 목소리만 높이니 사이비 소리를 듣는 것이다.

"경매 물건 재수 없다."

"시세보다 엄청 비싸게 샀다."

"형편없이 나쁜 물건을 경매로 샀다!"고 떠드는 사람치고 얼치기 아닌 사람이 없다. 반성부터 하자. 물어볼 것도 없으니 말이다. 100% 자기 잘못이다. 그런데도 사고는 본인이 치고 원망은 끝이 없다. 사이비 신도라는 소리 듣기 '딱'이다. 사이비 교주들이 내뱉는 무책임한 행동과 뭐가 다른가? 이래서야 내 인생만 피곤하고, 주변에 민폐만 끼친다. 냉정하게 반성해보자. 법원이나 부동산이 유혹하고 꼼수를 부린 적이 있는가?

목소리 높게 떠들고 다니는 사람들은 하수이거나 욕심쟁이거나 사이비들뿐이다. 아니면 다른 목적이 있는 사람들일 뿐이다. 필자의 눈에는 모두 한 통속으로 보인다. 102% 사이비들이다. 하수는 고수가 안 보일지 모르지만 고수는 하수가 보인다.

대한민국 경매 판 어디에도

"도사!"

"달인!"

"지존!"

"대왕!"

"신!" 그런 것 절대 없다. 계룡산이나 지리산 산자락이라면 모를까 말이다.

걱정에 걱정이 길어졌다. '감언이설'이든 '확신범'이든 누가 봐도 말도 안 되는 물건에 응찰했다가 피멍도 들고 쓰러진 사람들을 살펴보도록 하자.

chapter 04

법정지상권 우습게 보고 덤볐다가 망한 사람들

도전자는 학원장 겸 경매 선수

학원사업을 하는 김진호(가명)씨는 '법정지상권성립여지 있는' 경매 물건에 도전했다가 여간 고생을 하신 게 아니다.

그런 대학 졸업 후 오랜 강사생활을 하다가 서울 천호동과 광장동에 차린 학원사업으로 상당한 기반을 잡았다. 학원사업이 맨날 같은 패턴 이라고 푸념하면서, 노후에도 할 수 있는 일을 찾다가 필자와 인연이 닿 아 가끔 문의도 하시고 자문도 받았다. 벌써 10여 년이 흘렀다. 경매에 관해서 제법 관록도 붙었다. 그런데 하루는 전화가 와서 한번 만나자고 했다. 할 말이 있다면서.

"선생님, 잘 지내시죠? 물어볼 일이 하나 생겨서요…."

"덕분에 그럭저럭 잘 지내고 있습니다. 뭔가요?"

"서종면에 물건을 하나 낙찰받았는데, 문제가 좀 생긴 것 같아서요."

"뭘 받으셨는데요?"

"집에서도 가까워 겸사겸사 주택을 하나 받았는데 궁금한 점이 있어서요?"

"말씀해보세요. 사건번호를 좀 알려주세요!"

"그러지 마시고 뵌 지도 오래되었는데 얼굴 뵙고 말씀드릴까요?"

"그러세요. 사무실로 한번 놀러 오세요!"

"자료랑 문의사항을 좀 정리해서 한번 뵙겠습니다."

도둑맞으려면 개도 안 짖는단다?

며칠 후 필자 사무실로 자료를 몽땅 들고 왔다.

"왜 이런 하자 있는 물건에 응찰하셨어요!"

"집과도 가깝고, 주말에 활용하다가 나이 더 들면 내려가서 살려고 했죠."

"목적은 좋은데 좀 더 따져보셨어야 했는데!"

"대지도 한 400평 되고, 두 번이나 유찰에 건물도 2층이고 그리 오래되지 않은 것 같고, 모든 게 다 좋아 보였죠."

"도둑맞으려면 개도 안 짖는다는 말이 딱 맞는 것 같아요, 선생님처럼 꼼꼼하신 분이 이런 실수를 다 범하시고!"

"넓은 잔디밭 정원, 조경수, 과실수, 연못에 텃밭까지 한눈에 반한 것이 문제였죠."

"사실 저도 이 물건 대강은 알고 있었습니다!"

"송구합니다. 좋은 해결 방법이 없을까요?"

"'매각허가취소소송'을 한번 해보시면 어떨까요?"

"받아들여질까요?"

"가능성은 높지 않지만 지금에 와서 할 수 있는 합법적인 방법은 그것뿐입니다!"

"알겠습니다. 시도는 한번 해보죠!"

"진행상황이 있으면 다시 연락주세요!"

"그렇게 하겠습니다."

송충이는 솔잎을 먹어야 한단다

매각허가취소소송을 제기하라고 말했지만 받아들여질 가능성은 거의 없었다. 개요는 대강 다음과 같았기 때문이다. 이미 매각목록에

"입찰 외 건물 있음(법정지상권성립여지 있음)."

"대지만 경매목적물임."

"평가목록에 제외된 관상수 및 과실수목 있음"이 또렷하게 기재되어 있었기 때문이다.

경매 법원은 매각목록을 통해 명확하게 주의를 준다. 그다음 발생하는 책임은 100% 낙찰자 몫으로 규정한다. 이것이 현재 우리 법원의 확고한 원칙이다. 낙찰자의 이의신청이 받아들여질 가능성은 거의 없는 이유다.

그리고 몇 달 후 다시 연락이 왔다.

"도와주셨는데 잘 안 되었습니다!"

"별 도움이 되지 못해 오히려 송구합니다!"

"좋은 경험했습니다."

"수업료 심하게 지불했다고 생각하시고 심기일전하시면 됩니다!"

"송충이는 솔잎을 먹어야 한다는 말을 실감했습니다."

"그렇게까지 생각할 일은 아닌 것 같은데요!"

"말씀은 감사한데, 마음을 결정했습니다."

"아쉽네요!"

"그래도 보증금 정도로 끝이 나서 다행이라고 생각하고 있습니다."

"뭐라고 드릴 말씀이 없네요!"

"제가 감사하고 송구합니다."

송충이는 솔잎을 먹어야 한다는 말을 끝으로 전화를 끊으셨다.

견딜 만한 피해여서 그나마 다행

낙찰자의 말대로 입찰보증금 정도로 손해가 그쳐서 그나마 다행이었다. 사실 이 물건은 잔금을 납부했더라면 더 큰 피해를 당할 뻔한 하자가 도사리고 있었다. 낙찰받고자 했던 지역은 한강 상수원 보호구역에 속하고 있었다. 각종 개발행위가 더욱 엄격하게 규제를 받는 땅이었다.

즉 건축물이나 기타 공작물의 신축·증축·개축·재축 등과 같은 토지의 형질변경 시 관할 시장·군수·구청장의 사전 허가가 반드시 필요한 곳이다.

수도권 지역에서 마음에 들게 전원주택을 신축하려면 상당한 비용이 든다.

왜냐하면 정부나 각 지자체들이 주택신축 규제를 갈수록 강화하고 있기 때문이다. 그런 이유로 이미 완성되어 있는 경매 물건은 인기가 높다. 시간과 비용, 각종 인·허가 절차를 생략할 수 있어 더 없이 매력적이다.

잘생긴 전원주택을 경매로 싸게 마련하겠다던 낙찰자의 꿈은 일장춘몽이 되고 말았다. 막대한 경제적 손실과 함께 말이다. 송충이는 솔잎을 먹어야 한다는 말을 실감하고 경매 판을 떠나셨다. 다음 경우는 더욱 심각한 상황을 초래한 사례다.

모 재벌그룹 최회장님의 장충동 자택

이 물건이 경매 시장에 등장했을 때 많은 사람들은 충격을 받지 않을 수 없었을 것이다. 인생은 무상하고 덧없다는 것을 말이다. 그럴 수밖에 없었던 이유는 당신보다 어려도 한참 어린 미스코리아 출신의 미모의 유명 아나운서와의 결혼으로 세간에 염문을 뿌렸고, 부도로 '특정경제범죄가중처벌법상배임혐의'로 마침내 법정구속까지 당했던 재벌그룹 회장님의 장충동 저택이 경매 시장에 등장했기 때문이다.

"'화무십일홍'이라는 말이 실감나네요?"

"글쎄요, 그렇게까지 생각할 필요 있을까요?"

"최근 유명 인사들의 부동산이 경매에 붙여지는 것을 자주 볼 수 있어요!"

"유명인사라고 별 수 있나요? 채권·채무 이행 못하면 경매로 마무리 되는 것이 순리죠."

"그래도 왠지 신경이 더 쓰이는 것 같아요."

"그렇게 생각할 일 없습니다. 경매 처분 당하는 유명인사도 있지만 경매로 부동산 투자하는 유명인사도 흔합니다."

"전문적으로 하지는 않을 것 같은데요."

"그거야 모르죠?"

"짠한 마음이 생기는 것 같아요."

우리는 여기서 이런 것들에 정신을 빼앗길 여유가 없다. 필자가 이 물건을 소개하는 이유는 이 물건에 응찰했다가 입찰보증금으로 무려 5억

5,700만 원을 날린 사람의 이야기를 하고자 함이다. 다음 표는 당시 경매 정보지의 실물이다. 물건의 개요는 다음과 같다.

서울 중앙법원 2001-358**

사건/채권 채무/감정	물건내역 주소/면적(㎡)	감정평가액 (▼)최저입찰가	임대차현황	등기내역 구분/등기일/금액
01-358** 주택 한국자산관리 최○○ 보증금 20% ────── 정상감정	서울 중구 장충동 ***-* 외 2필지 대지총면적 1522.5(487.96평) 1층 270(81.3평) 2층 260(78.9평) 지하층67(20.4평) 보존등기 : 1976.09 동대입구역북측 인근 *입찰 외 정원수 85 그루, 수석 51점 소재	4,814,277,000원 (▼)3,851,422,000원 (80.0%) 변경 2002.07.03 낙찰 2002.09.25 5,570,000,000원 유찰 2003.10.01 낙찰 2003.11.05 5,012,500,000원	◎ 동사무소 확인 전입 1979.12.20 채무자전입	저당 1998.05.23 설정액/200억 원 한국자산관리공사 가압 1998.10.01 압류액/10억 원 공항새마을 임의 01.12.12 청구액/ 3,349,000,000원 한국자산관리공사

물건 내역을 보면 대강 이렇다

* 대지면적 : 1,522㎡(487.96평)

* 건물면적 : 1층 270㎡(81.3평), 2층 260㎡(78.9평), 지하층67㎡(20.4평)

* 감정가 : 4,814,277,000원

* 1차 입찰가 : 5,570,000,000원

* 2차 입찰가 : 5,012,500,000원이었다. 단순하게 보면 규모가 크고, 가격이 비싸다는 것 말고는 주의해야 할 사항은 별로 없는 것처럼 보인다.

진행 내역을 보면 대강 이렇다

* 변경 2002.07.03
* 낙찰 2002.09.25 / 응찰가 : 5,570,000,000원(입찰자 2명)
* 유찰 2003.10.01
* 낙찰 2003.11.05 / 응찰가 : 5,012,500,000원(입찰자 4명)이었다.

5억 5,700만 원을 한 방에 날렸다

2002년 9월 25일에 응찰한 사람이 입찰보증금으로 제공한 5억 5,700
만 원을 한 방에 날린 것이다. 이유는 간단하다. 경매 정보지의 '물건내
역 란'을 보면 '입찰 외 정원수 85그루, 수석 51점 소재'라는 문구가 보인
다. 이 문구 하나를 꼼꼼히 체크하지 않은 대가가 입찰보증금 5억 5,700
만 원을 날린 결과로 돌아왔다.

5억 5,700만 원을 날린 시나리오를 상상해보면 다음과 같다.

* 입찰보증금 : 응찰가의 10%(5억 5,700만 원)
* 낙찰 : 2002.09.25(55억 7천만 원에 응찰)
* 매각불허가 신청 : 2009.02.26~2002.10.01
* 매각허가 : 2002.10.02
* 매각허가취소청구소송 : 2002.10.03~2003.08.30
* 소송 결과 : '낙찰자매각허가취소송청구 기각', 입찰보증금 몰수결정
* 재매각결정 : 2003.09.01
* 1차 유찰 : 2003.10.01
* 2차 입찰 : 2003.11.05(낙찰가 5,012,500,000원-입찰 경쟁률 4대1)이
었다.

등기부등본에 등기도 못하는 정원수에도

시간표를 보면 낙찰받고 입찰보증금 몰수까지 약 10개월 정도가 소요되고 있다. 낙찰받고 잔금을 납부하지 못하고 '매각불허가신청'과 '매각허가취소청구소송'을 하지 않을 수 없었던 이유가 있다. 앞에서 말한 '입찰 외 정원수 85그루, 수석 51점 소재' 때문이다.

매각목록서와 경매 정보지상에 기재되어 있는 '입찰 외'라는 문구를 놓쳐서는 안 된다.

이 경우 '입찰 외=명인방법=법정지상권'성립여지가 문제가 된다. 당연한 내용이다. 그러나 낙찰자는 생전 처음 듣는 말이었다. 등기부등본 떼어보고 이상 없으면 그것으로 끝이라는 정도로 판단을 했다.

그러나 그 정도로는 곤란하다

땅과 집을 낙찰받으면 낙찰자의 소유가 되지만 심어져 살아 있는 '정원수'와 죽어서 서 있는 '수석'은 여전히 망한 회장님의 소유라는 말이다. 남의 소유이니 내 마음대로 할 수 없다는 것은 분명한 이치다. 함부로 처리했다가는 재산권 침해로 형사 문제가 될 수도 있다. 낙찰자가 잘라버리거나 부숴버리려면 추가로 돈을 지급하지 않을 수 없다. 그런데 문제는 절대로 팔지 않겠다거나 수십~수백 배의 가격을 요구하면 그땐 어쩔 것인가?

낙찰자는 이 물건을 낙찰받으면 건물을 철거하고 그 자리에 고급빌라를 지어 분양할 계획이었다. 그러나 법정지상권이 성립하는 정원수와 수석으로 인해 건물을 새로 지을 수 없다는 것을 알게 된 낙찰자는 14개월이라는 생지옥을 경험하고 난 후 마침내 손발을 다 들어 버리고 말았다.

매년 1,000만 원씩 저축한다면 55.7년 걸린단다

겨우 마당의 정원수와 석물 때문에 입찰보증금으로 5억 5,700만 원을 날렸다면 독자 여러분의 느낌은 어떨지 궁금하다. 대박 환상에 빠져 있는 여러분들 중에는 정말 사실이냐고 반문하고 싶을 분도 있을지 모른다. 그러나 필자는 자신 있게 말할 수 있다. 경매 판에서는 언제든지, 얼마든지, 누구에게나 터질 수 있는 시한폭탄이고 지뢰다.

비극의 주인공이 바로 여러분일 수 있다. 요즘 세상은 터졌다 하면 몇 십억 원, 받아 챙겼다 하면 몇 백억 원 하니까 이 정도는 그다지 큰돈처럼 느껴지지 않을지 모른다. 그러나 큰돈이다. 어느 정도 큰돈인가 한번 가늠해보자.

연봉 2천 5백만 원짜리 월급쟁이가 십 원 하나 안 쓰고 꼬박 22.3년을 저축해야 한다. 그럼 22년이라는 시간이 제대로 실감이 나지 않으시는가? 새로 태어난 아기가 대학 졸업반이 되는 데 필요한 시간이다.

좀 더 현실적인 가정을 해보자.

매년 1,000만 원씩 저축한다면 55.7년이 필요하다.

* 5억 5,700만 원=매년 1,000만 원×55.7년

매년 2천만 원씩 저축한다면 27.8년을 모아야 하는 세월이다.

* 5억 5,700만 원=매년 2,000만 원×27.8년

그 큰돈을 호박씨 까서 한입에 털어 넣은 꼴이다. 생지옥이 따로 없다. 모골이 송연하고 살이 떨린다.

최근의 법정지상권 투자에서 발생하는 부작용들

"10년 전이나 5년 전이나 '법정지상권성립여지 있음'이라는 경매 물건의 조건이 달라진 것은 없지만 투자 환경이 완전히 바뀐 부분이 하나 있습니다."

"뭐가 달라졌나요?"

"대지만 경매 처분되는 '법정지상권성립여지 있음' 물건의 입찰가가 장난이 아니게 높아졌습니다."

경매 시장의 과열 여파가 엉뚱한 곳으로 번지고 있다.

"과열된 시장의 악순환의 고리를 지금이라도 끊어야 합니다."

"그렇죠, 그렇지 않으면 참여자 모두를 죽이는 무서운 바이러스가 될 가능성이 있습니다."

경매 시장에서는 이미 브레이크 풀린 듯한 징조들이 애석하게도 여러 곳에서 나타나고 있다.

chapter 05

선순위 임차인 우습게 보다
망한 사람들

경매 판의 진짜 지뢰와 시한폭탄

경매 투자에서 가장 무시무시한 지뢰와 시한폭탄은 무엇일까? 잘못 건드렸다가 발목 절단은 기본이고 심하게는 목숨까지 위태로워질 수 있는 괴물 말이다. 답은 의외로 간단하다. 경매 물건의 주택이나 상가 건물에 세 들어 있는 선순위 임차인이다. 낙찰자에게 치명상을 입힐 수 있는 괴물 같은 선순위 임차인의 유형은 다음과 같이 크게 네 가지 경우다.

① 세 들어 살고 있는 선순위 임차인

② 후순위로 알고 응찰했는데 사실은 선순위

③ 전입은 선순위, 확정일자는 나중으로 배당요구는 했지만 배당받지 못해 낙찰자에게 덤터기 씌워 확실하게 받아내는 임차인

④ 주민등록전입, 확정일자 모두 선순위이지만 배당요구를 배당요구종기일이 지난 다음에 해서 배당받지 못해 낙찰자에게 추가로 받아내는 임차인 등이다.

각각의 사례들을 보자.

세 들어 살고 있는 선순위 임차인을 무시하다가 당한 사례

가장 흔하게 벌어지는 케이스다. 경매 투자의 기본 중 기본이 임차인 조사다. 그런데 이를 대충 소홀히 하는 분들이 생각보다 많다. 무슨 강심장인지 알다가도 모를 일이다. 임차인 전입 여부를 두고 집주인과 은행 사이에는 숨바꼭질이 벌어지기도 한다. 금융기관에서 융자금액을 산출하기 위해 임대차 현황조사가 나오면 임대차사실을 발설하지 말 것을 임차인에게 요구하기도 한다. 송파구 잠실동에 있는 잠실○○미 아파트를 입찰했다가 결국 입찰보증금을 날린 이성우씨의 사례다.

* 대지지분 : 53.26/31630.5(16.11평)
* 전용면적 : 95.99㎡(28.99평)
* 구조 : 방3, 욕실2
* 보존연도 : 1983년 9월
* 입찰일 : 2006년 3월
* 감정가 : 6억 5,000만 원
* 최저가 : 5억 2,000만 원
* 응찰가 : 5억 9,000만 원
* 입찰자수 : 일단은 1명으로 마무리됨.

'폐문부재'라는 경매 정보지상의 표현

서울 송파구 잠실동의 전용면적 29평짜리 아파트는 재건축 물건의 블루칩이다. 응찰자 이성우씨 역시 재개발을 염두에 두고 응찰했다가 비싼 수업료를 지불했다.

응찰 당시 법원 매각목록에는 '본건 목적물 소재지에 출장한 바, 거주자가 폐문부재하여 점유관계 및 임대차관계를 알 수 없음. 관할 동사무소에 출장하여 주민등록 등재자를 조사한 바, 안정웅이 주민등록 등재되어 있고 다른 전입세대주는 없음(우편함에 우편물을 확인했음)'으로 기재되어 있었다.

5억 9천만 원에 응찰하면서 되면 경사고, 떨어지면 그만이라는 편안한 마음으로 기분 좋게 응찰했다. 이 정도 물건이면 감정가의 105%, 응찰경쟁률은 최소한 20명 이상이라는 사실을 잘 알고 있었기 때문이다. 뚜껑을 열어보자 결과는 전혀 예상 밖이었다. 단독응찰로 낙찰받은 것이다.

알 수 없는 뭔가 이상하다는 기분이 전신을 감싸더란다. 이럴 물건이 아닌데 '내가 뭘 잘못 판단했나?' 하는 불길한 예감 말이다. 다음 날 동사무소를 찾아가 확인해보니 예감이 적중했다는 것을 알았다. 주저앉아 울고 싶더란다.

전입자 안정웅의 전입일이 등기부상 최초 저당권 설정일자보다 먼저였다. 더 망설일 일이 아니었다. 바로 법원으로 달려가 '매각목록서작성부실'을 사유로 '매각불허가신청'을 했지만 받아들여지지 않았다. 다시 '매각허가결정취소소송'을 제기했지만 역시 받아들여지지 않았다.

결국 입찰보증금 5,200만 원을 한 방에 날렸다. 일의 순서를 뒤바꾼 것 치고는 너무 혹독한 수업료다. 올바른 일의 순서는 '전입세대열람'이 먼저고, 그다음이 응찰인 것은 말할 필요조차 없다.

② 후순위로 알고 응찰했었는데 사실은 선순위

앞의 이성우씨와는 다르게 이 사례는 초보자에게는 어쩔 수 없는 경우다. 병아리의 내공 정도로는 감당할 수 없는 난이도라는 말이다.

이 경우의 기본 구도는 대강 이렇다.

* 세대주 전입 : 2001년 5월 15일(당초 세대주 홍길동)
* 저당권 설정 : 2002년 5월 15일
* 세대합가 전입 : 2003년 5월 15일[세대주 이콩쥐(당초 세대주 홍길동은 세대원으로 세대합가)]
* 임대차 재계약 : 2003년 5월 15일
* 임차인 명의 : 세대주 이콩쥐
* 저당권자의 경매 신청 : 2005년 5월 15일
* 임차인 배당요구 : 2005년 6월 15일이라고 하면 이때 임차인 이콩쥐는 대항력을 가진 선순위 임차인이다.

경매 선수를 함정에 빠뜨린 다가구주택

경험 많은 경매 선수라는 사람들도 경매 진행 과정에서 예상하지 못한 KO편치를 맞을 수 있다. 그중의 하나가 후순위로 알았던 권리자가 졸지에 선순위로 변신하는 경우다. 양천구 목동에서 부동산 중개업을 하는 김명구씨는 '경매의 달인'으로 통한다. 필자와 비슷하게 외환위기 시기에 경매계에 입문했으니 이미 강산이 확실하게 한 번은 변했다. 10여 년 동안 강산만 변한 게 아니라 부동산 시장 분위기도 예전과는 사뭇 다르다.

더 중요한 사실은 경매 판이 변해도 이렇게 변하리라고는 아무도 예상하지 못했다는 것이다. 하자 없는 물건에 응찰해서는 경매 투자의 달콤함을 더 이상 맛 볼 수 없는 황당한 판으로 변해버렸다. 이 점을 누구보다는 잘 아는 김명구씨였다. 10년 이상 경매 판을 누비면서 터득한 풍부하고 다양한 실전 사례와 동물적 감각 덕분에 재미도 많이 봤다. 이런 김씨에게도 기억하고 싶지 않은 쓰라린 과거가 있다.

김씨를 함정에 빠뜨린 물건은 집 근처인 영등포구 당산동의 3층짜리 다가구주택이었다. 개요는 대강 다음과 같다.

* 대지 : 73평
* 건평 : 132평
* 1층 : 방 4개(2가구)
* 2층 : 방 4개(2가구)
* 3층 : 방 3개(1가구)
* 지하층 : 방 4개(4가구)인 다가구주택

5~6년밖에 되지 않은 신축건물이고, 지하철 9호선 당산역에서 걸어서 7분 거리였다. 무엇보다 김씨를 끌어당긴 것은 임대보증금만으로 투자금이 전액 회수되고도 남는 소위 '다가구 깡통 물건'이었다.

필자 못지않게 깡통 물건에는 한가락 한다고 자부하던 김씨였다. 투자금은 임대보증금으로 회수한 다음 버티기에 돌입하면 수익률은 무한대라는 판단이 들었다. 망설일 이유가 전혀 없었다. 서둘렀다. 또한 이 지역의 향후 전망 역시 누구보다 자신 있었기 때문이기도 했다.

권리분석이 복잡한 다가구주택

감정가가 7억 2,000만 원이었으나 두 차례나 유찰되어 최저입찰가는 4억 6,080만 원으로 시세와는 정확하게 반 토막이 나 있었다. 흥분하지 않을 수 없었다. 시세는 8억 5,000만 원~9억 원가량이었다. 전부 임대(일곱 가구)를 주면 최고 9억 원까지도 바라볼 수 있었다. 임대보증금만으로 투자한 자금이 전액 회수된다는 판단이 들었다. 내 돈을 한푼도 들이지 않고서도 3층짜리 다가구주택을 소유할 수 있다는 계산이 섰다.

다가구주택의 권리분석은 더 복잡하다는 것을 잘 알고 있던 터라 철저하게 조사에 임했다. 임대차현황으로는 소유자 포함 일곱 가구가 거주하고 있었다. 일곱 가구 중 소유자 세대를 뺀 세입자 가운데 일부 가구는 선순위, 일부 가구는 후순위로 파악되었다. 선순위 세입자는 배당 과정에서 보증금을 모두 돌려받을 수 있었다. 후순위 세입자도 소액임차인에 해당하기에 명도 부담은 제로라고 생각했다.

김씨는 2억 원을 더 쓴 6억 6,830만 원에 응찰해 여덟 명의 경쟁자를 제치고 최고가매수인이 됐다. 그러나 잔금을 치른 뒤 세입자들을 만나는 과정에서 꿈에도 상상하지 못한 마른하늘에 날벼락 같은 얘기를 들었다.

'세대합가'라는 카운터펀치

후순위 세입자로 판단되었고, 따라서 대항력이 없어 아무런 추가 부담이 없을 것으로 알았던 2층의 세입자 강모씨가 선순위라는 것이다. 최초 저당권은 2001년 3월에 설정됐고 강씨의 전입일은 2001년 5월로 돼 있었다. 누가 봐도 후순위 세입자처럼 보였다.

사정은 이러했다. 지방에서 근무하다 서울 본사로 발령을 받은 강씨는 2001년 1월 전세 계약을 체결했다. 그리고 서울로 근무지 이전이 늦어지자 자녀 학교 문제로 2월에 가족들만 먼저 서울로 전입시켰다. 당시 세대주는 편의상 부인명의로 해놓았다.

자신은 일이 마무리된 5월이 돼서야 서울로 올라온 것이다. 세대를 합가하면서 자신을 다시 세대주로 바로 잡았다. 물론 저당권은 그 사이에 설정되었다. 이 때문에 주민등록등본에는 강씨의 전입일자만 나오게 된 것이다. 그러니 당연히 응찰자 김씨는 강씨를 후순위로 착각할 수밖에 없게 되었다. 다음 공백은 여러분들이 직접 채워보시기 바란다.

* 강씨 전세 계약 : 2001년 ___월
* 강씨 가족 전입 : 2001년 ___월(세대주 강씨 부인)
* 저당권 설정 : 2001년 ___월
* 세대주 강씨 전입 : 2001년 ___월(세대합가, 당초 세대주 강씨 부인은 세대원)
* 저당권자가 경매 신청 : 2005년 10월 17일
* 임차인 강씨 배당요구 : 2005년 12월 22일이라고 하면 이때 임차인 강씨는 (   )순위 임차인이다.

임차인 강씨가 집주인과 임대차 계약을 하고 난 후 부인과 자녀들만 먼저 전입신고를 하고 세대주인 강씨는 사정상 나중에 전입한 경우다. 이 경우, 먼저 주민등록등본에 등재된 부인과 자녀의 전입일자는 삭제된다. 그리고 합가한 일자를 기준으로 새로운 세대주인 강씨의 주민등록 밑에 먼저 전입했던 가족들이 세대원으로 기재된다.

1억 3,000만 원짜리 마무리 KO펀치

대항력이 세대합가 속으로 숨어버리는 것이다. 문제는 대항력 요건상 주민등록은 세대주 전입일자로 판단하는 것이 아니라는 점이다. 가족 구성원 가운데 전입일자가 가장 빠른 사람을 기준으로 따져주게 된다. 함정이 바로 여기에 숨어 있었던 것이다.

강씨처럼 세대주와 가족이 따로 살다가 합친 경우를 '세대합가'라고

한다. 이런 주택을 낙찰받으려면

　　* 주민등록등본 확인은 기본이고

　　* 아울러 주민등록초본의 전입사항 변동까지 확인해야 한다.

이를 통해 세대원 중에서 가장 먼저 전입신고를 한 사람의 날짜를 기준으로 권리분석을 해야 한다. 이 날짜가 '대항력발생기준일'이 되기 때문이다. 현실적으로 타인의 주민등록전출입 사항을 알아낸다는 것이 쉽지 않다. 쉽지 않은 게 아니라 정상적인 방법으로는 사실상 불가능하다.

강씨는 가족의 전입일자를 기준으로 대항력이 발생했고, 확정일자는 말소기준 다음으로 받는 바람에 배당 과정에서 순위에 밀려 한 푼도 배당받지 못했다.

　　* 가족 전입 : 2001년 1월(대항력 발생 기준 시점)

　　* 저당권 설정 : 2001년 3월(말소기준권리일)

　　* 확정일자 : 2001년 5월(순위배당 기준일)

　　* 임차인 배당요구

　　* 확정일자를 기준으로 실시된 '순위배당'에서 순위가 늦어 배당받지 못함.

　　* 결과는 낙찰자가 선순위 임차인(강씨)의 임차보증금 추가인수였다.

선순위 전입→저당권 설정→확정일자 순서일 때

'③ 전입은 선순위, 확정일자는 나중이어서 배당요구는 했지만 배당받지 못한 케이스'였다. 결국 전세보증금 1억 3,000만 원을 낙찰자 김씨가 추가로 고스란히 물어줘야 했다. 이 돈 외에도 명도비 등으로 5,200만 원이 더 들어갔다. 다 마무리되고 나서 필자에게 전화를 했다.

"감쪽같이 속아 넘어갔습니다."

"그러니 초보들은 얼마나 자주 당하겠어요!"

"그러게요, 상상도 못했습니다."

"예상하지 못한 함정들이 도처에 깔려 있다고 보시면 됩니다!"

"비슷한 함정으로 뭐가 또 있을까요?"

"여러 가지 있죠, 여러 필지일 때 대표 필지만 확인하다가는 취약이죠!"

"아무튼 선수인 체 까불다가 카운터펀치 한 방 제대로 먹었습니다."

"그래도 김선생님이니 그나마 쓰러지지 않았죠!"

"KO패 당했습니다. 큰일 날 뻔 했어요!"

"체력 약했으면 그 한 방으로 끝입니다!"

"아직도 어질어질합니다 헤헤."

"다행이라고 해야 하나요?"

"아주 좋은 공부했습니다."

"그래도 시세보다는 좀 싸게 사신 것 같으세요?"

"시세보다는 좀 더 주고 산 것 같아요."

"수업료라 생각하고 속 편하게 생각하세요!"

"속은 쓰리지만 저도 그렇게 마음먹기로 했습니다."

"암튼 고생하셨네요!"

"그런데 부탁이 하나 있어요?"

"부탁이라고요? 말씀하세요!"

"내가 이런 식으로 당했다면 사람들이 아마 웃을 것 같아요?"

"비밀로 해달라는 말씀이세요?"

"네~에~."

"어려울 것 같아요. 나중에 실패사례로 쓸까하는데요!"

"좀 참아주세요."

"농담입니다, 잘 알겠습니다!"

'④ 주민등록전입, 확정일자 모두 선순위이지만 배당요구를 배당요구 종기일이 지난 다음에 해서 배당받지 못한' 케이스는 이 책의 '배당요구 종기일의 의미도 모르면서'를 통해서 보도록 하자.

chapter 06

전입자 많은 다가구주택의 토지별도등기는 양날의 칼

토지·건물별도등기의 권리분석

지금부터 살펴보게 될 '토지별도등기' 있는 물건 정도의 권리분석을 할 수 있어야 초보딱지를 뗐다고 할 수 있다. 강동구 길동 최경운씨는 노후를 위해 임대용 다가구주택을 낙찰받기로 결심하고 반 년 이상 물건을 찾아 헤맸다. 응찰했다 떨어지기를 수차례 반복했다. 그러다 마침내 집근처인 강동구 암사동 소재 반지하 1층, 지상 3층짜리 다가구주택 낙찰에 성공했다.

대지 82평에 건평 180평으로, 3층에 살고 있는 채무자겸 소유자를 포함해 모두 열 가구가 거주하는 다가구주택이었다. 최초감정가 7억 1,000만 원에서 두 차례나 유찰 돼 감정가의 64%인 4억 5,440만 원으로 내려와 있었다.

경매 판이 콩 볶는 프라이팬처럼 달아오른 시기에 이상하다는 생각은 들었다. 임차인 모두가 배당요구를 하고 있었고, 아무리 따져봐도 자신의 권리분석으로는 문제가 없어 보였다.

경매 정보지에는 '토지별도등기 있음'이라는 주의사항이 붙어 있었다. 임차인 10명 모두 토지 저당권 설정일보다 전입일자가 늦었다. 배당요구를 하고 있어 인수 대상은 아닌 것으로 판단했다. 임차인이 많아 필자에게 좀 물어볼까 했단다. 이런 경우를 설명하고 있는 권리분석 책을 통해서 배당표 작성 연습을 해본 터라, 하지 않기로 했다.

비밀이 새어나갈까 하는 의구심

경매 책을 찾아보니 1순위 말소권리를 기준으로 모두 지워지기 때문에 안심해도 된다는 구절이 있었다. 그리고 혹시라도 비밀이 새어나갈까 하는 의구심도 있었단다. 누가 채갈까 봐 가슴이 심하게 뛰는 설렘을 가까스로 다스리기도 힘들었다.

당시 전세보증금만 해도 3억 5천만 원 정도였다. 낙찰 후 임차인을 전부 교체하면 전세보증금만으로 투자금 전액을 회수할 수 있다는 판단이 섰다. 전세가격이 조금만 더 올라주면 오히려 투자금 이상을 회수할 수도 있다는 판단까지 들었다. 그런 생각에 이르자 가슴이 울렁대기 시작했다. 나를 위해 하늘이 보내준 선물이라도 발견한 듯 설레더란다.

서울 동부법원에서 응찰한 것이 2008년 9월이고 응찰가격은 4억 9,999만 원이었다. 결과는 두 명 응찰로 가뿐하게 낙찰받았다. 이때까지만 해도 세상이 다 내 것처럼 황홀했다. 그런 기분은 그리 오래가지 못했다. 후순위라고 판단한 임차인 중 네 명이 선순위라는 사실을 알게 되었다. 더구나 확정일자가 늦어 추가로 물어주어야 할 금액만 2억 7,000만 원이나 되었다. 마른하늘에서 날벼락이 떨어진 꼴이었다.

"임차인 전입(대항력 있는 선순위임)"

"건물 저당권(말소기준권리)"

"임차인 확정일자(순위배당에서 건물 저당권에게 밀림)에서 추가로 물어주어야 할 금액이 2억 7,000만 원"이라는 설명이다.

구 건물에 저당권이 토지와 건물에 공동으로 설정되었는데 2004년에 구 건물을 멸실하고 다가구주택으로 신축하는 과정에서 토지와 건물의 저당권 설정일자가 각기 다르게 된 것이다.

토지 저당권 → 임차인 전입 → 건물 저당권 → 임차인 확정일자

임차인들은 새 건물을 지어 보존등기가 나기 전에 전입했다. 그리고 나서 건물에 대한 저당권 설정이 이루어진 것이다. 따라서 건물의 저당권 설정일이 임차인의 전입일자보다 늦어지게 된 것이다. 토지와 건물의 저당권 설정일자가 다를 경우 임차인의 대항력 판단 여부는 설정일이 늦은 건물을 기준으로 판단한다.

이처럼 토지와 건물의 저당권 설정일이 다른 경우를 '토지·건물별도등기'라고 하는데 낙찰자 최경운씨는 이 부분을 잘못 판단한 것이다. 요약하면 다음과 같다.

* 토지 저당권 설정
* 임차인 전입(대항력 있는 선순위 임차인임)
* 건물 저당권 설정(말소기준권리)
* 임차인 확정일자(순위배당에서 건물 저당권에 밀림)으로 그림이 그려진다.

이런 경우 권리분석은 임차인에게 유리하게 해석해야 한다. 대항력은 전입일을 기준으로 하고, 배당은 확정일자를 기준으로 한다. 최씨는 배당에서 순위에 밀려 한 푼도 못 받는 네 사람의 전세보증금 2억 7,000만 원을 고스란히 부담해야 할 처지가 된 것이다.

낙찰가격 5억 원에 대항력 있는 세입자의 전세보증금 2억 7,000만 원을 더하면 모두 7억 7,000만 원이 구입가격이다. 세금 및 부대비용을 제외하고도 시세보다 비싸게 구입하는 셈이 된 것이다. 2억 7,000만 원을 추가 부담하기보다는 입찰보증금 4,544만 원을 잃는 것이 낫다고 판단해 잔금납부를 포기했다.

토지와 건물은 별개의 부동산

우리나라 민법에는 부동산을 '토지'와 '건물(그 정착물)'로 구분해서 각각 소유권을 인정하고 있다. 토지와 건물은 별개의 부동산이다. 따라서 어떤 이유로 소유자가 서로 다를 수도 있고, 또 저당권 등 제한물권의 설정내용도 달라질 수 있다. 국유지나 시유지 위에 있는 무허가 판잣집을 생각하면 된다. 땅은 비록 국가소유라 하더라도 건물은 개인 재산이다.

집의 소유권은 홍길동

땅의 소유권은 국가

이 같은 토지와 건물의 압류(저당권 설정) 내용이 달라지거나 경매로 인해 소유권이 달라지는 경우 임차인에 대한 권리분석이 복잡해진다.

토지·건물 공동저당권 → 구건물 멸실 → 신축 → 임차인 전입

→ 신건물 저당권 → 임차인 전입

쉽게 이해하기 위해 자료를 약간 가공해서 살펴보자.
* 2001년 5월 15일 구건물과 토지에 최초 공동담보 저당권 설정
* 2002년 5월 15일 구건물 철거(철거하면 당시 건물 등기부상의 모든 권리의 효력은 소멸)
* 2003년 5월 15일 다가구주택(총 열 가구) 공사 시작
* 2004년 5월 15일 신축건물 공사 완료
* 2004년 5월 15일부터 세입자 전입 시작(공사완료 직후부터)

① B01호(원룸) : 2004년 6월 15일 전입(보증금 5,000만 원⇒선순위 임차인)

② B02호(원룸) : 2004년 6월 20일 전입(보증금 5,000만 원⇒선순위 임차인)

③ 101호(방 3개) : 2004년 6월 30일 전입(보증금 1억 5,000만 원⇒ 선순위 임차인)

④ 201호(방 3개) : 2004년 7월 15일 전입(보증금 1억 5,000만 원⇒ 선순위 임차인)

⑤ 202호(방 3개) : 2004년 7월 30일 전입(보증금 1억 5,000만 원⇒ 선순위 임차인)

⑥ 301호(방 3개) : 2004년 8월 10일 전입(보증금 1억 5,000만 원⇒ 선순위 임차인)

* 2004년 8월 30일 건물 보존등기
* 2004년 9월 10일 건물 등기부에 추가 저당권 설정(말소기준권리)

⑦ 102호(방 3개) : 2004년 9월 30일 전입(보증금 1억 원⇒후순위 임차인)

⑧ 302호(방 3개) : 2004년 10월 10일 전입(보증금 1억 원⇒후순위 임차인)

⑨ B03호(원룸) : 2004년 11월 15일 전입(보증금 5,000만 원⇒후순위 임차인)

⑩ B04호(원룸) : 2004년 12월 15일 전입(보증금 5,000만 원⇒후순위 임차인)으로 전입이 완료되었다고 하자.

토지·건물공동저당권 → ①~⑥ 임차인 → 건물 저당권 → ⑦~⑩ 임차인

권리분석을 해보면 ①~⑥까지는 선순위 임차인이고, ⑦~⑩까지는 후순위 임차인이 된다. 한집에 세 들어 살지만 운명이 너무 다른 임차인들이다. 따라서 ①~⑥까지의 임차인이 경매 결과 배당에 참여하지 않을 수도 있다. 또한 배당신청을 하고도 순위배당을 통해 전세보증금을 전

액 회수하지 못할 수도 있다. 회수하지 못한 금액만큼은 낙찰자가 추가로 물어주어야 한다. 이 정도 권리분석도 못하면서 임차인이 잔뜩 포진하고 있는 다가구주택에 도전하면 나중에 돈으로 메우는 수밖에 달리 방법이 없게 된다.

* 2006년 9월 15일 : 토지 저당권자가 경매 신청
* 2007년 1월30일까지 : ①~⑩까지의 임차인 전원 배당요구
  * 2007년 7월 15일 낙찰
  * 2007년 9월 15일 잔금납부
  * 2007년 11월 15일 배당실시라고 하자.

이 배당에서 임차인

  ③ 101호(방 3개) : 2004년 6월 30일 전입(보증금 1억 5,000만 원)
  ④ 201호(방 3개) : 2004년 7월 15일 전입(보증금 1억 5,000만 원)
  ⑤ 202호(방 3개) : 2004년 7월 30일 전입(보증금 1억 5,000만 원)
  ⑥ 301호(방 3개) : 2004년 8월 10일 전입(보증금 1억 5,000만 원)에

게 배당금이 돌아가지 않았다고 하자.

낙찰자는 이들의 임차보증금 전액(6억 원)을 낙찰대금과는 상관없이 추가로 물어주어야 한다. 왜냐면 법이 그렇기 때문이다.

잘못한 한 건 입찰로 망했다는 곡소리가 높게 울리지 않을 수 없다.

chapter 07

건물 짓기 전 대지에 설정되어 있던
저당권은 핵폭탄

초보 독자들이 너무 쉽게 당하고 있는 '토지별도등기 있음'을 좀 더 보자.

토지별도등기의 권리분석을 잘못해 감당하기 어려운 피해가 자주 발생하고 있다. 문제의 심각성이 잘 알려져 있지 않다. 이런 피해는 누구에게나 일어날 수 있는데도 말이다. 물론 모두에게 해당되는 사항은 아니다. 고수는 미꾸라지가 빠져 나가듯 요리조리 피해를 당하지 않지만, 병아리는 피바가지를 흠뻑 뒤집어쓴다는 차이가 있다.

종로구 사직동에서 인테리어업과 건축업을 하는 채영천(41세)씨는 이제 경매의 '경'자만 들어도 경기가 날 정도로 치를 떤다. 부동산 경매가 대박을 가져다줄 수도 있지만, 쫄딱 망하게 할 수도 있다는 것을 온 몸으로 체험했기 때문이다. 그동안 몇 건의 투자로 짭짤한 재미도 맛보고 있었던 사람이 이제는 경매 판을 떠나기로 했다고 한다. 그럼 도대체 채씨에게 무슨 일이 일어난 것일까?

'토지별도등기' 있는 다가구주택의 임차인분석을 잘못해 치명타를 맞았기 때문이다.

가공할 '토지별도등기'의 위력

채씨가 관심을 가진 물건은 집에서 가까운 서대문구 충정로에 있는 3층짜리 다가구주택이었다. 동쪽 4미터, 남쪽 6미터 양면도로에 접해 접근성도 아주 양호했다. 서울 지하철 2, 5호선 충정로역이 걸어서 5분 거리에 있는 역세권이고 경기대학교가 바로 인근에 있어 임대수요는 무궁무진한 곳이었다.

* 대　지 : 66평
* 건　평 : 123평
* 층　수 : 반지층 및 3층
　① 반지층 : 두 가구
　② 1　층 : 두 가구
　③ 2　층 : 두 가구
　④ 3　층 : 한 가구로 총 일곱 가구
* 종　별 : 임대용 다세대주택

최초 감정가 8억 원에서 한차례 유찰로 6억 4,000만 원으로 떨어진 상태였다. 채씨는 다가구주택을 몇 차례 낙찰받아본 적이 있어 그 매력을 잘 알고 있었다. 전세보증금만으로도 투자금액을 회수하고도 남는 다가구주택의 매력 말이다. 필자에게도 그동안의 성공사례를 자랑삼아 말씀하신 적이 여러 번 있었다. 이 물건 역시 그렇게 보였다.

전세보증금만으로 6~7억 원은 바로 회수될 것으로 판단했다. 임차인 7명 전부가 토(대)지 저당권 설정일보다 전입일자가 늦었다. 또한 모두가 배당요구를 하고 있어 인수 대상은 아닌 것으로 판단했다. 최저가에 7,000만 원 더 써 7억 1,000만 원에 최고가를 제시한 낙찰자가 됐다.

후순위인줄 알았는데 선순위란다

융자까지 받아 잔금을 치른 다음 세입자들과 명도 협상을 하다가 뜻밖의 상상하지도 못한 말을 들었다. 후순위로 판단했던 임차인들 가운데 다섯 가구가 선순위라고 주장하는 것이었다. 청천벽력이 따로 없었다. 임차인들이 주장하는 사연은 이러했다.

"99년 구옥에 대해 저당권 설정할 당시에는 토지와 건물에 공동으로 담보가 설정되었다."

"2000년에 구건물을 철거하면서 '구건물 등기부'가 폐쇄되었다."

"구옥 철거 후 다가구주택으로 신축했다."

"새 건물을 짓고 준공검사를 받기 전 가사용승인 상태에서 임차인들이 전입했다."

"그 후 건물에 대한 보존등기가 이루어진 다음 저당권이 추가로 설정되었다."

"따라서 토지와 건물의 1순위 저당권 설정일자가 서로 다르게 된 것이다."

"임차인들은 토지 저당권보다는 전입이 늦다."

"그러나 새로 지어진 건물의 저당권보다는 먼저 전입했다."

"따라서 자신들은 선순위 임차인이라고 주장하는 것이다."

이런 경우 임차인들의 주장이 전적으로 맞다. 선순위 임차인이라는 말이다. 독자 여러분은 앞의 사례와 똑같은 구조라는 것을 눈치채셨으면 된다.

별도등기 시 임차인들에게 유리하게 적용

토지와 건물의 제1순위 저당권 설정일자가 각기 다른 경우다. 이때 임차인의 대항력 판단 기준은 임차인들에게 유리한 기준을 적용한다. 때문에 건물 저당권보다 먼저 전입한 임차인들은 선순위 임차인이다. 확정일자로 따진 순위배당에서 밀려 법원에서 배당받지 못한 가구가 다섯 가구였다. 전세 보증금은 3억 3,500만 원이었다. 그 전부를 고스란히 떠안아야 했다. 낙찰가 7억 1,000만 원에 이전비용 및 부대비용으로 4,000만 원에다가 인수금액 3억 3,500만 원이 구입가격이 되었다. 환장할 일이 벌어진 것이다.

구입가격이 총 10억 8,500만 원이다. 감정가보다 무려 2억 6,500만 원을 더 주고 낙찰받은 꼴이 되고 말았다. 전세보증금만으로 투자금액을 회수할 수 있는 '깡통 물건'을 낙찰받았다고 친구들한테 술까지 샀는데 속이 심하게 쓰려왔다. 깡통 물건에 도전했다가 깡통 찰 일이 벌어지고만 것이다. 경매 판에서 자금투하 및 회수 여부를 보면 다음과 같이 세 부류로 분류할 수 있다.

"투입가격 ≥ 회수가격(비만 물건)"

"투입가격 = 회수가격(보통 물건)"

"투입가격 ≤ 회수가격(깡통 물건)이다."

눈치 채셨겠지만 이 중에서 깡통 물건이 우량 물건이다.

그제야 입찰 당일 날 생겼던 수수께끼가 풀렸다. 매각물건명세서를 열람한 사람이 5~6명 있었다. 경쟁자가 있을 것으로 판단하고 7,000만 원이나 더 썼다. 그런데 결과는 단독응찰이었다. 그들이 입찰에 참여하지 않고 사라진 이유를 어렴풋이 알 수 있었다.

'건물 저당권 설정 전 전입한 임차인'은 대항력 있는 선순위 임차인이었던 것이다. 이제 와서 어쩌랴. 이미 엎질러진 물인 것을. 모두 재임대했는데 약 2억 5,000만 원 정도 자금이 잠겼다. 당초 계획대로라면 전세보증금만으로 투자금을 회수하면 체력부담 없이 다가구주택을 하나 더 늘릴 수 있다고 판단했었다. 현금이 2억 5,000만 원 이상 잠기는 바람에 이 주택을 처분할 때까지는 경매 투자는 잠시 쉬기로 하셨단다. 그러나 문제는 또 있다. 현재 시세로 처분하면 구입가격보다 1억 5,000만 원 정도는 손해를 봐야 하는 실정이다. 이래저래 꼼짝 못하게 생겼다.

챙겨야 할 대목은 꼼꼼히

경매를 하다보면 이런 물건을 이런 가격에 낙찰받을 수도 있구나 하고 무릎을 칠 때가 있다. 그러나 거기에는 반드시 그럴만한 이유가 분명히 있다. 결론은 그것을 아는가 알지 못하는가의 차이일 뿐이다. 내공에 따라 다르게 보인다. 요리하는 방법에 따라 결과는 역시 달라진다. 같은 재료로도 요리사에 따라 전혀 다른 맛을 내는 것과 같은 이치라고 하겠다.

"토지와 건물의 압류 내역이 다르다."

"임차인이 많아 권리분석이 복잡하다."

"그래서 권리분석이 제대로 안 된다."

"채무자가 있고 임차인이 많아 명도가 어려울 것 같다."

"추가 인수금액을 파악하기 어렵다."

"추가 인수금액이 많아 재미없는 물건이다."

시작하기도 전에 머리부터 아프다. 남들보다 조금이라도 더 높은 수익을 내자면 이 정도 수고는 지불할 각오를 하자. 경매 투자를 왜 하시는

가? 까먹자고 경매 판에 뛰어드는 사람은 없을 것이다. 그러나 우습게 생각하고 대충 뛰어들었다가는 지뢰밭을 몸 성히 빠져나가기 어렵다. 경매 판에 뛰어들면 버는 것은 맞다. 그러나 요즘처럼 펄펄 끓는 냄비처럼 과열된 판에서 대충하다가는 본전도 건지기 어려울 수도 있다. 다음과 같은 정도의 물건의 권리분석도 스스로 안 되시면 차라리 경매 판에 뛰어들지 않는 것이 오히려 장수의 비결이다.

"임차인 많은 다가구주택 물건"

"토지별도등기 있는 물건"

"법정지상권성립여지 있는 물건"

"유치권성립여지 있는 물건"들이 대박 가능성을 높여주는 아이템이다.

대박은 못 터트려도 좋으니 몇 푼 안 되는 종잣돈은 까먹지 말아야 할 것 아닌가?

Part 03

눈에 보이는 권리분석,
아무리 잘해도 숨은 변수에

앞 장에서도 보셨듯이 권리분석만으로 경매 판의 모든 고민이 말끔히 해결된다면 얼마나 좋을까? 그런데 그것이 전부가 아닌 것이 현실이다. 경매 판에서 망하지 않으려면 먼저 네 개의 산을 알아야 하고 다음은 그 산을 넘는 방법을 알아야 한다.

제1차 관문 : 권리분석

제2차 관문 : 물건분석

제3차 관문 : 투자분석(수익성분석)

제4차 관문 : 명도분석이 바로 그것이다.

거꾸로 살펴보자. 마지막 관문에 해당하는 명도분석은 이 책의 Part 04와 Part 05에서 실패사례를 중심으로 집중해서 살펴보겠다. 제2차 관문인 '물건분석'과 제3차 관문인 '투자분석'은 이 책의 범위를 벗어난다. 범위 밖이어서 다루지 못한다는 말이지 중요하지 않다는 말은 아니다. 독자 여러분의 너그러운 이해를 기대한다.

망하지 않기 위해 넘어야 할 제1차 관문인 권리분석은 경매에서는 기초공사에 해당하는 부분이다. 아무리 수익률이 좋은 물건을 만났다고 하더라도 정확한 권리분석 없이는 응찰 불가능이다. 만반의 준비를 하고 전투를 시작했다고 해도 예상치 못한 공격을 당할 수 있는 곳이 경매 전투 판이기도 하다. 골프는 수많은 변수와의 싸움이라는 광고문구가 있었다. 그러면 부동산 경매는 어떤가? 더 많은 변수와의 싸움이며 그 싸움의 요체가 바로 '권리분석'이다.

　여기서는 '제1차 관문'에 해당하는 권리분석 단계에서 피멍 든 사례를 보도록 하자. 교과서적인 '권리분석'만으로는 도저히 감당할 수 없는 사례들이다.

chapter 01
'배당요구종기일'의
의미도 모르면서 경매 투자한다고?

중앙 2계 2004-180**을 낙찰받고 입찰보증금을 날린 사람의 이야기다. 경매 정보지를 보고 배당표를 쓸 수 없으면 경매 판에 뛰어드시면 안된다. 단순해 보여도 공부가 먼저다. 경매 정보지 실물을 보자.

중앙 2계 2004-180** 상세정보

구분	임의경매	채권자	국민은행	입찰일	05.08.12
청구액	185,000,000	채무자	박정○	다음 예정	05.09.18
용도	아파트	소유자	박정○	배당요구종기일	04.08.23
보증금	20%	유찰횟수	1회	경매개시결정일	04.05.29

다음의 경매 정보지를 통해 강남구 역삼동 전용면적 $84.99m^2$(25.7평) 주상복합아파트 경매 물건의 주요 체크 사항을 알아보자.

이 경우 예상배당표를 다음과 같이 쓰시는 분들이 많을 것이다.

* 배당 1순위 : 경매비용

* 배당 2순위 : 임차인 박유태 2억 4,000만 원

* 배당 3순위 : 외환은행 3억 6,000만 원 중 일부배당

채권고갈로 배당종료

따라서 낙찰자의 관심은 선순위 임차인에만 쏠린다. 즉 '선순위 임차인 박유태가 전액 배당받으니 추가 부담 없이 경매를 끝낼 수 있다'고 생각하시게 된다. 낙찰 란을 보면 1차에 응찰했던 방동숙씨 역시 그런 판단이었다. 결과는 입찰보증금 3,760만 원을 몰수당했다. 다음 배당표 실물의 보증금 란을 보면 20%라고 되어 있다. 전 낙찰자 방동숙씨가 입찰보증금을 몰수당했다는 것을 말해주고 있다.

사건/채권 채무/감정	물건내역 주소/면적(㎡)	감정평가액 (▼)최저입찰가	임대차현황	등기내역 구분/등기일/금액
05-18058 아파트 국민은행 박정○	서울 강남 역삼동 720-25 디오빌 25층 2511호 대지 11.48/2867.6 건물 84.99(25.7평) 방 2, 욕실 2	감정가 470,000,000 대지 141,000,000 건물 329,000,000 (▼)376,000,000 (80.00%)	박유태 전입 02.10.29 확정 02.10.29 배당 04.08.31 보증금/24,000만 원	저당권 외환은행 03.01.17 36,000만 원 저당권 국민은행 03.02.19 18,500만 원
보증금 20% 한국감정 04.07.21	26층 - 02.7.26보존 -일반상업지역 -테헤란로 인근 -역삼역 5분 거리 감정평가금액 대지 : 141,000,000 건물 : 329,000,000	유찰 2005.04.08 낙찰 2005.05.13 418,800,000 (89.1%) 낙찰자 : 방동숙 낙찰 2005.08.12 383,960,000 (81.7%)	· 관리비 미납내역 -미납금 : 510만 원 - 17개월 미납 - 전기, 수도포함 - 05.07.29 현재	저당권 이정섭 03.02.27 9,000만 원 임의 2004.05.29 청구액/18,500만 국민중앙/소송관리단

2004타경 180 실제 배당표**

<table>
<tr><td colspan="3" align="center">서울서부지방법원</td></tr>
<tr><td colspan="3" align="center"># 배 당 표</td></tr>
<tr><td colspan="3">2004타경 180**   부동산 임의경매</td></tr>
</table>

배당할 금액		금	422,546,535	
명세	매각대금	금	383,960,000	
	지연이자	금	0	
	전 낙찰인의 입찰보증금	금	**37,600,000**	
	항고보증금	금	0	
	보증금 이자	금	986,535	
집행비용		금	4,277,530	
실제 배당할 금액		금	418,269,530	

매각 부동산	강남구 역삼동 720-25 디오빌 25-2511		
채권자	강남구청장	주식회사 외환은행	주식회사 국민은행
채권금액 — 원금	513,180	303,557,360	188,341,300
이자	0	83,571,978	66,065,618
비용	0	0	0
계	513,180	387,129,338	254,406,918
배당 순위	1	2	3
이유	교부권자(당해세)	근저당권자	신청채권자
채권최고액	0	360,000,000	185,000,000
배당액	513,180	360,000,000	57,755,825
잔여액	417,755,825	57,755,852	0
배당 비율	100.00%	100.00%	31.22%
공탁번호 (공탁일)	금제 호 (. .)	금제 호 (. .)	금제 호 (. .)

2005. 10. 09

판사 ○ ○ ○

배당표 실물이다. 당초 상상했던 것과 전혀 다른 배당표가 정답이라는 말이다. 임차인 박유태는 배당표 어디를 보아도 돈 받은 흔적이 없다. 두 번째 저당권자 국민은행에서 배당이 채권고갈로 끝나버리고 있는 것을 알 수 있다. 그러나 이 배당표가 실제 배당된 결과다.

비극의 핵심인 전 낙찰인의 입찰보증금

왜 이런 배당표가 작성될 수 있을까? 경매 정보지를 다시 찬찬히 살펴보자. 임차인 박유태의 배당요구일이 2004년 8월 31일이다. 그런데 법원이 정한 배당요구종기일은 2004년 8월 23일이다. 선순위 임차인이 '배당요구종기일'을 지나서 배당요구를 하고 있다. 이처럼 배당요구종기일을 넘어서서 배당요구를 하면 일단 서류는 접수한다. 그러나 순위배당에는 참여시키지 않는다. 따라서 박유태는 배당표에서 보는 것처럼 배당에 참여하지는 못한다.

여기서 문제는 '배당받지 못한 선순위 임차인의 임차보증금은 어떻게 된다는 것인가'이다. 정답은 낙찰자가 추가로 물어주어야 한다는 것이다. 이 경우 방동숙의 입장에서 총 투입금액을 계산해보면 다음과 같이 계산된다.

결국 구입가격은 671,360,000만 원이 된다.

① 낙찰가 : 418,800,000원 +

② 이전비용 : 12,560,000원 +

③ 추가인수비용 : 240,000,000원이다.

감정가 4억 7,000만 원짜리 아파트를 결과적으로 2억 1,000여만 원이나 더 주고 사는 꼴이 되고 만다. 입찰할 때 걸었던 보증금 3,760만 원을 포기하지 않을 수 없었다. 배당표의 명세 중 '전 낙찰인의 입찰보증금'이 바로 이것이다.

입찰보증금이 날아갈 지경에 이르자 방동숙씨로부터 전화가 왔다. 누구누구로부터 소개를 받아서 전화를 하셨다는 것이다. 다짜고짜 입찰보증금 좀 돌려받게 도와달라는 부탁이었다. 무슨 수로 도와드릴 수 있단 말인가?

도와줄 수 있는 것이 거의 없다

기껏해야 "'매각불허가신청' 한번 해보세요. 매각허가가 나면 '매각허가취소소송'을 한번 해보세요" 정도가 코치의 전부다. 그러면서 전화를 얼른 끊을 궁리에 머리가 복잡할 뿐이다. 그다음은 배당표 실물에서 보는 것처럼 입찰보증금 날리는 일만 남게 된다. 생지옥이 따로 없다. 고통이라는 것이 한번에 확 당하고 나면 덜 아픈데, 지루하게 계속되는 고통은 더욱 아픈 법이다.

상처의 흔적도 오래 남는다. 한 건 투자해서 3,760만 원이 남아도 시원찮은 판에 국물 맛도 못 보고 한 방에 날릴 때의 기분은 비참 그 자체일 것이다. 그로부터 약 2개월 뒤 다시 필자에게 전화를 했다.

"어찌 되셨나요?"

"그냥 포기했습니다."

"아무 것도 안 하셨단 말씀이세요!"

"매각불허가신청했는데 매각허가가 나더라고요?"

"받아들여질 가능성이 없다고 말씀드렸잖아요!"

"매각허가취소소송하려면 소장 써라, 변호사 선임해라, 어째라 그러더라고요!"

"혼자 하실 수도 있는데!"

"복잡해서 그걸 제가 어떻게 하나요?"

"하긴 그렇죠!"

"그래서 매각허가취소소송은 제기 안 하고 말아버렸습니다."

그러시더니 갑자기 노발대발 법원에 대해 험한 욕설을 시작했다.

"아주 나쁜 놈들이라고요."

"남의 돈을 아주 우습게 본다고요."

"그만큼 사정했으면 돌려줄 만도 한데 안 주더라고요."

어처구니가 없는 노릇이다. 자기 욕심에 눈이 멀어 저지른 일을 누구를 탓하고 누구를 원망하랴. 두 말이 필요 없다. 102% 무조건 낙찰자 책임이다. 대꾸 없이 듣고 있다가 그냥 끊어버렸다.

3,760만 원을 한 방에 날리고도 어디다 하소연 할 곳이 없으니 저럴 수도 있겠다는 생각도 들었다. 대상이 하필 왜 나야? 싫었는데, 갑자기 재미있는 생각이 들었다. 필자든 누구든 이 아주머니에게 경매 컨설팅이라도 했다가 이런 일이 벌어졌으면 어떠했을까? 끔찍함에 몸서리가 쳐진다. 그다음은 보지 않아도 뻔한 상황 아니겠는가?

만약 컨설팅을 했다면?

잘 아는 사이여서 무료로 컨설팅을 했거나 아니면 수수료를 받고 전문적인 컨설팅을 했다고 가정해보자.

날린 입찰보증금 돌려달라고 아침저녁으로 난리도 그런 난리가 따로 없을 것이다.

경매를 공부하고 직접 투자하다 보면 이런 저런 이유로 물건의 권리 분석이나, 경매 처분당했다고 하소연 하면서 도와달라는 사람들을 만나게 된다. 어설프게 알고 잘난척했다가는 상상할 수 없는 꼴과 경제적 피해를 당할 수 있다. 주변에서 가끔 보는 사실이다. 귀찮아서가 아니라 모른다고 '딱' 잡아 거절하는 것이 오히려 약이다. 당장에는 섭섭해 할지 몰라도 좋았던 관계가 원수로 발전하지는 않을 것이다. 다시 본론으로 돌아가자.

더욱 심각한 것은 2005년 8월 12일에 낙찰받고 잔금을 납부한 사람이다. 이 사람은 시세보다 2억 원 이상을 더 주고 투자한 꼴이 되고 만 것이다.

'배당요구종기일' 하나 확인 안 하고 대충 넘어간 대가치고 너무나 혹독하다.

chapter 02
진짜든 가짜든
낙찰자 골치 아프게 하는 유치권

경매 물건의 도깨비 '유치권'

부동산 경매에서 말도 많고 탈도 많고 또 답도 없는 도깨비가 바로 '유치권'이다. 도깨비라고 하는 데는 그럴만한 이유가 있다. 실체는 있는데 형체는 나타나지 않기 때문이다.

도깨비를 잘 잡으면 대박 나고, 잘못 쫓아가면 한밤중 공동묘지다. 진짜 도깨비를 만나게 된다. 유치권을 지렛대로 돈 많이 번 사람도 있고, 망한 사람도 그에 못지않게 많다는 말이다.

병아리들은 일단 유치권이 신고된 경우에는 보수적으로 판단하고 응찰해야 한다. 유치권자들의 청구내역을 응찰 전에 파악할 수 있다면 어느 정도 대책을 세울 수도 있다. 유치권자를 사전에 만나서 탐문을 하면 어느 정도 파악할 수 있다. 주장하는 채권의 실체나 진위 여부, 그리고 해결 여부까지도 말이다.

낙찰 후라면 일단 대화를 통해 해결을 시도하고 해결되지 않으면 별도의 소송을 통해서 해결하게 된다. 원칙은 대강 그렇다는 이야기이지만 현실은 그리 아름답지만은 않다. 법은 멀고 주먹은 가까웠던 사례를 하나만 살펴보자.

짐 싸들고 이사 들어오는 유치권자

서울중앙법원 8계, 2008년 9월에 경매가 시작되어 22억 원짜리가 14억 6,000만 원에 낙찰된 물건이다. 유치권으로 낙찰자가 골탕을 먹어도 크게 먹은 사례이다.

분양평수 100평이 넘는 서초구 방배동의 고급빌라가 최초감정가 22억 원에 경매 절차가 시작되었다. 전용면적은 74평이고 방4, 욕실 3개로 구성되어 있다. 2004년 9월에 보존등기가 된 이 건물의 전체는 9층이고 이 물건은 7층이다. 준공되고 약 4년 이상 빈집으로 있었다. 경매 진행 결과를 보면 세 차례 유찰로 최초감정가의 51.2%인 11억 2,640만 원까지 가격이 하락한 것을 볼 수 있다.

매각목록 현황에서도 경매 신청 당시 빈집으로 되어 있고, 점유자가 없는 것으로 파악되고 있었다. 당초 예상으로는 낙찰 후 잔금납부로 소유권을 취득한 다음에 발생하는 '명도' 문제가 없는 물건이었다. 이런 경우 밀린 관리비만 해결하면 관리실에서는 낙찰자에게 우호적인 것이 보통이다. 관리사무실하고도 대화가 잘 되었다. 밀린 관리비의 1/2만 납부하는 조건으로 키 번호를 받았다.

문제는 '주의사항' 란에서 볼 수 있듯이 공사대금으로 9억 원이 '유치권'으로 신청되어 있는 점이다. 이것 때문에 가격이 절반 가까이로 하락한 것이다. 빈집이어서 유치권은 성립하지 않는다는 코치도 받았다. 좋은 집 싸게 낙찰받았다는 생각에 콧노래가 저절로 나왔다. 며칠이 지나

밀렸던 관리비도 무난히 해결되어 집 청소도 할 겸 빌라를 가보고는 이상한 생각이 들었다.

처음 보는 이중 잠금장치

지금까지 현관문에 달려 있던 전자키와는 다른 키가 2중으로 채워져 있었다. 아무리 열려고 해도 문을 열 수가 없었다. 관리사무실로 연락하니 관리실에서는 모르는 사항이란다. 그런데 경비아저씨 하시는 말이 안 그래도 이상했단다.

"모르는 키가 채워져 있다고요~ 그럴 리가요?"

"맞다니까요?"

"701호 3일 전에 이사 오는 것 같던데, 그럼 사모님네가 아니셨나요?"

"뭐라고요, 누가 이사 왔다고요!"

"참 이상하네요?"

"아저씨, 한가롭게 그렇게만 말씀하지마세요!"

"3일 전에 트럭 한 대로 이사 오던데요. 그때 열쇠도 새로 바꾸어달던데요?"

"누가 뭘 어째요? 연락 좀 해주시지, 왜 아무 말씀 안 하셨어요!"

"우리야 당연히 사모님네가 이사 오는 줄 알았죠?"

"이런 일 생기면 저희한테 연락 좀 해주셨어야죠!"

"저희야 사모님네가 이사 오시는 줄 알았다니까요?"

"알았습니다. 지금 아저씨하고 이러고 있을 때가 아닌 듯하네요!"

"같이 가드릴까요?"

"네. 부탁 좀 드릴게요!"

엘리베이터를 탔다. 뭔가 심하게 잘못 꼬이는 듯한 불안감이 엄습해
왔다.

동사무소로 가서 전입세대 열람

"딩동~ 딩동~ 딩동~ 딩동~"

"안에 사람이 없나 보네요!"

"글쎄요, 이사 올 때 보니까 덩치 큰 몇 사람이 이사하던데요?"

"딩동~ 딩동~ 딩동~ 딩동~"

"연락처 같은 것 혹시 모르세요? 핸드폰이나!"

"네, 보통은 주차스티커 문제로 관리사무실에 들르는데 아직은 몰
라요."

"딩동~ 딩동~ 딩동~ 딩동~"

"낮이어서 없는 것 같고 저녁까지 기다리기는 시간이 너무 많고 어떻
게 하죠?"

"사모님 좋을 대로 하세요."

"그럼 이렇게 할게요. 저는 동사무소로 가서 혹시 전입한 사람 있나 알
아보고, 저녁 8시쯤 다시 올게요~ 혹시 그 전에라도 사람이 들어오거나
701호에 불이 켜지면 연락 좀 주세요!"

"네 그렇게 하세요. 그러겠습니다."

나온 길로 동사무소로 갔다.

"방배동 605번지 대훈빌리지 701호 전입세대 열람 좀 하려고 왔는데
요!"

"어떻게 되세요?"

"소유잡니다!"

"등기부하고 신분증 좀 주세요?"

"부동산 등기부하고 제 신분증은 여기 있고, 명의는 남편이고 저는 와이프인데요!"

"주민등록등본으로 확인할 수 있으세요?"

"네~!"

"전입사항 열람해보니 전입세대가 한 세대도 없는 것으로 나오는데요?"

"전입세대가 없는 것으로 나온다고요~ 알았습니다~ 다행이다!"

가슴과 팔에 시커먼 용과 호랑이 문신

일단은 마음이 놓였다. 저녁 때까지 관리실에서 사람이 들어왔다는 전화는 없었다. 그리고 그날 저녁 8시에 다시 가서 한 시간을 기다렸는데도 아무도 들어오지 않았다. 9시가 다 되어 2중으로 채워진 현관문을 보면서 되돌아왔다. 아무래도 찜찜한 마음이 가시지가 않았다.

"여보세요~ 여기 대훈빌리지 관리사무실인데요, 701호 사모님이시죠?"

"네~에~ 그런데요!"

"지금 701호에 사람들이 들어갔어요."

"사람들이 들어갔다고요?"

"네~에! 저번에 이사 온 사람들이 왔는데 지금 대여섯 명이 들어갔어요."

"잘 알겠습니다~ 감사합니다~ 지금 곧 갈게요~ 1시간이면 도착할 수 있습니다!"

다음날 오후 2시쯤 관리사무실에서 전화가 왔다. 집안에서 무방비 상태로 있다가 화장도 하지 못하고 부랴부랴 집을 나섰다. 부암동 집에서 방배동 빌라까지 어떻게 운전을 하고 갔는지 가슴이 떨려 아무런 기억이 나질 않더란다. 아니 대명천지 밝은 세상에 남의 집에 이사 온 사람은 누구고, 또 이사 왔다고 우르르 몰려다니는 사람들은 도대체 누구란 말인가?

"딩동~ 딩동~ 딩동~ 딩동~"

"안에 누구 없어요?"

"딩동~ 딩동~ 딩동~ 딩동~"

"기다리쇼, 누군지 참 성질도 급하시네."

"딩동~ 딩동~ 딩동~ 딩동~"

"기다리라는 말이 참말로 안 들린갑네."

문이 열리며 앞가슴과 팔에 문신에다 첫인상부터 불량스러운 젊은 남자가 반팔 속옷차림으로 문을 열더란다. 열린 문과 함께 밀려나온 담배 연기에 '욱' 하고 토하려는 것을 간신히 참았다. 집안 가득한 담배 연기와 함께 거실 바닥에 젊은 남자 서너 명이 둘러앉아서 화투를 치고 있었다. 지그시 열린 현관문 사이로 들여다 본 집안은 난장판처럼 보였다.

막무가내로 돈부터 가져오란다

"아줌마는 누구신데 남의 집에 허락도 없이 막 들어올라고 하요 잉?"

"아저씨들은 누구세요!"

"그러는 아줌마는 누구쇼오?"

"나는 이 집 낙찰받은 사람인데요!"

"아, 그러쇼~ 우리는 이 집에 받을 돈 있는 사람들입니다~ 한참 비즈니스 중이니 돌아가세요."

"누가 누구보고 돌아가라고 말하시는 겁니까~ 제 집이라니까요! 등기부등본 여기 있어요!"

"등기부등본이 뭐다요~ 우린 무식해서 그런 거 뭔지 모르는데~ 아줌마가 한번 읽어보소, 내가 말을 알아들으니까!"

"헛소리 그만하고 아저씨들 빨리 나가세요! 안 그러면 경찰 부르겠어요!"

"경찰이요? 야~ 아 아그들아~? 이 아주머니가 경찰 부르신단다~ 끌려가기 전에 얼른 도망가야 것다~ 도망 갈 사람 손들어봐~? 이것들이야~ 손들어보라는 내말 안 들려~? 보셨슈우~ 아무도 손을 안 드네~ 헤헤헤?!"

"내가 집 주인이고 안 가면 경찰 부른다니까요!"

"경찰을 부르든, 경마를 부르든 맘대로 하소오, 우리는 돈만 받으면 있어달라고 애원을 해도 떠납니다~ ♪~♩~♫~♩~♫~♪~♬~♪~♩~♩~♫~♪~♩~ 첫사랑 떠나가듯이 말입니다?!"

"우리 집이라니까 나가라고!"

"어디다 대고 반말이라냐~ 어이 아줌씨이~ 아줌씨가 진짜 주인이면 헛소리 그만 하고 돈이나 빨리 가져오쇼? 쌔빠지게 일해주고 돈도 못 받았는디~ 경찰도 법도 이럴 때는 우리 편이라요~ 우리 편?!"

"무슨 돈을 가져오라는 거예요!"

밀린 인테리어 공사비를 달란다

"이제야 말이 통하네~ 이 아줌마하고~ 좋은 세상에 말로 합시다."

"경찰 부른다고 공갈치면 우리가 벌벌 떨 줄 알았능겨!?"

"'아이고오, 싸모님 한번만 살려줏씨오~' 하고!?"

"에끼 이 사람이!?"

"돈 좀 있다고 사람을 뭐로 보고!?"

"나락이 익을수록 고개를 숙이듯 사람도 돈 좀 있을수록 겸손 해야지
~ 겸손!?"

"아줌마 겸손이 뭔지 몰라!?"

낙찰자를 아주 가지고 노는 중이다. 겁도 나고 슬프기도 하더란다.

"헛소리 집어치우고 무슨 돈을 달라는 말이냐니까!"

"아~따~ 귀청 떨어지요~ 소리 지르지 마소!?"

"나 귀 먹으면 아줌마가 먹여 살릴라요!?"

"그라면 그렇게 하시든가~ 나야 그라면 좋고!?"

"예쁜 아줌마가 애원하니까 내가 살짝 말을 해 줄라요!?"

"그러니까 돈 받을 내막이 뭔가 하면!?"

"울 행님이 이 집 인테리어 공사해주고 시방 받을 돈이 쬐깐 된다 안
카요. 잉!?"

"우리는 그 돈만 받으면 핫바지 방구 새듯이 소리 소문 없이 사라져
버리요!?"

"그때는 아줌마가 우리가 아무리 보고 싶어도 못 본다 이겁니다!?"

"왜냐~ 아줌마랑 우리들이랑은 노는 물이 다릉께!?"

"아무렴 노는 물이 달라도 완전 다르제~ 다르다 말다!?"

"헛소리 집어 치워요~ 공사시킨 적 없고 줄 돈 없는데 무슨 돈을 달라는 거예요~ 지금!"

"아~따~ 소리 지르지 말라 않카요~ 아줌씨랑은 말이 안 통하닌께, 얼렁 가서 남편 아저씨 오라고 하쇼!?"

받을 돈이 9억 원이란다

"헛소리 그만하고 나가요. 빨리 내 집에서 나가!"

"아따 이 아줌마 사람이 하는 말이 안 들려요~ 남자들끼리 말한다니까!?"

"남자들끼리라니 웃기고 있네!"

"살살 말하니까 안 들리나 보네, 나보고도 크게 소리 지르라는 말이오!?"

"당신들한테 들을 말도 할 말도 없어요 나가세요~ 나가라고!"

"좋게 말할 때 얼렁 싸게 가서 남편이나 데리고 오쇼오!?"

떨치듯 밀어내고는 문을 쿵 닫고 들어가버렸다. 처음부터 대화가 안 되는 사람들이었다. 한참을 문 앞에서 있는데도 분이 풀리지 않았다. 다시 벨을 눌렀다.

"딩동~ 딩동~ 딩동~ 딩동~"

"금세 남편 데리고 왔소오!?"

"헛소리 말고 문이나 열어요!"

"여기 귀먹은 사람 없으니 소리 지르지 말라니까!?"

"그럼 소리 안 지르게 생겼어요? 지금!"

"어허, 교양 있고 예쁘게 생긴 아줌마가 어디다가 대고 소리를 꽥꽥

지른다냐!?"

"문 열란 말이오. 문!"

"그렇게 뚜드리면 문 부서지요. 부서져. 시방 문 여요~ 기다리소오!?"

"도대체~ 뭔 돈을 얼마 달라는 거요!"

"남편은 어디 있소~ 치마 뒤로 숨었나? 돈은 가져오셨나!?"

"묻는 말에 대답이나 해요!"

"아따 큰 소리 내지 말라니까~ 소원해 싸니까 내가 한 가지만 더 말해줄 게라~ 명목은 공사비라는 말은 아까 했고~ 금액이 쪼깐 됩니다!?"

"말해보라니까요!"

"이렇게 애원을 하니까 내가 말해줄라요~ 받을 돈이 9억 얼만디! 우수리는 앗쌀하게 짤라버리고 딱 9억 원만 받아오라고 그랍디다~ 울 행님이!?"

"내가 미쳤어요. 당신들 돈 주게!"

"말 함부로 하지마랑께. 나중에 미친 사람되기 싫으믄!?"

"기가 막혀 말이 안 나오네!"

"아 따 아~ 아줌마 참말로 말 많네!?"

경찰관은 출동만 하고는 돌아가 버렸다

"그 돈 못 받아 가면 우린 다 맞아 죽소!?"

"나도 처자식 있고 번듯한 가정의 가장인디!?"

"맞아 죽으면 되것소~? 그러니 쫌만 도와주소!?"

"인심 크게 써서 화끈하게 현찰로 9억 팍 뿌려보쇼!?"

더 이상 말로는 어떻게 해볼 방법이 없다고 판단되었다. 그래서 떨리는 가슴을 겨우 진정시키고 '민중의 지팡이'인 경찰에게 전화를 걸었다. 경찰이 금방 출동했다.

"누가 주거 침입을 했다는 말인가요?"

"이 사람들이 남의 집에 들어와서 행패를 부리고 있어요~ 좀 잡아가 세요!"

"우리는 받을 돈 못 받은 선량한 피해잡니다~ 괜히 개입하지 말고 돌아가시씨오?"

전후 사정을 다 듣더니 아무 조치도 없이 경찰이 돌아가려고 하더란다.

"경찰 아저씨, 그냥 가시면 어떻게 해요!"

"저희는 이런 문제에는 개입하지 않습니다. 양쪽이 대화로 잘 마무리하세요."

"아줌마, 이제 아셨능겨~ 경찰 백번 불러도 암 소용 없습니데이~ 얼렁 돈이나 가져오소!?"

"경찰 아저씨, 누가 개입해달라고 했나요? 내보내달라고 했지!"

"글쎄 말씀은 알아들었는데, 저희는 상관할 수 없는 일이라니까요. 인근에서 민원 들어오지 않게 조용히 잘 마무리 하세요. 저희는 그만 돌아갑니다."

"그럼 어디다 부탁해야 하나요?"

경찰은 뒤도 돌아보지 않고 한 걸음에 돌아가 버렸다. 무섭게 생긴 아저씨들에게 판이 완전히 넘어가버린 것은 보지 않아도 뻔하다.

법은 멀고 주먹은 가까웠다

"그러면 내가 말해 줄까라우~ 법 좋아하시니까 법에 가서 알아보소!?”

“경매계에 가서 사정해보믄 혹시 답이 나올지 누가 알것소~ 헤~헤!?”

“아줌마 똑똑하게 생긴 것 같은데~ 말귀 어둡네!?”

“비싼 밥 먹고 쓸데없는 데다가 힘 빼지 말고 남편한테 전화해서 얼렁 돈 가져오소!?”

“그것이 피차 좋은 일이요!?”

“이 판은 돈이 꼽혀야 끝이 나는 노름이다~ 이것이어!?”

“무식한 내가 유식한 아줌마한테 하나하나 다 설명해야 알아 묵겠소!?”

“앗따 빨리 가라는 말 안 들리요~ 귀 먹었소!?”

“담배연기 몸에 안 좋쏘오~ 얼릉 가소 얼릉!?”

떠밀려 쫓겨 나오는데 그 남자가 등 뒤에 대고 내뱉은 한마디가 비수로 꽂혔다.

“아줌마~ 친정 가서 엄마 젖 좀 더 먹고 오소!?”

눈물을 참을 수 없더란다. 의심스러웠다. 도대체 대한민국이 법치국가인지 말이다. 법은 멀고 주먹은 가깝다는 말이 한 치도 틀림이 없었다.

주거침입과 불법점거로 고소한 부분은 무혐의 처리되었다. 정당한 점유란다. 9개월에 걸친 민사소송이 진행되었다. 그동안 이웃사람들과 크고 작은 시비가 하루도 끊이는 날이 없었다.

* 주차문제

* 쓰레기 배출문제

* 야간 고성방가

* 계단과 화단에 담배꽁초 등

약 9개월에 걸친 공방전 끝에 과다 청구되었다는 부분을 제외한 7억 원에 강제조정으로 마무리되었다. 그러자 정말 바람처럼 사라졌단다. 변호사 비용도 만만치 않았다. 관리비에 공과금에 거기에다가 다 버리고 떠나간 쓰레기 같은 이삿짐 처리비용도 낙찰자의 몫이었다. 무슨 내부 인테리어 공사비가 7억 원이라는 말인지 기가 막혀 말도 안 나왔다. 잔금납부하고 거의 1년 만에 들어가 본 집 내부는 말 그대로 엉망이었다. 인테리어 공사를 새로 하지 않을 수 없더란다.

chapter 03

날것으로 공유지분 먹어치우려다
배탈 난 사람들

힘 센 병아리가 무서운 고수들만의 리그

여기서는 권리분석이 조금 더 까다로운 '지분경매'에 도전했다가 입찰장에서 멱살 잡힐 뻔한 사례를 보도록 하자. 부동산 경매에서 유찰이 잦은 물건은 반드시 곡절이 있다. 권리관계가 복잡하거나 물건에 하자가 있는 경우가 그런 경우에 해당한다. 치유할 수 없는 하자 있는 물건은 잘못 손댔다가는 회복하기 어려운 상황에 처하게 되는 경우도 비일비재하다.

부동산 중개업을 하시는 하지웅(54)씨는 호가제 시절부터 경매 판에 살아온 경매 1세대지만 최근 전적은 초라하기 그지없다. 백전백패 중이다. 산전수전 다 겪은 백전노장이 병아리들과의 전투에서는 번번이 깨지고 있는 중이다.

필자 역시 마찬가지로 초보 병아리와의 최근 전투에서 악전고투 중이다. 이는 필자나 하씨에게만 적용되는 사항은 아니다. 현재 경매 시장에서 일어나고 있는 보편적인 현상이라고 보면 크게 틀리지 않다. 고수들이 병아리용 먹잇감에 도전하면 겪게 되는 낭패 중 하나다. 낙찰(매각)가율, 매각(입찰)경쟁률 등에서 고수들이 감당하기 어려운 것이 현실이다. 이런 결과로 병아리 먹이는 선수들은 절대 손대지 말자는 불문율이 생겨나고 있을 정도이다. 필자도 전적으로 동의하며 일리 있는 말이다.

세상은 아는 것만큼 보인다

자료출처 : 지지옥션(www.ggi.co.kr)사이트 바탕화면 캡처

포기는 빠를수록 좋다

필자가 절대 신뢰하는 경매 정보제공업체 사이트인 지지옥션(www.ggi.co.kr)의 바탕화면 네 컷 만화다. 현재 경매 판의 분위기를 잘 말해주고 있다. 이 그림이야말로 경매 시장의 핵심을 한마디로 관통하는 진실이자 진리이다.

부동산 경매 판에서 병아리들과 경쟁해서는 도저히 승산이 없다. 이겨보았자 남는 것은 더욱 없는 '묻지마!' 투기 판이 벌어지고 있기 때문이다.

① 매각가율 묻지마!

② 매각경쟁률 묻지마!

③ 매각가 묻지마!

④ 명도 난이도 묻지마!

⑤ 향후 전망 묻지마!

⑥ 처분 전망 묻지마!

⑦ 투자수익률 묻지마!로 소위 '일곱 가지 묻지 마!'가 그것이다.

경매 판이 하루 놀다오는 '꽃 놀이 판 묻지마 관광!'도 아닌데 우려스럽다. 포기는 빠른 수록 좋다는 병서의 말씀이 새삼스럽다. 필자 역시 비겁하게도 병아리들이 혈전을 벌이는 '묻지 마!' 판에서 줄행랑을 친 지 꽤 시간이 흘렀다. 뭐가 무서워서가 아니라 어째서 피한다는 구실을 붙이기는 했지만 말이다.

고수들은 이미 신천지로 떠나갔다

고수들은 블루오션을 찾아내고는 다들 그리로 떠나갔다. 병아리들은 도저히 엄두도 낼 수 없는 물건 쪽으로 이동한 지 오래되었다는 말이다. 고수들끼리 경쟁하는 블루오션은 아직은 잠잠하다. 깊고 넓은 강물의 표면처럼 말이다. 아직은 다행이다. 병아리들이 아직은 이 판까지는 쳐들어오지 못하고 있다. 고수들의 리그에서는 '대충 묻지 마!'는 통하지 않는다.

경매 1세대라고, 고수라고 무리하지 말라는 법은 없다. 다만 겁 없고 힘만 센 돌연변이가 병아리들과 경쟁하지 않는 것만 해도 살 만하다. 고수들이 피난 온 세상에는 여전히 '블루오션'이 존재한다. 앞 만화의 의미를 정말 곰곰이 새겨보시기 바란다.

경매 판의 블루오션이 언제까지 존재할 것인가? 우문이다. 자본주의가 무너지는 날까지 마르거나 줄어들지 않는다. 오히려 확대될 뿐이다. 블루오션을 찾아내지 못하는 것은 오직 병아리들의 내공문제일 뿐이다. 블루오션의 형태는 다양하다. 예를 들자면 심각해 보이는 하자로 인해 빈번한 유찰된 물건도 블루오션의 하나일 수 있다.

블루오션에는 어떤 진입장벽도 존재하지 않는다. 새로 들어오려고 염탐을 하든 떠나가든 방해하거나 간섭하거나 붙잡는 사람은 더욱 없다. 다만 블루오션으로 진입하는 방법은 누구도 말해주지 않는다. 스스로 터득해야만 진입이 가능하다. 필자 역시 최근 경매 판의 멋진 블루오션을 발견했다. 더 이상 미주알고주알 떠들고 싶은 마음이 없다. 깨달아 찾아 들어오는 것은 독자들의 몫이고 대환영이다. 여기서 하나만 확인하자. 이미 남들에 의해 발견된 블루오션도 매력이 있고, 자신의 형편에 맞게 찾아진 블루오션 역시 매력 덩어리기는 마찬가지라는 사실이다. 그런 의미에서 하씨에게 이 물건은 블루오션이었다. 2005년 12월 서울 중구 광희동 단독주택이 먹잇감으로 선별됐다. 물건 개요는 다음과 같다.

제1세대 고수에게 블루오션인 '공유지분'

물건내역을 보면 대강 이렇다.

* 대지지분 : 112.4m^2(1/2) - 17평
* 건물면적 : 1층 29.75m^2(9평), 2층 23.14m^2(7평)
* 감정가 : 83,744,160원
* 1차입찰가 : 170,000,000원

서울 중앙법원 2002-1893*[2]

사건/채권 채무/감정	물건내역 주소/면적(㎡)	감정평가액 (▼)최저입찰가	임대차현황	등기내역 구분/등기일/금액
02-1893* 주택 삼은삼차유동 이명자 보증금 10% — 한국감정	서울 중구 광희동 268(2호) 물건번호 : 2번 (총물건수 3건) 2)대지 112.4(1/2) 　이명자지분 건물 1층 29.75(9평) 2층 23.14(7평) 보존등기 : 1984.07 동대문운동장남측 인근	83,744,160원 (▼)83,744,160원 (100.0%) 낙찰 05.12.15 170,000,000원 (211.4%) – 응 찰 : 2명 – 낙찰자: 한재형	한이수 전입 1994.04.14 확정 1998.07.27 배당 2003.06.23 (보) 25,000,000원 정충국 전입 1995.12.01 확정 1998.07.27 배당 2003.06.02 (보) 28,000,000원	저당 1996.05.29 설정액/7억 5천만 원 산업은행/서초 저당 1996.09.15 설정액/22억 5천만 원 산업은행/서초 임의 03.02.14 청구액/ 750,000,000원 삼은삼차유동화

* 낙찰가율 : 170,000,000원/83,744,160원(211.4%)이었다.

　대지 34평이 1/2씩으로 나눠져 소유자가 각각 다른 '공유지분' 물건이었다. 이 가운데 1/2인 17평만 경매에 붙여졌다. 초보자들은 헛갈리라는 듯이 임차인까지 버티고 있다. 권리분석이 상당히 까다로운 물건이었다. 그런 물건을 단 한 번의 유찰도 없이 1차 입찰일에 감정가의 두 배가 넘는 가격에 과감하게 응찰한 사람이 바로 하지웅씨었다.

　오랜 부동산 투자와 경매 판의 체험으로 이 물건의 가치를 한눈에 파악했다. 이제는 철거되어 사라져버린 동대문운동장 인근 중구 광희동의 상업지역 땅값이 평당 500만 원이라니, 껌값 수준이었다. 이런 물건에 병아리들은 죽었다 깨어나도 도전하지 못한다는 것을 단번에 아는 것이 선수들이다. 하씨는 물 만난 고기처럼 물건조사와 가치판단까지 일사천리로 진행시켰다. 그리고는 과감하게 베팅했다.

그런데 경매 정보지상에 낙찰자로 이름을 올리고 있는 사람은 하씨가 아니다. 한재형이라는 다른 사람이다. 어떻게 된 영문일까?

지분권자가 '공유자우선매수청구권'을 행사

이 물건의 구성 내역을 먼저 파악하지 않으면 전체 흐름이 이해되지 않는다.

* 대지소유 : 112.4m^2(1/2) - 각 17평

① 이명자 : 1/2 소유 - 경매 대상이 된 대지지분

② 한재형 : 1/2 소유 - 공유자우선매수청구권을 행사해 낙찰자가 된 사람

* 건물면적 : 1층 29.75m^2(9평), 2층 23.14m^2(7평) - 이명자 소유- 경매 대상의 전체적인 개요다.

물건내역 란의 '2)대지 112.4(1/2) 이명자 지분'만이 경매 목적이고 1/2은 최고가매수인 란에 이름을 올리고 있는 한재형씨가 소유자인 경우였다. '1/2 소유자'인 한재형씨가 부동산의 공유지분 소유자에게 특별히 허락하는 권리인 '공유자우선매수청구권'을 행사하겠다고 경매 법원에 신청을 하고 있었다.

당초 응찰자였던 하씨 역시 이 사실을 아주 잘 알고 있었다. 물건은 욕심나고 공유지분권자가 '공유자우선매수청구권'이라는 초필살기를 동원하고 있어 낙찰에 이은 잔금납부까지는 결코 쉽지 않았다. 그래서 동원한 전술이 '고가 응찰'이었다. 지분권자가 따라들어 오기 힘든 가격(높은가격)에 응찰해버리면 '공유자우선매수청구권'을 포기하지 않을

수 없을 것이라는 판단을 했다. 사고는 여기서부터 터졌다. 입찰 당일 법원의 개찰 당시 개찰대 앞 상황이다.

2005년 12월 15일 서울중앙법원 입찰장

집행관 : "2002-1893*[1, 2, 3]번에 응찰하신 분들 앞으로 나오세요, 나오실 때는 신분증, 도장 지참하시고요."

집행관 : "그럼 2002타경 1893* 물건번호 [2]번에 응찰하신 분들 앞으로 나오세요, 나오실 때 호명하면 대답하고 나오세요."

집행관 : "주식회사 하이엠, 대표이사 정문재씨."

정문재 : "네에."

집행관 : "하지웅씨."

하지웅 : "네에."

집행관 : "앞으로 나오세요. 두 분 맞습니다. 그럼 개찰하겠습니다. 개찰 결과는 1억 7,000만 원에 응찰하신 용산구 이태원동에서 사시는 하지웅씨입니다. 응찰가격은 1억 7,000만 원입니다."

"하지웅씨 잠깐만 기다리세요. 이 물건은 지분권자가 '공유자우선매수청구권'을 행사하고 있어 이 부분을 확인하고 나서 최고가매수인을 발표하겠습니다. 아시겠죠?"

"네~~에~~!"

집행관 : "'공유자우선매수청구권'을 행사하신 한재형씨~, 한재형씨 안 나오셨어요~? 한재형씨 오셨으면 지금 법대 앞으로 나와주세요~ 한재형씨~!?"

한재형 : "네~에~ 나갑니다."

그런데 호명당한 한재형씨만이 앞으로 나가는 게 아니라 서너 명이 우르르 몰려 나왔다. 그중에는 한재형씨의 처로 추정되는 아주머니도 있었다. 50대 중반으로 보이는 뚱뚱한 이 아주머니는 법대 앞으로 나오자마자 다짜고짜 최고가로 응찰한 하지웅씨에게 험하게 언성부터 높였다.

아무도 못 말리는 대한민국의 아줌마

"뭐~야~ 당신이 그렇게 돈이 많아?"

"무슨 소리세요?"

"돈이 많으면 혼자 지랄할 일이지, 왜 1억 7,000만 원에 응찰하고 난리야 난리가?"

"뭐가 잘못되었나요?"

"지금 나한테 '뭐가 잘못되었나요?'라고 했어? 지금!"

"네~에~ 그리고 누구세요, 언제 보았다고 다짜고짜 반말이세요?"

"뭐~야~ 확 받아버리기 전에 조용히 안 해?"

집행관 : "아주머니~ 아주머니 누구세요~ 조용히 하세요~ 조용히."

"내가 지금 열 받아 죽게 생겼는데 조용히 하게 생겼어?"

나머지 1/2도 욕심이 나서 공유자우선매수청구권을 통해 싸게 낙찰받으려던 계획이 틀어지자 그 화풀이를 하지웅씨에게 퍼붓고 있는 상황이었다. 집행관에게까지 험한 반말로 소리치고 있는 대한민국의 용감한 아주머니셨다.

집행관 : "아주머니는 진정하시고~ 누가 한재형씨세요?"

한재형 : "접니다."

집행관 : "1억 7,000만 원에 응찰한 것 보이시죠?"

한재형 : "네."

집행관 : "이 가격에 공유자우선매수청구권을 행사하시겠어요."

한재형 : "그 가격 아래로는 안 되나요?"

집행관 : "네~ 딱 이 가격입니다~ 행사하시든가 포기하시든가 3분 내로 결정해주세요."

한재형 : "알겠습니다."

집행관 : "나머지 분들은 잠시 조용히 기다려주시고요."

한재형 : "낙찰받겠습니다."

집행관 : "그런 한재형 씨는 잠깐만 계시고, 하지웅씨."

하지웅 : "네~에."

집행관 : "공유자가 우선매수권 행사하시는 것 확인하셨죠."

하지웅 : "네~에."

집행관 : "차순위매수신고 하시겠어요?"

하지웅 : "아~뇨."

집행관 : "정재문씨는 어떠세요?"

정재문 : "저도 신고하지 않겠습니다."

집행관 : "그럼 2002타경 1893* 물건번호[2]번의 개찰 결과를 말씀드리겠습니다. 이 물건은 공유자이신 한재형씨가 1억 7,000만 원에 공유자우선매수청구권을 행사해 최고가매수인으로 결정되었습니다. 이것으로 2002타경 1893* 물건번호 [2]번 경매 절차를 종료합니다."

닭 쫓던 개 지붕 쳐다보는 신세

닭 쫓던 개 지붕 쳐다보는 신세가 된 하지웅씨에게 문제의 뚱뚱한 아주머니는 경매 법정 바깥까지 따라 나와서 욕설과 시비를 계속했다. 심하다는 생각과 웬 망신인가 싶었지만 하씨는 참았다. 충분히 이해가 되었기 때문이었다. 하씨는 자신도 그 점을 노리고 들어간 응찰이었으니 말이다. 선수들끼리의 리그에서는 얼마든지 있을 수 있는 일이다. 양자가 쟁취하고자 한 본질은 '가치'였다. 해당 부동산의 미래가치를 두고 벌인 한판 승부는 차라리 아름답다.

하지웅씨는 공유자우선매수청구권을 무력화시키려는 전술로 '고가 응찰'을 구사했다.

한재영씨는 하지웅씨의 '고가 응찰'을 공유자우선매수청구권으로 응수했다. 싸움이란 어차피 승자와 패자가 있게 마련이다. 차지하려는 자와 지키려는 자 사이에는 물러설 수 없는 한판 진검승부가 있을 뿐이다.

빼앗기지 않으려는 자의 입장에서 보면 얼마나 얄밉겠는가? 돈을 앞세우고 공격해 들어오는 자가 말이다. 감정가를 기준으로 무려 1억여 원 가까이를 더 부담했다. 여러분은 어떻게 반응하실까?

좀 더 있다가는 그 아주머니에게 멱살이라도 잡힐 것 같은 생각마저 들더란다. 어차피 끝난 일 쓸데없이 시비에 휘말리지 말아야겠다는 생각에 도망치듯 서둘러서 그 자리를 빠져 나왔다. 남들이 보면 죄짓고 도망가는 사람처럼 말이다. 그런 하씨 뒤통수로는 씩씩한 아줌마의 고함과 욕설이 성난 화살처럼 쏟아졌다.

chapter 04

한 사람 확실하게 망가뜨리고
또다시 경매 시장에

두 개의 치명적인 하자가 동시에 겹쳐

마포구 공덕동에서 부동산 임대업을 하는 최명천(가명)씨는 군포 시내에 있는 네 필지로 이루어진 준주거지역의 800평이 넘는 대지를 시세의 절반 값에 손에 쥐었다. 적어도 응찰 시점에는 그렇게 생각이 들었다.

군포 시청 초입의 대로변 노선상가 지대에 있는 물건이 최초 감정가 22억 원에서 유찰을 거듭한 끝에 9억 6,000만 원대까지 추락했다. 누가 봐도 탐이 날 알짜배기 땅을 고수들도 선뜻 도전하지 못하는 데는 이유가 있었다. 이 번지 지상 일부에 오피스(텔) 신축공사(지하 6층, 지상 14층)가 진행 도중 시행사의 부도로 중단된 상태로 방치되고 있었기 때문이었다.

지하 주차장과 기계실의 골조 공사는 끝나고 막 지상 공사가 시작될 무렵에 자금난을 이기지 못한 시행사가 공사를 포기했다. 분양이 당초 예상보다 저조한 데다가 약속했던 금융권들이 융자를 중단해버렸기 때문이었단다. 이것만이라면 '법정지상권'이 성립할 가능성은 없다. 따라서 하자라면 '유치권'이 성립할 가능성이 있는 경우였다.

도사들만의 전유물인가?

이 시점에서 하나만 따져보자. 하자 있는 경매 물건은 언제나 선수들만의 전용 먹잇감인가? 어려운 질문이다. 부탁은 하나의 잣대로 하자를 재단하려 해서는 안 된다는 것이다. 같은 이름의 하자라고 하더라도

"어떤 물건에는 '밀리미터'의 자가 필요할 것이고",

"어떤 물건에는 '센티미터'의 자가 필요할 것이고",

"어떤 물건에는 '인치'의 자가 필요할지 모른다. 권리분석의 도구가 말이다."

경매 물건의 특징 중 하나는 일반 매매의 부동산보다 유난히 강한 '개별성'을 가지고 있다는 점이다. 따라서 각각의 다양성을 감안하지 않은 경매 투자는 실패로 연결될 수밖에 없다. 세상 어디에도 똑같은 부동산은 단 하나도 존재하지 않는다. 세상 어디에도 똑같은 경매 물건은 더욱 없다. 아파트를 예로 들어보자.

같은 단지의 같은 아파트라 할지라도 동(棟)마다, 층마다, 호실마다, 방마다 제 각각이다.

"규모가 다르고",

"위치가 다르고",

"형상이 다르고",

"방향이 다르고",

"기능이 다르고",

"가격이 다르고",

"평가가 다르다."

경매 물건 역시 마찬가지라는 것은 말할 필요조차 없다. 하자 있어 특수물건으로 분류되는 물건들 역시 마찬가지다.

한두 권의 책으로 해결될 사항이 아니다

독자 여러분들에게 노파심에서 한 가지 당부 말씀을 드린다. 지금이라도 인터넷 검색창에 들어가서서 '법정지상권'과 '유치권'에 관련된 소송과 판례, 그리고 실패사례를 검색해보시기 바란다. 겸손해지지 않을 수 없다. 권리분석 책 한두 권으로 해결될 사항이 아니다. 한두 건 투자로 완전히 커버할 수 있다는 식의 자세는 고치셔야 한다.

'이 책 한 권이면 끝!?'이라는 식의 책은 그냥 무시하시거나 냉정히 덮어버리셔도 손해가 없다. 마찬가지다. '하자 있는 물건은 내가 다 해결할 수 있다!?'라는 허풍을 떠는 사람이 있다면 대충 무시해도 손해나지 않는다. 책이든 사람이든 매달릴수록 오히려 피해가 생길 가능성이 높아질 뿐이다.

예를 들어보자.

"토지별도등기 있음"

"법정지상권성립여지 있음"

"토지만/건물만 매각"

"유치권신고 있음"

"입찰 외/제시 외 물건 있음"

"재매각 물건"

"분묘기지권성립여지 있음"

"공유자우선매수청구권 있음"

"선순위 가등기(가처분) 있음"

"선순위 전세권 있음"이라고 매각물건명세서에 기재되어 있다고 하자.

각각 붙이는 이름은 같아도 조건은 물건마다 각각 다르다. 전국에 '김철수'라는 이름과 '김명숙'이라는 이름을 가진 수십~수백 명의 다른 사람이 있듯이 말이다. 같은 이름이라고 다 같은 사람이라고 우길 수 없는 노릇 아닌가?

그런데 경매 판에서는 아직도 이런 정도 유치한 수준의 오해가 버젓이 활개를 치고 있다. '법정지상권성립여지 있음'과 '유치권신고 있음'이라는 물건이 있다고 하자. 붙여진 하자의 명칭이 같으면 하자 내용이 모두 같다고 치부해버린다. 경매 사고가 터지는 시발점이다.

전국에 살고 있는 수십~수백 명의 '김철수'와 '김명숙'을 똑같은 사람이라고 우기는 것과 뭐가 다른가? '이철수'든 '이명숙'이든, '박철수'든 '박명숙'이든 같은 이름 다른 사람일 뿐이다.

하물며 둘이 결합되면 더더욱 '개별성'은 뚜렷해진다. '김철수'와 '이명숙'이 결혼했다고 하자. 또 '이철수'와 '김명숙'이 결혼했다고 하자. 그런 이야기다.

경매 사건과 법정지상권 성립 여부는 별개의 사건이다. 마찬가지로 경매 사건과 '유치권신고 있음' 역시 전혀 별개의 사건이다. 다름을 같다고 우기지 마시라. 우기시는 것은 자유지만 그래서는 경매 판에서 몸성히 빠져나가기 힘들다.

마약보다 중독성이 더 강한 경매의 매력

경매 판에서 '하자가 아닌 것처럼 보였던 하자'인 경우도 흔하다. 또 '하자처럼 보이지만 하자가 아닌' 경우 역시 흔하다. 이런 점이 마약보다 더 강한 중독성을 갖는 경매의 매력이다. 경매의 강한 중독성을 잘 알고 있던 최명천씨였다.

군포시청 입구의 물건을 보면서 그동안 법정지상권성립여지 있는 물건에 도전해 짭짤한 재미를 올렸던 자신감이 뇌리를 스쳤다. 철저한 현장조사와 권리분석 결과 이 물건은 법정지상권이 성립하지 않는다는 결론에 도달했다. 법정지상권이 성립하려면 몇 가지 조건이 있다.

그중 하나를 보자.

'대지에 대한 근저당권 설정 당시 지상에 건물이 존재해야 한다'가 그것이다.

'기존 건물을 완전 철거하고 지하 골조공사를 하고 있는 상태이니까, 이 조건을 충족시키지 못한다.' 따라서 '법정지상권은 성립하지 않는다'고 판단하신 것이다. 그러나 이는 오판이다. 판례는 그냥 판례일 뿐이다.

어떤 판례가 생성될 때 물건의 조건과 내가 관심을 갖는 물건의 조건은 다르다. 그런데도 많은 분들이 기계적으로 사고한다. 우리 집사람 '김양희'와 건너편 아파트에 사는 할머니 '김양희'를 똑같은 사람이라고 우기는 꼴이다. 사고가 안 나면 비정상이다. 동네에서 쫓겨나든 잡혀가든 둘 중 하나일 것이다. 아니면 두 가지 모두이거나. 그러나 경매 판의 결론은 오직 한 가지일 뿐이다. 망한다.

이 물건 역시 기존판례가 생성될 당시 물건의 조건과 완전히 달랐다.

연속 잽에 이은 카운터펀치에 KO

어떻게 달렸는가를 보자. 대지 중 일부에 아직 철거되지 않는 채무자의 건물이 일부 존재하고 있었다. 그리고 이 건물은 경매 목적물에서 제외된 채로 다른 '대(4필)지'와 별개로 일괄경매로 경매 시장에 등장한 것이다. 즉 물건 일부에서 법정지상권이 그리고 또 다른 일부에서는 유치권이 성립할 가능성이 있는 물건이었다. 연타가 날아올 상황이 벌어진 것이다.

최명천씨는 첫 번째 펀치 하나만 방어하려 했을 뿐, 두 번째는 놓치는 실수를 하고 말았다. 권투에서는 첫 번째 펀치인 '잽'보다는 두 번째 펀치인 '카운터펀치'의 충격이 더 크다고 한다. 그런데 낙찰자는 잽도 피하지 못하고 연이어 날아든 카운터펀치까지 먹고 말았다. 정통으로 말이다. 입찰 후의 개요는 다음과 같다.

* 11억 7,880만 원에 단독 응찰하고,
* 매각불허가신청,
* 매각허가결정,
* 매각허가취소소송,
* 매각허가취소소송에서 원고패소 최종 확정,
* 매각대금납부기일 결정,
* 매각대금납부기일 이후 매각대금납부(총 12억 2,000만 원 정도),
* 법정지상권자 및 유치권자에게 각각 권리부존재소송 제기(낙찰자),
* 법정지상권은 일부 성립, 유치권은 전부 성립,
* 낙찰자 물건 포기 결정,
* 경락잔금 채권자가 경매 신청으로 정리된다.

사람 하나 완전히 죽이고 또다시 경매 시장에

잔금납부하고 소유권을 취득한 지 6년이 다 되어가도록 아무런 진척도 없다. 낙찰 당시와 똑같은 상황이다. 철제펜스로 흉물스럽게 둘러싸인 문제의 토지는 사건이 언제쯤 마무리 될지 아무런 기약이 없다. 막대한 피해를 당한 낙찰자는 끝내 이 물건을 포기하기로 결정했다.

잔금납부 때 동원한 은행융자를 더 이상 감당할 능력을 상실했기 때문이다. 그것보다는 더 이상 이 물건을 꼴도 보기 싫어진 것이다. 재산손실로 현금 15억 원 이상을 날렸고, 몸 고생 마음고생은 이루 말할 수도 없는 만신창이가 되고 말았다.

문제의 물건은 다시 경매 시장에 등장할 날만을 기다리고 있다. 그러는 동안 필자는 낙찰자가 당하는 말로 표현하기 힘든 고통을 지켜보았고 배우고 있다. 사람 사는 세상이 이럴 수도 있다는 것을 말이다. 돈이 떠나니 주변의 소중한 것들이 하나둘씩 떠나가는 것을 낙찰자는 멀쩡한 정신으로 생생히 보았다.

"마누라도",

"자식들도",

"살던 집도",

"친형제들도",

"친구들도",

"선후배도",

"삶의 열정도",

"삶의 의지도",

"삶의 희망도",

"마지막으로 건강도 떠나갔다."

떠나간 자리에 남은 것들

그 소중한 것들이 떠나간 빈자리에는 소중하지 않은 것들이 남아 있음을 낮술에 취해 혼미해진 정신으로 똑똑히 보고 있다.

"세상의 멸시와 조롱이 남고",

"빚쟁이의 독촉전화가 남고",

"잔고 제로의 통장이 남고",

"사용정지 된 신용카드가 남고",

"불면의 밤이 남고",

"긴 긴 한숨이 남고",

"쓰러진 빈 술병이 남고",

"텅 빈 냉장고가 남고",

"다섯 개로 묶인 라면이 남고",

"처진 어깨와 무거운 머리가 남고",

"더 이상 쓸모없는 경매 지식이 남고",

"초조와 불안이 남고",

"분노와 슬픔이 남고",

"남루한 몰골이 남고",

"용서 못할 자신이 남고",

"결국에는 병이 남았다."

아직도 안 일어나고 있다

연타를 맞고 쓰러진 최명천씨는 아직도 일어나지 못하고 있다. 안 일어나는지 못 일어나는지 필자는 잘 모른다. 그러나 이것만은 알겠다.

"돈이 무섭고",

"자본주의가 무섭고",

"사람이 무섭고",

"세상이 무섭다. 그 중에 돈이 가장 무섭다는 것을 알겠다. 무섭다. 무서워 뼈가 저려온다."

마음으로 슬픔이 흐른다. 닦을 수 없는 눈물을 흘리며 독자에게 부탁드린다.

무엇을 하든 대충 적당히 하지는 말자고!

chapter 05

준비 없이 대지권 없는 물건에 응찰하는 강심장들

대지권미등기나 대지권 없을 때

집합건물에서 대지권이 미등기 되는 경우는 대체로 다음과 같다. 아파트나 연립, 다세대 등 공동주택을 신축 혹은 재개발하면서, 기존의 여러 필지 지번을 말소하고 통합해 새 주택의 번지를 부여하면서 환지작업과 함께 각 호수별로 대지권을 구분하게 된다. 그런데 이런 작업이 늦어지게 되면 등기부상에 대지권의 표시를 기재할 수 없게 된다. 새 지번이나 각 지분이 정리되기 전에 건물이 경매에 들어가는 경우에 이런 현상이 발생한다.

'대지권미등기'와 '대지권이 없음'은 다른 개념이다. 등기부에 대지권이 미등기 되어 있더라도 감정평가서상에 대지권에 대한 감정평가가 이루어져 있고, 그 평가금액이 감정평가서상에 표기되었다면 대지권도 경락으로 당연 취득된다.

이와는 반대로 감정평가서상에서 대지지분의 가격이 제외였다면 분양한 분양회사에 문의해야 한다. 이를 통해 입주 당시에 수분양자의 분양대금의 납부 여부를 확인해야 된다. 대지가격의 납부가 완료되었다면 대지권도 함께 취득한다고 보아야 한다. 이 경우에는 건물의 소유권 취득 후 추가 부담 없이 대지권 등기가 가능하다. 소송을 해야 하는 경우도 있다. 당초부터 대지권이 없는 경우가 있다. 국(시)유지상에 건축된 집합건물(아파트, 연립주택, 다세대주택)이 이런 경우에 해당한다. 이 경우 대(토)지는 가격감정이 이루어지지 않는다. 낙찰로 소유권을 취득하는 범위는 당연히 지상의 건축물뿐이다.

추후에 국가로부터 토지불하문제가 발생한다. 불하대상인지를 사전에 관리관청에 문의한 다음 응찰 여부를 결정하면 된다. 불하대상이 아닌 경우는 고통의 차원이 달라진다. 다음에 보는 사례가 그런 사례다.

'공원용지'로 용도가 결정되어 있는 국유지

서울 서부법원에서 2009년 3월에 경매 진행된 연희동 다세대주택에 응찰한 김동준씨의 경우를 보자. 전용면적 23.05평짜리 2층 다세대주택의 감정가가 1억 6,000만 원에 불과한 것을 발견했다. 이 정도면 현재 인근시세의 1/3도 안 되는 가격에서 경매가 시작된 것이다. 대지권미등기의 이유로 두 번이나 유찰되어 1억 240만 원이 당일 입찰가였다. 경쟁자가 5~6명은 될 것이라 짐작하고 최저가보다 무려 3,000만 원을 더 올려 1억 3,500만 원에 응찰했다. 결과는 예상이 완전히 빗나간 단독입찰이었다.

3,000만 원이나 더 쓰고 받은 단독입찰에 기분이 묘했다. 갈피를 잡을 수 없는 감정을 추스르며 법정을 나오려는데, 점퍼차림의 40대 남자가 말을 걸었다.

"연희동 다세대주택에 응찰하신 선생님이시죠?"

"네~에, 그런데요!"

"저도 그 물건에 관심을 가졌다가 포기했거든요!"

"그런데 왜 응찰 안 하셨어요?"

"마지막에 응찰하지 않기로 정했습니다~ 근데 왜 그렇게 많이 쓰셨어요?"

"여러 명 들어올 줄 알았는데 단독이어서 기분이 영 묘합니다!"

"그러신가요?"

"그런데 왜 포기하셨어요?"

"투자 목적이었는데 재개발 할 수 없는 지역이라 해서 포기했습니다!"

"뭐라고요~? 저도 시유지 재개발을 염두에 두고 응찰한 건데요!"

"그럴 줄 알았습니다."

"그럴 줄 알았다니요?"

"그 땅이 국유지인 것은 맞지만 재개발 가능성은 완전 '제로'랍니다."

"재개발 가능성이 완전히 없다고요!"

"서대문구청에 확인해보셨어요?"

"아~뇨!"

"공원용지로 확정되어 언젠가는 건물이 철거되면 현금청산대상이라고 하데요?"

"현금청산대상이라고요?"

"다시 한 번 알아보세요!"

갑자기 정신이 혼미해지며 하늘이 노래지는 바람에 감사하다는 말도 못했단다.

향후 아파트 입주권 대상이 아닌 국유지

김동준씨로부터 부랴부랴 전화가 와 다 듣고 보니 재개발·재건축 전문가와 상담하는 편이 나을 듯해서 그쪽 전문가 한 분을 소개해드렸다.

"안녕하세요. 우형달교수님으로부터 소개받고 전화드렸습니다!"

"안녕하세요. 그렇지 않아도 우교수로부터 전화가 왔었습니다."

"그러셨나요? 감사합니다!"

"전화가 오면 잘 좀 도와주라는, 사건번호부터 좀 알려주세요."

"서부법원 2008-402**번입니다!"

"알겠습니다. 제가 확인해볼 테니 잠시만 기다리세요."

"네, 감사합니다!"

"이 물건은 제가 보기에는 서울도시개발공사가 짓는 이주용 아파트를 향후에 받을 수 없을 것으로 보이는데요!"

"이주용 아파트라뇨? 저는 나중에 이 지역이 재개발되면 국유지를 불하받아 아파트 입주권을 받을 계산으로 응찰했는데요!"

"아뇨, 전혀 그렇지 않습니다~ 이 지역 일대는 장래 '도시공원용도'로 이미 용도 지정된 지역입니다."

"무슨 말씀이신지 잘 모르겠거든요. 그럼 불하받을 수 없는 국유지라는 말씀이세요?"

"불하가 아니라 인근의 땅까지 모두 공원용지로 묶여 있어 오히려 수용할 지역입니다."

"뭐라고요? 불하가 아니라 오히려 수용 한다고요?"

"자세한 사항은 서대문구청 도시계획과로 직접 확인해보세요."

"자세한 말씀 감사합니다!"

전화를 끊기 바쁘게 서대문구청 담당부서로 전화를 돌렸다.

건물은 보상 후 철거하고 땅은 수용한단다

"안녕하세요. 연희동 429-55번지 대광빌라 낙찰받은 사람입니다!"

"선생님은 그전에는 문의하지 않으셨던 분 같네요?"

"입찰 전에 전화로 물어본 사람이 있었다는 말인가요?"

"그럼요. 그 물건 때문에 업무에 지장을 받을 정도로 문의하는 분들이 많았어요?"

"그랬었나요?"

"직접 찾아 오신 분도 꽤 여러 분이셨고요!"

"정말이세요?"

"같은 이야기를 50번은 하는 것 같습니다."

"마지막이라고 생각하시고 한 번만 더 해주세요!"

"그 연희동 429-55번지 일대가 국유지라는 것은 아시고 낙찰받으셨죠?"

"네, 나중에 국유지 불하받을 목적으로 응찰했습니다만, 뭐가 잘못 되었나요!"

"잘못은 모르겠습니다만 기본적으로 그 지역은 불하대상이 아닙니다."

"왜 불하대상이 아닌가요?"

"도시시설계획상 도시공원으로 용도가 확정된 곳입니다!"

"다른 전문가한테 물어보았는데, 그분도 똑같은 이야기를 하더군요!"

"아마 그랬을 겁니다~ 그 사실은 '토지이용계획원'에 잘 나와 있습니다."

"그러면 나중에 건물이 수용되면 다른 지역 아파트 입주권을 주지 않나요?"

"그건 우리 소관사항이 아니어서 대답해드릴 수 없습니다만, 이 지역에서 최근 건물소유권을 취득한 소유자에게는 이주자 아파트 입주권을 주지 않는다고 들었습니다."

"그게 무슨 말씀이세요?"

"도시기반시설지구로 확정되기 전까지 소유권을 가지고 있던 건물소유자만이 이주자대책아파트 공급대상자라는 말입니다"

"그게 무슨 말씀이세요?"

"투기방지차원에서 결정된 사항이랍니다."

"그럼 저처럼 최근에 소유권을 취득한 사람은 어찌되나요?"

"무슨 말씀이세요?"

"이후 일이 어떻게 진행될지 궁금해서 묻는 겁니다!"

"글쎄요, 제가 드릴 확실한 대답은 없습니다."

"그래도 담당업무니까 대강은 아실 것 아닌가요?"

"대강의 진행상황은 알지만 책임질 수 없는 말씀을 드릴 수가 없잖아요."

"염려마시고 다른 비슷한 사례들을 말씀해주세요!"

"책임추궁하지 않으실 거죠?"

"염려마세요!"

"나중에 다른 말씀하시면 정말 안 됩니다?"

"염려마시라니까요!"

"대강의 진행상황을 말씀드리면 되는 거죠?"

"네에!"

현금청산대상일 뿐이란다

"사업시행시점에 가서 현금청산대상이겠죠."

"건물 값 몇 푼 받고 끝난다는 말씀이세요?"

"아무튼 이주자대책용 아파트공급대상에는 포함되지 않는답니다."

"지금은 그렇다 치고 앞으로 바뀔 가능성은 없나요?"

"어떻게 바뀔 가능성을 말씀하시나요?"

"지금은 이주자대책용아파트 공급대상은 아니지만, 그때 가서는 공급 대상으로 바뀔 가능성을 여쭈어 보는 겁니다!"

"선생님도 참, 아마도 그럴 가능성은 전혀 없다고 보시면 됩니다."

"그런가요? 잘 알았습니다!"

"도움이 되셨나요? 더 궁금한 사항은 SH공사로 문의해보세요!"

"SH공사는 또 뭔가요!"

"예전의 '서울도시개발공사'를 말하는 겁니다."

이제야 무슨 말인지 종합적으로 정리가 되었다. 맥이 풀렸다. 곰을 잡았는데 쓸개는 없었고, 토끼를 잡았는데 간은 없는 꼴이었다. 거기다가 만약 잔금을 납부하면 졸지에 2주택자가 되어 추후 양도세 등에서 불리한 위치에 서게 될 것이 분명했다.

앞이 캄캄해져 오더란다. 다음 수순은 입찰보증금 날리는 사람들과 똑같은 행보였다.

chapter 06

낙찰받은 건물을
또 다시 경매로 털어낸 아픔

경매 선수들이 구사하는 네 가지 비법(?)

앞의 사례와는 다르게 토지를 확보할 수 있는 경우처럼 보여서 응찰했다가 실패한 사례이다. 이미 말씀드린 것처럼 우리나라는 토지와 건(축)물의 소유자가 각각이어도 무방하다. 땅과 건물의 소유자가 다른 경우도 아주 흔하다. 당연히 분리해서 처분할 수도 있다.

그러다 보니 초보투자자들은 혼동하기가 쉽다. 교통사고도 자주 발생하는 구간이 있다고 하지 않은가? 경매 역시 마찬가지다. 경매 사고가 자주 일어나는 구간이다.

여러분들에게 소개하는 뜻은 이런 기술을 구사하라는 권유가 절대 아니다. 경매 투자 몇 번 해보았다는 자만심에 덜컥 응찰했다가 본전 찾기도 어렵다는 뜻이다. 토지와 건물이 따로 경매에 나올 때 선수들의 작전은 대강 다음과 같은 네 가지 테크닉을 상황에 따라 적절히 섞어서 구사한다.

① 토지를 낙찰받아 건물주에게 매각하기

② 건물을 낙찰받아 토지주에게 매각하기

③ 지료확정소송 후 지료받기

④ 건물철거소송이 그것이다. 토지와 건물이 일괄경매로 진행될 때보다는 수익률이 높은 것은 사실이다. 그러나 여기에도 단서가 붙는다. '진행과 마무리를 잘 했을 때'라는 전제조항 말이다.

③과 ④의 경우에는 '소송'을 통해야 한다. 낙찰자 입장에서 토지를 낙찰받으면 일단 칼자루를 쥔다는 말은 맞는 말이다. 마찬가지로 이 책의 범주를 벗어나는 이유로 설명은 여기서 마치겠다. 여기서는 '① 토지를 낙찰받아 건물주에게 매각하기'와 ② '건물을 낙찰받아 토지주에게 매각하기' 전술을 구사하려다가 되레 혹 붙인 사람들을 보자.

토지를 낙찰받아 건물주에게 매각하려는 작전

'① 토지를 낙찰받아 건물주에게 매각하기' 전술을 구사하려다 사고를 일으킨 서울 구의동에 사는 박의경씨의 사례를 보자. 당시 물건의 개요는 다음과 같다.

물건 내역을 보면 대강 이렇다

* 대지면적 : $168.6m^2$(51평)

* 감정가 : 207,378,000원

* 최저가 : 132,721,920원

* 입찰가 : 140,000,000원이고, 입찰일은 2002년 11월 11일이고, 단독 응찰이었다.

토지만 낙찰받은 경우여서 경락잔금융자도 받지 못해 얼마 정도는 개

서울 동부법원 2001-120**

사건/채권 채무/감정	물건내역 주소/면적(㎡)	감정평가액 (▼)최저입찰가	법원임대차현황	등기내역 구분/등기일/금액
01-120** 대지 대한생명 구철기 보증금 20% ──── 나라감정	서울 광진구 구의동 35-2 대지면적 168.6(51평) 지하 1층 지상 2층 주택 1동 소재 (임차인 있음) 법정지상권성립여지 있음. 아차산역 서측 인근	207,378,000원 (▼)<u>132,721,920원</u> (64.00%) 변경 2002.04.15 유찰 2002.08.26 유찰 2002.10.07 낙찰 2002.11.11 140,000,000원 - 응찰자 : 1명 - 낙찰자 : 박의경	◎ 동사무소 확인 전입 1979.12.20 전입및 점유자 있 음.	저당 1997.05.04 설정액/ 5,400만 원 국민은행/중곡 저당 1999.05.07 설정액/ 4,800만 원 국민은행/성수 가압 2000.01.04 압류액/7억 원 대한생명

인적으로 자금을 마련해 잔금을 납부한 다음 건물주에게 전화를 했다.

"토지 등기부 세탁하셨으니 땅을 다시 사시죠!"

"아~뇨~ 차라리 제 건물까지 구입하시겠어요?"

"건물 등기부에도 수억 원 설정되어 있던데요? 또 세입자도 4가구나 되고요!"

"그러니 제가 토지를 살 하등의 이유가 없는 거죠!"

"그러세요?"

"땅이라도 정리되니 얼마나 속이 시원한데요~ 그 집에 아무런 미련 없습니다."

잔금납부 때 1부 이자를 주기로 하고 돈을 융통했는데 지료는 연 6% 다. 무슨 말인가? 받는 돈은 6%인데 주는 돈은 12%라는 말이다. 시간이 갈수록 까먹는 망하는 구도다. 하루라도 빨리 털고 나와야 한다. 사려는 사람이 나타나지 않은 채 시간만 흘러가고 있다. 자금회전에 문제가 생겨 애를 먹고 있단다. 토지를 낙찰받아 건물주에게 토지를 매각하려던 계획이 틀어져버린 경우였다. 부동산 투자의 즐거움을 들라면 예측불가능성이다. 어떻게 진행될지는 '신'도 모른다. 그러나 하나 분명한 사실은 살 때는 내 마음대로 살 수 있지만, 팔 때는 내 마음대로 안 되는 것이다.

낙찰받은 건물을 또 다시 경매로

독자 여러분은 건물만을 경매로 낙찰받았다가 그 건물을 경매로 넘기는 것을 본 적이 있으신지? 대지권 없이 건물만 경매 진행되는 물건에 응찰하는 사람들은 크게 두 부류이다. 뭘 모르거나 아니면 블루오션을 유영하는 고수다. 대지와 건물이 별개로 경매 진행될 때 대지부터 낙찰받는 것이 정신건강에 도움이 된다. 솔직히 말하면 도움까지는 몰라도 고통은 덜 당한다.

서초구 서초동 서울교대 입구에 있는 반지하 1층, 지상 3층짜리 다가구주택의 건물만 경매로 낙찰받아 한 수 보여주려다가 호되게 당한 분당에 사시던 박채용씨의 사례를 보자. 최초 감정가는 4억 7천만 원이었고 낙찰받은 가격은 3억 4,000만 원이었다. 건물을 낙찰받자 토지주로부터 전화가 왔단다.

"박선생님, 낙찰받으신 것 먼저 축하드립니다."

"(뜬금없이 웬 축하~) 네, 감사하고요. 근데 왜 건물 날리셨어요?"

"그거 아셨어요?"

"조금만 방어했으면 안 넘어갔을 텐데!"

"방어할 이유가 없죠."

"채무액도 그렇고, 설정도 그렇고, 끝까지 안 갈 거라는 생각도 들었거든요!"

"잘 보셨습니다?!"

"그런데 혹시 건물 매입하실 의향은 없으세요?"

"저는 자금 여력이 없어서요. 전화 드린 이유는 지료 협의 좀 하려고요."

"지료 말씀이시죠. 말씀해보세요!"

"법정지상권은 성립하는 것으로 제가 양보하겠습니다."

"지료 요율하고 구체적인 액수를 정하자는 말씀이시죠?"

"그렇죠. 각자 입장대로만 말하지 않고 원칙에 입각해서 말씀드리도록 하겠습니다."

"네. 말씀해보세요!"

토지주가 제시한 지료금액 산정원칙

"그럼 제가 생각한 지료 산정 원칙을 말씀드릴게요!"

"① 평방미터당 공시지가 : 1,258,000원

  ② 총 면적 : 438.9m^2

  ③ 적용요율 : 년 7%

  ④ 연 산출 지료 : ①×②×③ = 38,649,534원/12개월

    ⇒ 3,220,794원입니다."

연 지료가 38,649,534원이니, 매월 3,220,794원을 송금하라고 요구하고 있는 중이다.

"매월 송금하시기 불편하시면 3개월에 한 번씩 송금하셔도 됩니다."

"무슨 지료가 그리 비싼가요?"

"이쪽은 공시지가가 원래 비싼 지역 아닙니까~ 박선생님도 잘 아실 거고요?"

"그거야 알죠!"

"그래서 지료도 높게 나온 것입니다."

"그건 그렇고 적용요율은 왜 7%나 됩니까!"

"현재 판례를 보면 이런 경우, 약 6~8% 사이 아닙니까?"

"그런가요?"

"저는 그 중간요율을 적용 했을 뿐입니다."

"그래도 너무 비쌉니다!"

"피차 좋은 인연으로 만났다고 생각하도록 노력했으면 합니다~ 제가 그럼 양보해서 6%로 적용요율을 낮추겠습니다. 그러면 매년 33,128,172원이고요, 매월 276만 원이 되네요?"

"만약 못 보내드리면 어떻게 하실 건가요?"

"그럴 일 없기 바라지만, 어쩔 수 없을 때는 법대로 할 수밖에 없겠죠?!"

"그럼 땅을 제게 넘길 생각은 없으세요?"

"아뇨~ 이런 복덩이 배를 내가 왜 가릅니까~ 그냥 지료로 가겠습니다."

웃으며 이야기는 하고 있지만 매월 276만 원씩 송금하지 않으면 건물 철거소송이나 다른 재산에라도 압류하겠다는 말이다. 그리고도 해결이 안 되면 지료에 의한 압류 후 다시 경매 넣겠다는 말이다. 이런 구조로는 누구도 감당하기 어려울 것이다. 박씨도 2년을 버티다가 손들어 버렸다. 임차인이 경매 신청하도록 방치하는 것으로 마무리했다.

임차권등기에 기한 강제경매를 진행

"안녕하세요. 201호 세입자인데요. 건물 등기부 떼보셨어요?"

"임차권등기 설정하셨던데요?"

"보셨나 보네요. 그럼 얼른 해결해주세요."

"내가 돈을 가지고 있으면서 안 드리는 것도 아니고!"

"그 점은 저도 잘 알고 있습니다."

"세입자가 들어와야 하는데 안 들어오니 저더러 어쩌란 말입니까?"

"사장님 사정도 이해 못 하는 건 아니지만 저도 사정이 급하디 급합니다."

"저도 답답하고 속이 터지려고 합니다!"

"진작 이사 가야 하는데 무려 2년 동안이나 오도가도 못하고 있잖습니까?"

"제가 뭘 잘했다고 큰소리칠 입장은 아니지만 참 난처하네요!"

"정 그러시면 제가 경매 신청해도 원망하지 마세요."

"조금만 더 기다려주세요, 기다려봅시다!"

"조금만 더 기다린 게 벌써 2년 아닙니까?"

"제가 돈을 가지고 있으면서 드리지 않는 것도 아니지 않습니까?"

"사장님이 이 집 낙찰받으신 지가 2년이나 지났다고요."

"할 말이 별로 없어요, 송구할 뿐입니다!"

"그전까지 합하면 벌써 4년째 이러고 있으니 정말 지긋지긋 합니다."

"압니다, 알아요!"

"말씀으로만 안다고 하시지 마시고 제발 어떻게 좀 해주세요."

간곡히 드리는 부탁이란다. 세입자가 조르고 집주인은 벌벌 기고 있는 상황이다. 그러고도 1년 가까이 비슷한 상황이 계속되었다. 달라진 것이라면 이사 가겠다고 아우성치는 임차인이 늘어나고 있다는 것이다. 끝내 임차인이 임차권등기에 의한 강제경매를 신청했고 이번에는 3년 전 낙찰가의 78%선에서 낙찰되었다. 비싸게 받아서 3년 내내 실컷 시달리고, 지료는 지료대로 납부하고 마침내 낙찰가 아래로 떨어내고 손을 털었다. 억지로 정리당하고 나서 박채용씨가 말씀하셨다. 3고생을 당했다고.

① 마음 고생
② 몸 고생
③ 돈 고생하셨단다.

chapter 07
'전세권' 권리분석도 못하는
컨설팅업체

서울 중앙법원 2008타경1317*

사건/채권 채무/감정	물건내역 주소/면적(㎡)	감정평가액 (▼)최저입찰가	임대차현황	등기내역 구분/등기일/금액
08-1317* 다세대 농협중앙 이지영 ─── 보증금 20%	서울 동작 상도동 279-9* 대일하이츠 301 대지 30.4/277 건물 42.33(12.8평) 방 2 3층 - 90.04.02보존	85,000,000 대지 34,000 000 건물 51,000,000 (▼)68,000,000 (80.00%) 낙찰 2008.04.23 147,200,000원 147,200,000 (173.2%) 낙찰자 : 이성○ 허가 2008.04.30 낙찰 2008.07.02 138,888,000 (163.4%) 낙찰자 : 지혜정 허가 2008.07.09 유찰 2009.08.26	★정광일 전입 07.09.28 확정 07.09.28 배당 08.03.21 보증금/4,000만 임경진의 전차인 임경진 보증금/7,500만 원 주거전세권자 등기부상	전세권 07.08.01 전세권자 임경진 보증금/7,500만 원 저당권 농협중앙 07.10.08 8,000만 원 가압류 주제현 07.11.08 8,320만 원 임의 2008.01.13 청구액/8,000만 원 농협중앙

이런 정도의 권리분석도 못하는 사람들이 자칭 '경매 도사'라고 목에 힘을 주고, 컨설팅 해준답시고 병아리들에게 수수료 챙기고 엉망으로 코치해 막대한 피해를 주고 있는 것이 우리의 현실이다. 배당요구 안 한 선순위 전세권이 있는 물건의 개요를 보자.

물건의 대강 개요는 다음과 같다

* 물건 주소지 : 서울 동작구 상도동
* 물건현황 : 연립주택 3층 중 301호
* 건물구조 : 방 2, 욕실 1
* 대지지분권 : 30.4㎡/277㎡(9.2평/83.79평)
* 건축년도 : 1992년 4월
* 주택 임차인 내역 : 선순위 전세권 7,500만 원(낙찰자 인수조건)
* 부동산 등기부상 채권액 : 총 1억 5,500만 원
* 매매시세 : 대지지분 평당 약 1,000만 원 전후
* 담당 법원 : 서울중앙법원 경매 **계
* 사건번호 : 2008 타경 1317*
* 경매개시결정 : 2008년 1월 13일
* 경매 신청권자 : 농협중앙회
* 말소기준권리 : 2007년 10월 8일 저당권(농협중앙회/채권최고액 : 8,000만 원)
* 등기부상 권리관계 : 배당요구 안 한 선순위 전세권 낙찰자 인수
* 1차 입찰일 : 2008년 4월 23일
* 1차 입찰 결과 : 147,200,000원 낙찰(감정가 대비 173.2%)

* 1차 응찰경쟁률 : 4대1
* 1차 매각허가결정일 : 2008년 4월 30일(매각허가결정)
* 1차 매각결과 : 낙찰자 잔금납부 포기

2차, 3차 진행 내역

* 2차 입찰일 : 2008년 7월 2일
* 2차 입찰 결과 : 138,888,000원 낙찰(감정가 대비 163.4%)
* 2차 응찰경쟁률 : 4대1
* 2차 매각허가결정일 : 2008년 7월 9일(매각허가결정)
* 2차 매각 결과 : 낙찰자 잔금납부로 소유권취득
* 2차 매각 최종결과 : 잔금납부 취소로 경매 절차 재개시, 소유권 원상복귀
* 3차 재입찰일 : 2009년 8월 26일
* 3차 입찰 결과 : 1회 유찰(최저입찰가 6,800만 원으로 저감)
* 3차 2회 입찰일 : 7,770만 원 낙찰(감정가 대비 91.4%)
* 3차 응찰경쟁률 : 2대1
* 3차 매각허가결정일 : 2009년 10월 7일(매각허가결정)
* 3차 매각 결과 : 낙찰자 잔금납부 후 경매종료
* 1차 입찰보증금의 행방 : 최저매각가의 10%인 850만 원이 법원에 몰수됨으로 또 한 판이 마무리되었다.

경매 전문컨설팅업체로부터 자문

1차 입찰과 2차 입찰일에 응한 사람은 '전세권' 권리분석에 대한 개념

이 전혀 없는 사람들이다. 문제는 2차에 입찰한 사람(2008년 7월 2일)은 경매 전문컨설팅업체에 비싼 수수료 지불하고 자문을 받아 응찰했다는 사실이다. 2차 응찰가인 1억 3,888만 원을 기준으로 총 구입가격을 따져보면 다음과 같이 계산된다.

* 낙찰가 : 1억 3,888만 원
* 인수비용 : 7,500만 원
* 이전비용 : 약 360만 원(응찰가의 약 2.6%)
* 기타비용 : 약 250만 원
* 총 구입가격 : 약 2억 원이다.

선순위 전세권을 인수해야 한다는 경매의 기본조차 모르면서 수수료 몇 푼 받겠다고 이같은 무모한 짓을 사주한 것이다. 결론부터 말씀드리면 매매시세 약 1억 2,000여만 원짜리 다세대주택을 8,000만 원이나 더 비싸게 사게 만들었다는 말이다.

잔금까지 납부한 상태에서 이 사실을 알게 된 낙찰자는 그제서야 부랴부랴 별짓을 다해 소유권을 물리고 경매를 원상 복귀시켰다. 필자는 그들이 무슨 짓을 했는지는 알 수가 없다. 한번 잔금납부하면 경매가 끝이라고 알고 있었다. 이 사건을 통해 그렇지 않다는 사실을 새롭게 배웠다. 이 사건을 보면서 경매는 절차법에만 의해 진행되지 않을 수도 있다는 것을 알았다. 컨설팅업자만 권리분석을 못하는 것이 아니다.

모르는 분들을 위해 약간만 더 추가 설명을 하겠다. 잘난 체한다고 흉보셔도 어쩔 수 없다. 전세권에 대한 권리분석은 예전에 비해 아주 간단해졌다. 건물 전체에 설정된 선순위 전세권은 배당요구하면 배당에 참가시키고 말소된다. 이때는 전세권이 말소기준이 된다. 배당요구를 하지 않은 선순위 전세권은 인수주의가 적용되어 낙찰자가 추가로 전세권 금액을 부담해야 한다. 긴말 필요 없다. 이런 정도의 기본 지식도 없는 사람들이 컨설턴트고 컨설팅 한단다. 지나가던 소도 웃을 일이다. 또 다른 사례를 보자.

난다 긴다 하는 컨설팅회사가 범한 오류

이 사건은 강남에서 유명한 경매 전문컨설팅회사가 범한 오류이다. 정확하게 말하면 그 회사의 컨설팅 담당 임원(5억 원 이상 물건 담당 팀장)이었던 사람이 저지른 사례이다. 이 물건 역시 선순위로 전세권이 설정된 극히 평범한 물건이었다.

컨설팅 업계에서는 꽤 유명했던 경매 선수로 이름이 높던 김팀장은 아주 기본적인 물건의 권리분석에서 실수를 범했다. 배당요구하지 않은 선순위 전세권을 등기부상 말소되는 권리로 착각했다. 물건은 목동의 40평형대 아파트로, 전세권 금액은 2억 4,000만 원이고, 최초 감정가는 5억 8천만 원이었다. 따라서 입찰보증금은 감정가의 10%인 5,800만 원이다. 1차 입찰일에 105%인 6억 900만 원에 응찰하도록 고객에게 코치했다.

이 물건의 등기부 및 임차인의 권리순서를 보면 다음과 같았다.

* 물건 개요 : 양천구 목동 삼성 래미안아파트 총 24층 중 1702호
* 세부 개요 : 43평형, 방 4, 욕실 2
* 부동산 등기부상 권리관계

① 제1순위 : 1702호 전체 전세권(전세금액 2억 4,000만 원)

② 제2순위 : 저당권(신한은행/목동지점 : 채권최고액 4억 8,000만 원)

③ 제3순위 : 양천구청 당해세

④ 제4순위 : 저당권(목동신협 : 채권최고액 3억 9,000만 원)

⑤ 제5순위 : 가압류(개인 : 압류액 8,550만 원)

⑥ 제5순위 : 가압류(목동신협 : 압류액 1,627만 원)

⑦ 제5순위 : 가압류(롯데카드 : 압류액 2,004만 원)

⑧ 경매 신청권자 : 신한은행/목동지점이었다.

김팀장은 선순위 전세권을 말소되는 권리로 판단했다. 전액 배당받기 때문에 낙찰자는 추가 부담이 없다고 판단한 것이다(참고로 가압류는 설정순서에 상관없이 동순위다).

선순위 전세권자가 따로 배당요구를 하지 않은 경우

1702호 전체에 설정된 선순위 전세권자가 따로 법원에 배당요구를 하지 않은 경우에는 낙찰자가 소유권 취득 후에 추가로 인수해야 하는 것이 정답이다. 낙찰대금 이외에 전세금액 2억 4,000만 원을 추가로 납부해야 완전한 소유권을 행사할 수 있다는 말이다. 잔금완납 후 전세권자를 상대로 명도소송을 했지만 판결에 의해 패소가 확정되었다. 낙찰자는 전세금 2억 4,000만 원을 추가로 인수해야 하는 상황이 벌어졌다.

아무런 잘못도 없는 낙찰자가 혼자서 죽을 수는 없는 노릇 아닌가? 컨설팅 의뢰 시 맺었던 '권리분석에 하자가 있어 금전적 손실을 보게 될 경우 이를 회사가 책임진다'는 약정서 문구가 생각났다. 이를 근거로 컨설팅법인의 통장을 가압류하기에 이르렀다. 이에 회사는 낙찰자에게 손해액 2억 4,000만 원을 변상해주지 않을 수 없었다. 컨설팅을 수행한 김팀장은 회사에 손실을 끼친 점이 인정되어 해고와 함께 구상권을 행사당했다.

컨설팅회사와 컨설턴트도 손해를 입었다. 낙찰자도 역시 막대한 손실을 입었다. 전세권자와의 명도소송, 경매 컨설팅회사와의 '손해배상청구소송' 등으로 2년 이상이 흘러갔다. 돈은 돈대로 사라졌다. 2,000만 원대의 소송비용을 지불하지 않을 수 없었다. 정말 그랬을까? 하고 고개가 갸우뚱거려지는 대목이다.

전세권쯤이야 하는 중닭 이하의 경매꾼들에게

필자가 최근에 써 낸《아주 위험한 경매》를 꼭 읽어주시기 바란다.

필자의 책 한 권 더 사달라고 부리는 앙탈이 결코 아니다. 간단하다고 생각하는 '전세권'에 대한 권리분석이 의외로 복병이 많다는 것을 공부하게 될 것이다. 책 한 권 안 사보는 '구두쇠 영감' 노릇이 얼마나 큰 피해를 가져올 수 있는가를《아주 위험한 경매》의 전세권 편(383~410P)을 읽어 보시면 실감하실 것이다. 시중의 권리분석 책에서는 보지 못하셨던 내용에 만족하실 것이다.

Part 04

배당표도 못 쓰면서
무슨 경매 투자를 한다고

임차인분석 잘못하고, 배당표 잘못 써서 망한 사례의 이야기는 트럭으로 실어도 모자를 지경이다. 배당표 작성은 경매의 기본 중 기본인데 뭘 믿고 아무 준비 없이 응찰하시는지 강심장이 부러울 뿐이다. 그 피해는 돈으로 메우거나 입찰보증금을 포기하거나 둘 중 하나다.

긴말이 필요 없다. 선순위 임차인이 배당을 다 받지 못하거나 배당요구를 하지 않았다면 그 전세보증금은 낙찰자가 무조건 추가로 물어주게 되어 있다. 경매로 투자할 때 소요되는 자금은 투입가격과 처분가격으로 나누어진다. 배당표 작성도 못하면서 응찰하겠다는 것은 물건가격도 모르는 상태에서 계약서에 사인하겠다고 우기는 꼴이다. 배당표를 쓰지 못한다면 투입가격을 산정할 수가 없다. 당연히 응찰 불가다. 배당표를 정확하게 작성할 수 있어야 한다는 말은 두 번 말할 일이 아니다. 그런데도 일을 저지르는 사람들이 있다.

대표적인 권리분석의 오류사례는 아홉 가지로 다음과 같다.

  * 말소기준권리를 잘못 분석했다,

  * 선순위 임차인 권리를 잘못 분석했다,

  * 선순위 전세권 분석을 잘못했다,

  * 소액임차인 최우선변제를 잘못 분석했다,

  * 임차권등기를 후순위로 분석했다,

  * 확정일자를 잘못 분석했다,

  * 가압류의 배당을 잘못 분석했다,

  * 당해세를 잘못 분석했다,

  * 상가 임차인을 잘못 분석했다가 그것이다. 무시하고 입찰 들어갔다가 무시당한 사람들의 사례를 보자.

대항력 있는 선순위 임차인이 뭐고,
배당표는 또 뭐지?

기본적인 경매 물건의 정보지 보기

주소/감정서	물건번호/면적(㎡)	감정가/최저가/과정	임대차현황	구분/권리/등기/금액
서울 서대문구 창천동 30** ·감정평가서 정리 – 연세대학 서측 – 차량출입가능 – 일반주택밀집 – 정방형평지 – 2종일반주거 – 도시가스 　공급식 06.02.27 한국감정 – 청구액 : 　48,000,000	물건번호 : 단독 대지 99(29.9평) 건물 –1층 52.2(15.8평) 1가구 방 3 –2층 52.2(15.8평) 1가구 방 2 –3층 52.2(15.8평) 1가구 방 2 옥탑 16.1 방 1, 연면적 제외 2003.12.3 보존 ‒‒‒‒‒‒‒‒‒‒ – 응찰자수 : 2명 – 낙찰자 : ○○○ – 허가 : 06.11.02 – 대납 : 06.11.29 – 배당 : 06.12.27	감정가 276,091,500 최저가 176,698,000 　　　(64.00%) ‒‒‒‒‒‒‒‒‒‒ ·경매 진행 과정 　 276,091,000 유 찰　06.08.24 20%↓ 220,873,000 유 찰　06.09.28 20%↓ 176,698,000 낙 찰　06.10.26 　　 182,000,000	임추형 전입 03.11.10 확정 05.11.10 배당 06.05.26 (보) 70,000,000 <u>2층 전부 방2</u> 고옥진 전입 04.01.12 확정 03.06.18 배당 06.06.02 (보) 70,000,000 <u>3층 전부 방2</u> 강선영 전입 04.03.30 확정 04.03.30 배당 06.05.29 (보) 20,000,000 (월) 100,000 <u>옥탑 전부</u> 김정국 전입 04.04.01 확정 04.04.01 배당 06.05.29 (보) 60,000,000 1층 전부 방3	저당권 : 우리은행 　　04.05.31 　48,000,000 압류 : 서울 서대문 　　04.09.14 소유권 : 조길순 　　05.12.30 　전소유자/김점○ 임의 : 우리은행 　여신관리센터 　06.02.14 저당권 : 정태효 　06.07.26 　63,000,000
주의사항	* 미등기 제시 외 부분 매각 포함.			

이 정도의 임차인과 등기부상의 권리관계는 읽을 줄 아셔야 한다.

이 정도만 알아도 기본은 갖추었다

이 경매 정보지를 보고 알 수 있는 것은

* 주소 : 서울 서대문구 창천동이라는 것,

* 위치 : 연세대학 근처라는 것,

* 대지 : 99m^2(29.9평)이라는 것,

* 층의 크기 : 55.2m^2(15.8평)이라는 것,

* 층수 : 3층이라는 것,

* 임차인 : 네 가구라는 것,

* 옥탑에도 임차인이 있다는 것,

* 총임차보증금이 : 2억 2,000만 원이라는 것,

* 감정가 : 2억 7,600여만 원이라는 것,

* 최저가 : 1억 7,670여만 원이라는 것,

* 낙찰가 : 1억 8,200만 원이라는 것,

* 저당권 : 2004년 5월 31일이라는 것,

* 총채권액 : 1억 1,000여만 원이라는 것,

* 경매 신청권자 : 우리은행이라는 것,

* 청구액 : 4,800만 원이라는 것,

* 주의사항 : 미등기 부분이 제시 외로 경매 목적에 포함된다는 것

정도만을 알 수 있다.

그러나 그게 전부가 아니라는 점은 이미 알고 계시지 않은가? 각 권리자들의 복잡한 권리관계를 완전히 해석해야 한다는 것이 핵심이라는

점 말이다.

선후순위 임차인이 섞여 있다

임차인 네 가구가 배당요구는 하고 있다. 하지만 누가 선순위이고, 누가 후순위인지, 선순위 중 전세보증금을 전액 다 받는 임차인은 누구고, 일부만 배당받는 임차인은 누군지, 배당요구는 했지만 임차보증금을 전혀 받지 못하는 임차인은 있는지, 있다면 누군지에 대한 설명이 아무것도 없다.

* 임차인과 임차인과의 관계,
* 임차인과 저당권자와의 관계,
* 등기부상 권리자 상호간의 관계,
* 임차인과 낙찰자와의 관계를 읽어내실 수 있어야 한다.

낙찰대금 1억 8,200만 원으로 모든 게 해결되고, 더 이상 추가부담은 없는지, 아니면 추가로 물어주어야 하는 임차인과 금액은 얼마인지. 명도 난이도는 어떠한지를 스스로 정확하게 알 수 있을 때까지는 어떤 물건도 응찰할 수가 없다.

배당표를 정리해보면 추가로 물어주어야 하는 임차인이 있고, 금액도 100~200만 원이 아니다. 낙찰대금만으로 모든 게 끝이 아니라는 말이다. 추가로 물어주는 임차인이 두 눈 벌겋게 버티고 있다는 점을 모르고 어떻게 응찰할 수 있다는 말인가?

또한 옥탑방 임차인은 주택 임차인으로 보호대상이 되는지 안 되는지, 된다면 '소액임차인'에 해당되어 얼마를 최우선배당으로 배당받는지를 모르고 어떻게 응찰한다는 말인가?

이런 정도의 물건에 대한 임차인분석과 권리분석은 기본 중에 기본이다. 그러나 이 정도의 물건분석도 우습게 보고 응찰하다 실패한 사람들의 사례를 살펴보자.

배당받는 임차인인 줄 알았다가 낭패

배당요구를 한 선순위 임차인이라 하더라도 확정일자가 없다면 배당을 통해 전세보증금을 회수하기가 쉽지 않다. 배당받지 못한 선순위 임차인의 전세보증금은 낙찰자가 추가로 물어주어야 하는 것은 두말 할 필요도 없다. 지난 10월 서울 중앙법원에서 진행된 서울 서초동의 원룸형 다가구주택에 입찰했다가 쓴맛을 본 김씨의 사례다. 서울교육대학 정문 인근에 있는 다가구형 원룸주택으로 대지는 약 110평, 건평은 반지하 1층(방 7개)과 지상 3층(각 층당 6개)으로 방 개수만 25개였다.

당시 전세라면 지하층은 5,000만 원, 지상층은 8,000만 원 전후였고, 월세로는 보증금 1,000만 원에 월 65만 원 정도의 임대시세가 형성되어 있었다. 투자 가치는 상당해 보이는 물건이었는데 이상하게 두 차례나 유찰된 것을 알게 되었다. 최초 감정가는 14억 6,000만 원에서 두 차례 유찰로 9억 3,400만 원까지 떨어져 있었다.

만약 전체를 전세로 임대해도 17억 9,000만 원(=반 지하층 3억 5,000만 원+지상층 14억 4,000만 원)으로, 임대만으로 투자금을 단번에 회수하고도 오히려 돈이 남는 것으로 보였다. 그러나 그렇게 보였을 뿐이었다. 더욱이 안심했던 것은 모든 임차인이 배당요구를 하고 있었다는 점이다. 배당요구를 하고 있어서 법원이 배당을 통해 돈을 다 줄 것으로 판단했다.

다만 임차인들의 보증금액을 전부 합산하면 낙찰가를 훨씬 뛰어넘는 점이 이상했지만 어디다 속 시원히 물어볼 만한 곳이 없었다. 물어볼 만한 곳이 없었던 것이 아니라 물어보기가 부담스러웠다. 혹시라도 비밀이 새어나가서 남들이 알게 되면 내가 떨어질 수도 있다는 욕심이 발동한 것이다.

개찰 결과는 단독응찰이었다

그리고는 9억 6,880만 원에 응찰했다. 결과는 단독응찰이었다. 돈이 되는 물건에 단독응찰이 찜찜하기는 했지만 등기부상 아무런 하자가 없다는 경매 정보지의 문구에 따르기로 했다. 그러나 결론은 법원과의 약 1년여의 줄다리기 끝에 입찰보증금 9,340만 원을 날렸다.

낙찰받자 빼앗아 갈 사람이 없다고 판단한 김씨는 평소 알고 지내던 경매 경험자에게 자랑삼아 이야기를 했다. 경매 시장을 좀 알던 지인은 요즘은 그 정도 수익이 나는 물건은 없다는 것을 직감으로 알았다.

아니나 다를까?

사건번호를 검색해서 임차인분석을 해본 지인은 바로 기절해버리고 말았다. 선순위 임차인 중 배당요구는 했지만 배당받지 못할 임차인이 16명이었다. 그들에게 추가로 물어주어야 할 보증금이 12억 5,000여만 원이었다. 만약 잔금을 납부하고 추가로 인수한다면 총 구입가격은 22억 5,000여만 원을 넘는다.

상황이 이렇게 되자 얼굴이 하얗게 질린 김씨는 부랴부랴 법원에 낙찰(매각)불허가신청을 했다. 하지만 일주일 뒤 법원은 낙찰을 허가해버렸다. 낙찰허가가 나자 다시 낙찰허가취소소송을 제기했지만, 귀책사유가 법원이 아닐 때에 낙찰(매각)허가가 취소될 가능성은 높지 않다. 항고, 재항고를 통해 무려 1년여에 걸친 공방 끝에 매각대금납부결정일이 잡혔다. 잔금을 납부하든지 입찰보증금을 포기하든지 해야 하는 선택의 상황이 온 것이다. 입찰보증금 9,340만 원이 날아가는 순간이었다. 최근의 또 다른 사례를 보자.

임차인은 당연 배당대상자가 아니다

그러면? 당연히 따로 배당요구를 해야 한다.

서울 남부법원 2008-314**

주소/감정서	물건번호/면적(㎡)	감정가/최저가/과정	임대차현황	구분/권리/등기/금액
서울 강서구 방화동 65*-** 한양빌 202 ·감정평가서 정리 -방화뉴타운 내 08.03.19 중앙감정 - 청구액 : 100,000,000	물건번호 : 단독 대지 30.5/687 건물 52.4 2001.10.05 보존 ------------- -응찰자수 : 1명 -낙찰자 : ○○○ -허 가 : 08.10.13 -배 당 : 09.02.04	감정가 136,000,000 최저가 108,800,000 (80.0%) ---------------- ·경매 진행 과정 136,000,000 유찰 08.08.13 20%↓ 108,800,000 낙찰 08.10.07 111,000,000	함우제 전입 05.11.10 확정 05.11.10 (보) 100,000,000	저당권 : 강서신협 07.05.02 168,000,000 압류 : 강서구 08.01.03 강제 : 함우제 청구액 : 1억 원 08.02.06
주의사항				

이 물건은 필자에게 서울 압구정동 H백화점 문화센터에서 단기 경매 강좌를 들으신 수강생의 사례다. 아주 간단해 보이지만 결론부터 말씀 드리면 선순위 임차인 함우제의 전세보증금 1억 원을 낙찰자가 추가로 물어주는 것으로 끝이 났다. 물건의 개요는 다음과 같다.

* 사건번호 : 2008-314**

* 경매 신청권자 : 함우제(임차인)

* 주소 : 서울 강서구 방화동 65*-**

* 감정가 : 136,000,000원

* 낙찰가 : 111,000,000원

* 매각가율 : 80.88%

* 대지지분 : 30.5㎡(9.20평)

* 전용면적 : 52.4㎡(15.85평)으로 이루어진 방화 뉴타운 내 다세대
주택으로 극히 단순해 보인다. 경매 신청권자가 임차인인 함우제이다.

1억 3,600만 원짜리를 2억 2,000만 원에 구입

낙찰자는 임차인인 함우제가 경매 신청을 했기 때문에 당연히 배당받
는 것으로 판단하고 응찰했다. 그러나 임차인은 당연 배당자가 아니다.
추가로 배당요구를 해야 배당에 참여하게 된다. 따라서 배당요구를 하
지 않은 선순위 임차인 함우제가 배당받지 못한 임차(전세)보증금 1억
원은 낙찰자가 추가로 물어주어야 한다.

감정가 1억 3,600만 원짜리 다세대주택을 1억 1,110만 원에 구입한 것
이 아니다. 함우제의 보증금 1억 원까지 감안하면 2억 2,100만 원 정도
에 구입하게 된 것이다. 매각가율이 80.88%가 아니고, 161.76%에 산 것
이다. 급매로 구입한다 해도 1억 2,000만 원에 충분히 구입할 수 있는 물
건인데 말이다. 망한 경매의 전형이다.

주택 임차인은 배당요구를 하지 않으면 배당에 참여할 수 없다는 기본
중의 기본도 모르고 응찰한 결과다. 설령 이 경우처럼 경매 신청을 임차

인이 했다 해도 결론은 마찬가지다.

'경매 신청권리와 배당요구권리는 전혀 별개의 권리라는 것' 정도는 알고 경매 판에 뛰어들자. 사고 치고 난 다음 울고불고 해보았자 해결책이 없다. 만사불여튼튼이란다.

chapter 02

경매 판에서 도대체 인수주의면
뭐가 어떻다는 거야?

1,300만 원 보증금 날린 재매각 사건

앞의 사례보다 더 심각한 사태가 벌어진 사례다. 마찬가지로 선순위 임차인이 있어 배보다 배꼽이 더 큰 경우였다. 입찰보증금을 날린 사례를 정보지와 실제 배당표를 통해 구체적으로 살펴보자.

이 물건 역시 경매지만 보고서는 뭐가 뭔지 알 수가 없다. 누가 얼마를 배당받고 또 받지 못하는지 말이다. 임차인 중 낙찰자가 추가로 물어주어야 하는 사람은 누구인지, 그 금액은 얼마인지도 통 알 수가 없다.

다만 알 수 있는 것이라고는 네 명의 임차인이 있고, 그들의 총 임차 보증금이 2억 2,900만 원[=류수민(2,900만 원)+조동성(5,300만 원)+정용득(5,800만 원)+유명제(6,000만 원)+정정미(2,900만 원)]이라는 정도다.

서울 동부법원 2000타경199**

주소/감정서	물건번호/면적(㎡)	감정가/최저가/과정	임대차현황	구분/권리/등기/금액
서울 광진구 화양동34-*** • 감정평가서 정리 – 건국대학 서측 – 차량출입 가능 – 일반주택밀집 – 정방형평지 – 2종일반주거 – 도시가스공급식 – 청구액 : 88,000,000	대지 108.8(32.9평) 건물 -1층 59.9(18.1평) (방3.화장실2) -2층 56.3(17평) (방3) 지층 59.96(18.1평) (방3.화장실2) 옥탑 24.6(7.4평) 방 1, 연면적 제외 1996.1.17보존 ------------- –응찰자수 :5명 –낙찰자: ○○○	감정가 194,078,700 최저가 99,368,280 (51.2%) ------------- 변 경 00.10.28 유 찰 00.11.25 유 찰 01.01.06 낙 찰 01.02.12 130,040,000 낙 찰 01.10.15 133,000,000	류수민 전입 96.01.15 확정 96.01.15 배당 00.09.26 (보) 29,000,000 조동성 전입 97.03.20 확정 97.03.13 배당 00.10.25 (보) 53,000,000 정용득 전입 96.02.21 배당 01.02.02 (보) 58,000,000 유명제 전입 96.04.10 배당 00.10.21 (보) 60,000,000 1층전부 방3 정정미 전입 97.03.20 확정 98.01.07 배당 01.07.19 (보) 29,000,00	가압류 : 농협중앙 97.03.27 300,000,000 저당권 : 조흥은행 97.11.14 260,000,000 강제 : 농협중앙 97.11.19 임의 : 조흥은행 채권관리단 98.02.11 임차권 : 조동성 98.03.09 53,000,000 *건물등기임. *토지저당권 95.11.17 채권액 : 6,000만 원
주의사항	* 입찰보증금 20%, 토지별도등기 있음, 미등기 제외 시 부분 매각 포함			

다음 배당표는 2001년 10월 15일 재매각일 때 낙찰받은 사람이 매각대금을 납부하자 법원이 확정 작성한 배당표 실물이다. 배당표의 명세란을 보면 전 낙찰자가 입찰보증금으로 제공했던 1,300여만 원을 몰수당한 재경매 사건이라는 것을 알 수 있다.

㉮서울지방법원 동부지원 배당표

㉯2000타경 199**　　　　　㉰부동산 강제경매

②배당할 금액		금	146,402,762	
①명세	매각대금	금	133,000,000	
	지연이자	금	0	
	전 낙찰인의 입찰보증금	**금**	**13,004,000**	
	항고보증금	금	0	
	보증금이자	금	398,762	
③집행비용		금	3,751,710	
④실제 배당할 금액		금	142,651,052	
⑤매각 부동산		서울시 광진구 화양동 34-***, 108.8평방미터 및 위 지상 건물		
⑥채권자		류수민	정정미	농협중앙
⑦채권금액	원금	29,000,000	29,000,000	60,000,000
	이자	0	0	65,367,120
	비용	0	0	0
	계	29,000,000	29,000,000	125,367,120
⑧배당순위		1	1	2
⑨이유		소액임차인	소액임차인	신청채권자
⑩채권최고액		12,000,000	12,000,000	79,817,749
⑪배당액		12,000,000	12,000,000	79,817,749
⑫잔여액		130,651,052	118,651,052	38,833,303
⑬배당비율		100.00%	100.00%	100.00%
⑭공탁번호 (공탁일)		금제　　호 (． ．)	금제　　호 (． ．)	금제　　호 (． ．)

채권자		광진구청장	류수민	조동성
채권금액	원금	3,946,450	17,000,000	53,000,000
	이자	0	0	0
	비용	0	0	0
	계	3,946,450	17,000,000	17,886,853
배당순위		3	4	5
이유		당해세	확정임차인	확정임차인
채권최고액		3,946,450	17,000,000	53,000,000
배당액		3,946,450	17,000,000	17,886,853
잔여액		34,886,853	17,886,853	0
배당비율		100.00%	100.00%	33.75%
공탁번호 (공탁일)		금제 호 (. .)	금제 호 (. .)	금제 호 (. .)

⑮2001. 12. 14.

판사 윤○○ (인)

배당표 읽는 방법

㉮ 서울 동부법원이 작성한 배당표라는 것이다.

㉯ 이 물건의 사건번호가 2000타경 199**이란다.

㉰ '임의경매·강제경매' 중 강제경매라는 알 수 있다.

① 매각대금에서 보증금이자까지가 총146,402,762원이 된다.

② 총배당할 금액이 146,402,762원이라는 것을 알 수 있다.

③ 경매 집행비용이 3,751,710원으로 무조건 먼저 빼가는 돈이다.

④ ②에서 ③을 뺀 금액으로 실제 채권자들에게 배당할 원금이다.

⑤ '2000타경 199**'번에 응찰해서 취득하게 되는 부동산의 범위를 말한다.

⑥ 이 물건을 통해서 실제 배당금을 받는 사람들이다.

⑦ 해당 채권자가 받아야 할 돈의 총액이다.

⑧ 배당에 참가해서 돈을 받은 권리순서다. 이 순서대로 배당이 진행된다.

⑨ 돈을 받을 권리의 내역을 말한다.

⑩ ⑨번 이유를 통해 받아야 하는 금액의 최고를 말한다.

⑪ ⑩번 이유를 통해 실제 받은 돈이다.

⑫ ④에서 ⑩을 배당하고 난 나머지 금액이다. 순차적으로 줄어드는 것을 볼 수 있다.

⑬ ⑩/⑪의 비율이다.

⑭ '배당이의소송' 등이 제기되어 배당금을 수령할 수 없을 때 공탁번호로 공탁계에 공탁된다는 것이다.

⑮ 이 배당표가 작성된 날짜와 담당 판사를 알 수 있다.

배당표가 작성된 날짜는 응찰일 2001년 10월 15일보다 약 2개월 다음인 2001년 12월 14일이라는 것을 알 수 있다. 경매 정보지상에 이름은 있지만 배당표에 이름이 없는 경우를 주의해야 한다. 특히 선순위 임차인인 경우에 그렇다.

확정된 이 배당표를 보면 선순위 임차인 중 정용득(58,000,000원), 유명제(60,000,000원), 조동성(35,113,147원), 정정미(17,000,000원)가 배당받지 못한 상태에서 배당이 종료된 것을 알 수 있다. 이 배당표가 이해 안 되시는 병아리들은 공부를 한참 더 하셔야 한다. 이해가 되기 전에는

'토지별도등기 있는 물건' 근처에는 얼씬거리지 말자.

총알 한 방에 두 명이 쓰러지다

낙찰자가 추가로 물어주어야 할 선순위 임차인의 보증금액이 총 170,113,147원에 이른다. 응찰 시점에 추가 인수금액이 얼마인지 모르고 응찰한다는 것은 언어도단이라는 것을 여실히 증명하고 있다.

물건은 '낙찰대금+인수비용'을 합해 총 약 3억 1,500만 원 정도가 소요된다. 응찰 시점에서 이 가격에 낙찰받아도 수익달성이 가능하다는 판단이 서야 된다. 그렇지 않으면 절대 응찰할 수 없는 물건이다. 응찰가는 1억 3,300여만 원이고, 추가 인수비용이 1억 7,000여만 원이다. 배보다 배꼽이 더 크다. 임차인분석 대충하고 응찰했다가 인수금액이 감당 못할 만큼 커져버린 물건이다.

이래서 처음 낙찰받았던 사람은 입찰보증금을 포기하지 않을 수 없었다. 배당표의 명세 란 중 전 낙찰인의 입찰보증금 란을 보면 13,004,000원이 몰수되어 있는 것을 볼 수 있다. 경매 대박의 환상곡이 높게 울려 퍼지고 있지만 실상은 그렇지 못한 무수한 사례들 중 하나다. 토지별도등기 있는 '단독주택·다가구주택·근린주택 물건'의 배당표 정도는 해독할 수 있어야 경매 투자가 가능하다. 총알 한 방에 두 명이 동시에 쓰러지고 말았다.

chapter 03

돌다리도 두들기며 건너는 심정으로
확인 또 확인

확정일자 확인 실수로 입찰보증금 포기

서울 영등포구 당산동에서 자영업을 하시는 이정래씨는 임차인의 확정일자를 잘못 해석해 생각지도 못했던 임차인의 보증금 1억 8,000만 원을 물어줄 뻔했다. 대신 입찰보증금 3,650만 원을 포기하지 않을 수 없었다.

평소 친하게 지내던 중개업자에게서 전화가 왔다. 살고 있는 인근의 대림동 ○○아파트가 경매에 나왔다는 것이었다. 중개업자 말이 '시세보다 싸게 감정되었는데 이상하게 두 번이나 유찰되어서 투자하면 돈 좀 되겠다'는 말에 귀가 솔깃했다. 이번 최저입찰가가 3억 6,500만 원이라는 말에 깜짝 놀랐다. 매매시세가 대강 5억 원 전후인데 3억 6,500만 원이라니 혹하지 않을 사람이 누가 있겠는가? 다른 사람에게는 말하지 말라는 다짐을 단단히 하고 곧바로 중개업소로 달려갔다. 중개업소에 가서 설명을 들으니 다음과 같이 정리가 되었다.

* 평형 : 43평형

* 구조 : 방 4, 욕실 2.

* 층수 : 21층 중 14층

* 매매시세 : 5억~5억 2천만 원

* 최저입찰가 : 3억 6,500만 원

* 등기부상 1순위 : 2004년 3월 신한은행/광교지점

* 1순위 채권액 : 4억 8,000만 원

* 등기부상 인수 여부: 낙찰로 모든 권리 말소, 추가 부담 없음.

* 등기부상 압류 건수 : 8건

* 임차인현황 : 1억 8,000만 원(전입, 선순위, 확정일자 있음, 배당요구 완료)

* 채권총액 : 20억 1,740만 원이다.

배당표도 못쓰면서 물건 소개하는 중개업자

현재 임차인이 1억 8,000만 원에 세 들어 살고 있는데 선순위 임차인이고 확정일자도 있고, 배당요구도 했으니 아무런 부담이 없다는 설명까지 친절하게 곁들였다. 중개업자가 보여준 경매 정보지를 보니 정말 배당요구까지 하고 있었다. 사나이 가슴에 불을 지르듯이 투자마인드에 불이 확 붙는 느낌을 받았다. 나름대로 전문가의 권유여서 믿음이 더욱 강했다. 웬 떡이냐 싶었다. 응찰하기로 즉석에서 결정했다.

수수료는 기본이고, 낙찰받으면 다른 중개업소에 내놓지 않겠다는 다짐을 하고서야 중개업소를 나올 수 있었다. 한 걸음에 동사무소로 달려가서 전입세대열람을 했는데, 배당요구한 임차인 말고는 다른 전입세대는 없었다. 중개업자가 보여준 경매 정보지 내용과 일치했다.

서울 남부법원에서 낙찰받은 때가 2008년 2월이었다. 당시 남부법원

은 경매에 참여하고자 밀려드는 사람으로 넓은 법원에 바늘 하나 꽂기도 어려운 지경이었다. 한 겨울 2월인데도 에어컨을 가동해야 할 정도로 법정은 펄펄 끓고 있었다.

즐거운 마음으로 젖 먹던 힘까지 다 쏟아 응찰했다. 당일 최저가보다 2,400만 원을 더 썼다. 기다리고 기다린 끝에 자신이 응찰한 물건을 개찰하는 순간이 왔다. 응찰자가 최소한 다섯 명은 될 거라는 귀띔을 들었는데 막상 호명되는 사람은 자신뿐이었다.

단독응찰이었다. 한 겨울에 냉수를 확 뒤집어쓴 기분이었다. 이상하다는 생각이 불현듯 뇌리를 스쳐 지나갔다. 미심쩍은 마음을 간신히 억누르고 입찰보증금 영수증을 받고 나오는데, 어떤 신사 한 분이 말을 걸어왔다.

다섯 명이 아니라 단독응찰

"대림동 ○○아파트 낙찰받으신 분 맞으시죠?"

"네, 그렇습니다만?"

"권리분석 해보셨나요?"

"저는 잘 모르지만 전문가인 중개업자가 아무 문제없다고 해서 응찰했는데요?"

"임차인을 분석하셨는지 묻고 있습니다!"

"정보지에 보듯이 확정일자도 있고 배당요구도 해서 아무 문제가 없는 것 아닌가요?"

"선생님 일에 간섭하는 것 같아서 죄송한데, 잘못 받으셨습니다!"

"뭐라고요? 확정일자도 있고, 배당요구도 했는데 뭐가 잘못 됐다는 말인지 이상한 사람 다보겠네?"

"확정일자가 있다고 다 배당받는 것은 아닌데요!"

"무슨 말씀을 그렇게 하세요, 제대로 알고나 말씀하세요?"

"그렇게 말씀하시면 더 할 말 없습니다만, 다른 전문가에게 다시 확인하시면 제 말을 이해하실 겁니다. 그럼 저는 이만 실례하겠습니다!"

"정말 별 이상한 사람 다 보겠네. 유찰되면 다음 번에 자기가 응찰하려다가 낙찰받아버리니 배가 아파서 저러는 것 아닌가?"

그렇게 생각을 하면서 경매 법정을 나오는데 낙찰받았을 때부터의 뭔지 모를 찜찜함이 계속해서 가시지 않았다. 특히 그 신사분의 마지막 말이 내심 마음에 걸렸다.

"다른 전문가에게 다시 한 번 확인하시면 제 말을 이해하실 겁니다!"

잠시 뒤 물건을 소개해준 중개업자로부터 전화가 왔다. 결과가 어떻게 되었냐고 궁금하다면서. 단독으로 낙찰받았다고 말하자, 두 배 세 배로 축하드리고 나중에 저녁 한 번 사는 것으로 끝나지 마시고, 자기에게 매물로 내놓겠다는 당초 약속도 잊지 말라고 너스레를 떨었다.

경락잔금대출 영업 나온 사람에게 연락

전화를 끊고 나서도 이상하게 찜찜함이 도저히 가시지 않았다. 고민 끝에 법원에서 만난 경락잔금융자해준다고 명함 돌리던 사람이 생각났다. 전화를 걸어 자초지종을 말했더니 사건번호를 알려달라고 해서 말해주었다. 자기가 권리분석해보고 전화해줄 테니 30분만 기다려달라는 부탁을 했다.

감사와 초조의 마음으로 30분이 길게만 느껴졌다. 30분이 훨씬 지났는데도 전화가 오지 않았다. 1시간을 더 기다렸는데도 전화가 오지 않았다. 뭔지 모를 불안감이 커져만 갔고 더 이상 도저히 기다릴 수가 없었다. 전화를 걸었다.

"전화 주신다고 해서 기다렸는데 안 해주셔서 제가 걸었습니다!"

"전화드리려다가 차마 말씀드리기가 민망해서 못하고, 저도 고민하고 있었습니다!"

"뭐가 잘못되었나요, 잘못 낙찰받았나요?"

"임차인분석해보셨나요?"

똑같은 점을 똑같이 물어보기에 똑같은 대답을 했다.

"확정일자도 있고 배당요구도 해서 아무 추가 부담이 없는 것으로 아는데요?"

"확정일자가 있는 것은 맞는데, 말소기준보다 늦어 배당받지 못합니다!"

"배당을 받지 못한다고요?"

"배당요구를 한 것은 사실이지만, 확정일자가 늦어 배당받지 못합니다!"

"그러면 어떻게 되나요?"

"제 견해로는 선순위 임차인의 전세보증금을 전부 물어주셔야 할 것으로 보입니다!"

"낙찰대금 말고 추가로 1억 8,000만 원을 더 물어주어야 한다는 말씀이세요?"

"그렇다니까요. 모르시고 응찰한 것 같아요?"

"숨이 막혀 무슨 말씀을 하시는지 잘 모르겠으니, 혹시 시간 좀 내주세요. 찾아뵙고 설명을 들어도 될까요, 좀 도와주세요?"

"그러면 내일 저희 사무실 근처로 오세요!"

'전입일자 → 저당권 설정 → 확정일자' 순으로 대항력이 있다

밤새 한숨을 자지 못했다. 저녁부터 아침까지 밥을 한술도 먹지 못했다. 하루 만에 사람이 휑하니 마치 다른 사람처럼 변해버렸다. 아침에 집에서 거울을 보니 몰골이 말이 아니게 초췌해져 있었다. 만나자마자 인사할 여유도 없이 물었다.

"서두르지 마시고 천천히 들어보세요."

"1억 8천만 원짜리 임차인의 권리는 다음과 같습니다!" 하면서 설명을 이어갔다.

"임차인 전입일자 : 2001년 7월(이 날짜를 기준으로 선순위 임차인)"

"저당권 설정일자 : 2004년 3월"

"임차인 확정일자 : 2005년 5월 순서라는 것이 보이시죠?"

"네~?"

확정일자를 갖춘 세입자가 은행의 1순위 저당권 설정일자보다 앞서 주민등록 전입이 이루어진 경우였다. 허풍쟁이 중개업자는 주민등록전입, 주택의 점유, 확정일자를 모두 갖춘 세입자가 당연히 배당을 받을 것으로 분석을 한 것이다. 그러나 배당결과를 살펴보니 세입자는 배당을 한 푼도 받지 못한다는 것이었다.

"따라서 이런 순서로 돈이 배당 됩니다."

"등기부상 1순위 : 2004년 3월 신한은행/광교지점 4억 8,000만 원."

"낙찰대금 3억 8,900만 원 중 경매 집행비용을 제외한 전액을 등기부상 1순위 저당권자인 신한은행/광교지점에게 배당되고 이 단계에서 채권고갈로 배당은 종료됩니다!"

"그다음은 어떻게 되나요?"

"어제 드린 말씀처럼 선순위 임차인의 전세보증금 1억 8,000만 원은 물어주셔야 되죠!"

"배당요구는 했지만 배당받지는 못한다는 말씀이신 거죠?"

"그렇습니다!"

"이제야 무슨 말인지 잘 알아들었습니다~. 제가 어떻게 하면 좋을까요?"

"잔금납부를 포기하시는 것이 현명하다는 판단이 듭니다!"

"입찰보증금을 포기하는 쪽이 손해를 줄일 수 있다는 말씀이시죠?"

"네!"

"도와주셔서 감사합니다!"

일어서 나오려는데 현기증이 일어 눈앞이 캄캄해지더니 어지러워 몸이 휘청거리면서 넘어질 뻔한 것을 탁자를 잡고 가까스로 중심을 잡았다.

다 내 불찰인 것을 누구를 원망하랴

그제야 법원에서 만났던 신사의 말이 생각났다. 주민등록전입은 은행의 저당권 설정보다 앞서 이루어졌으나 물권적인 배당순위는 주민등록

전입, 주택의 점유, 확정일자 중 제일 나중 날짜를 기준으로 결정된다는 말을 처음으로 들었다. 정신이 없어 인사도 하는 둥 마는 둥 헤어진 후 중개업자에게 전화를 걸었다.

"자초지종이 이렇다네요?"

"?!?!?!?!?!?!?!?!?!"

"어떻게 하면 좋을까요?"

"?!?!?!?!?!?!?!?!?!"

"입찰보증금을 포기하는 쪽이 더 현명하다고 하는데요?"

"?!?!?!?!?!?!?!?!""?!?!?!?!?!?!?!?!"

"뭐라고 말씀 좀 하셔야 되는 것 아닌가요?"

"?!?!?!?!?!?!?!?!?!"

"그럼 저보고 전부 책임지라는 말씀이세요?"

"잘 알았습니다, 다 제 부덕의 소치이고 불찰입니다?"

평생 가장 비싼 수업료를 지불하는 순간이었다. 3,650만 원이었다. 아무 준비 없이 무임승차하려 했던 자신의 몰염치가 부끄러웠다.

chapter 04
가난한 임차인의
강력한 우군이 바로 자네라고

소액임차인에게 적용되는 최우선변제 보호

사람이 무식하면 얼마나 용감해질 수 있는지 잘 보여준 낙찰사례가 있다. 동대문구 휘경동에 있는 단독주택에 응찰했다가 낭패를 본 김진국씨의 사례를 보자.

대지면적이 47평이고 건평은 1층(2가구), 2층(2가구), 반지층(3가구), 옥탑방(1가구)으로 이루어진 단독주택이었다. 이 주택을 3억 2,000만 원에 낙찰받은 김씨는 소액임차인들에게 먼저 배당금이 돌아가 버리는 바람에 선순위 임차인들에게 돈을 더 물어주지 않을 수 없었다.

감정가가 3억 6,000만 원이던 이 물건의 임차인 개요는 대강 다음과 같았다.

* 반지층 임차인 – A : 임차보증금 2,000만 원/월세 10만 원
* 반지층 임차인 – B : 임차보증금 1,800만 원/월세 15만 원
* 반지층 임차인 – C : 임차보증금 1,500만 원/월세 18만 원

* 1층 임차인 – D : 임차보증금 6,500만 원

* 1층 임차인 – E : 임차보증금 4,000만 원/월세 25만 원

* 2층 임차인 – F : 임차보증금 6,500만 원

* 2층 임차인 – G : 임차보증금 3,500만 원/월세 30만 원

* 옥탑방 임차인 – H : 임차보증금 1,500만 원/월세 25만 원으로
임대되고 있었다.

복잡해 보이지만 공부 좀 하시라

등기부(등본)상 저당권 설정일자가 2004년 3월이고, 부동산 소재지가
서울 휘경동이다. 이 기준으로 따지면 주택임대차보호법상의 소액최우
선변제에 해당하는 임대차보증금은 4,000만 원 이하 임차인이 대상이
다. 최우선배당금은 임차인당 최고 1,600만 원까지이다.

따라서 당초 정확한 배당순위는 다음과 같았다.

* 반지층 임차인 – A : 소액최우선배당금 1,600만 원

* 반지층 임차인 – B : 소액최우선배당금 1,600만 원

* 반지층 임차인 – C : 소액최우선배당금 1,500만 원

* 1층 임차인 – E : 소액최우선배당금 1,600만 원

* 2층 임차인 – G : 소액최우선배당금 1,600만 원

* 옥탑방 임차인 – H : 소액최우선배당금 1,500만 원으로, 총 9,400
만 원은 권리의 성립순위에 상관없이 먼저 배당이 실행된다는 점이다.
왜냐면 주택임대차보호법과 그 시행령에 그렇게 규정하고 있기 때문이
다. 법이 그렇게 되어 있다는 말이다.

따라서 낙찰대금 3억 2,000만 원으로 배당한다면 최우선배당에서 무

조건 9,600만 원이 배당되고 난 나머지를 가지고 순위배당이 실시된다. 이 물건의 임차인들의 확정일자까지 고려한 권리의 성립순서는 다음과 같았다.

* 1층 임차인 – E : 임차보증금 4,000만 원/월세 25만 원(확정일자 있음)
* 1층 임차인 – D : 임차보증금 6,500만 원(확정일자 있음)
* 2층 임차인 – F : 임차보증금 6,500만 원(확정일자 있음)
* 2층 임차인 – G : 임차보증금 3,500만 원/월세 30만 원(확정일자 있음)까지 선순위 임차인이고 다음부터는 후순위 임차인이었다.
* 반지층 임차인 – B : 임차보증금 2,000만 원/월세 15만 원
* 반지층 임차인 – C : 임차보증금 1,800만 원/월세 18만 원
* 반지층 임차인 – A : 임차보증금 2,000만 원/월세 10만 원
* 옥탑방 임차인 – H : 임차보증금 1,500만 원/월세 25만 원 순이다.

당초 예상과 전혀 다른 배당표

그러나 김진국씨가 생각한 배당순서는 다음과 같았다.

* 1층 임차인 – E : 임차보증금 4,000만 원(확정일자 임차인)
* 1층 임차인 – D : 임차보증금 6,500만 원(확정일자 임차인)
* 2층 임차인 – F : 임차보증금 6,500만 원(확정일자 임차인)
* 2층 임차인– G : 임차보증금 3,500만 원(확정일자 임차인)으로 선순위 임차인에게는 낙찰대금 범위에서 모두 배당이 가능하다고 판단하셨다(2억 500만 원). 그리고 다음으로 경매를 신청한 은행이 나머지를 받아간다. 후순위 임차인은 전부 강제집행을 하는 것으로 판단했다. 명도는 어려울지 몰라도 추가부담은 이사비 정도로만 생각하고 응찰에 참

여했다.

그런데 실제 배당표는 다음과 같았다.

* 반지층 임차인 - A : 소액최우선배당금 1,600만 원
* 반지층 임차인 - B : 소액최우선배당금 1,600만 원
* 반지층 임차인 - C : 소액최우선배당금 1,500만 원
* 1층 임차인 - E : 소액최우선배당금 1,600만 원
* 2층 임차인 - G : 소액최우선배당금 1,600만 원
* 옥탑방 임차인 - H : 소액최우선배당금 1,500만 원
* 1층 임차인 - E : 임차보증금 2,400만 원(확정일자 임차인)
* 2층 임차인 - G : 임차보증금 1,900만 원(확정일자 임차인)
* 나머지 금액은 경매를 신청한 은행 순으로 배당이 실시되었다.

즉 1층과 2층에서 6,500만 원씩에 세 들어 있는 임차인 두 가구(임차인 - D 와 임차인 - F)의 전세보증금을 물어줄 지경이 되어버렸다. 배당이 실시되던 날 법정에 가지 않은 것이 후회스러웠다. 배당실시 3일 뒤 서울 북부지(법)원 해당 경매계를 찾아갔다.

담당 경매계장과 맞장 뜨기

"어떻게 오셨나요?"

"2006 - 234**번 낙찰받은 사람인데요."

"그 사건 그저께 배당완료했는데요!"

"배당표가 잘못된 것 같아서요."

"배당표가 이미 확정되어 배당금 다 지불했는데요, 뭐가 잘못되었나요?"

"후순위 세입자는 배당을 받고 선순위 세입자는 두 가구나 배당을 안 해주나요?"

"그럴 리가 있나요?"

"세입자들 말로는 배당 못 받았다고들 하던데요."

"잘못된 것 없었는데요! 잠시만 기다려보세요!"

"한번 확인해주세요."

"배당표 여기 출력했는데, 다 맞게 배당되었는데요!"

"후순위 세입자들한테 최고 1,600만 원씩 배당이 되었다니까요?"

"무슨 말씀인지 잘 모르겠거든요!"

"무려 9,400만 원이 엉터리로 배당되었다고요?"

"그럴 리가요. 엉터리로 배당되지 않았을 건데요?"

"이 사람들한테 왜 1,600만 원씩이나 배당을 해주냐고요, 주지 말아야 할 돈을 주었으니 제가 따지지, 안 따지게 생겼어요?"

"소액임차인한테 배당해준 것이 잘못이라고요?"

"소액임차인이 뭔가요? 후순위 세입자들이잖아요?"

공부 좀 하라는 경매계장의 타박

일순간 경매계장의 목소리가 높아지면서 얼굴이 싸늘하게 일그러지는 것이 보였다.

"소액임차인 최우선보호규정에 따라 1,500만 원과 1,600만 원씩 배당해준 거잖아요!"

"그러니까 내 말은 왜 1,500만 원과 1,600만 원씩이나 돈을 주냐고요?"

"이 양반이 지금 무슨 소리를 하시는지, 완전히 어이가 없네요!"

"어이없기는 저도 마찬가지거든요?"

"시행령대로 했을 뿐이잖아요. 돌아가서 한번 읽어보세요!"

"시행령이라니 그걸 왜 제가 읽어야 합니까?"

"돌아버리겠네, 경매 공부해보신 적 있으세요? 권리분석이 뭔 줄 아세요?"

"권리분석은 또 뭐죠?"

"허참, 기도 안 막히네. 정말 몰라서 묻는 거세요?"

"그러면 제가 알면서도 이런다고 생각하세요?"

"아니 따질 걸 따져야지, 어서 돌아가세요!"

"무조건 가라고 떠밀기만 하면 어떻게 해요. 설명을 해주셔야지?"

"바쁘니까, 어서 돌아가세요!"

"뭘 읽으라는 것인지 알다가도 모르겠네?"

"가셔서 주택임대차보호법하고 시행령 읽어 보시고 다시 오세요!"

심하게 면박당하고 돌아서지 않을 수 없었다. 혹 떼러 갔다가 붙이고 온 꼴이 되고 말았다. 소액임차인에게 적용되는 최우선변제의 의미도 모른 채 경매 판에 뛰어든 강심장이었다. 용감함의 대가는 혹독했다.

1억 3,000만 원을 추가로 물어주고, 또 후순위 임차인들을 상대로 피나는 명도 전쟁을 치르고 나서야 겨우 막이 내렸다. 현재 경매 투자 판에는 김씨 같은 분들이 의외로 많다. 승률 100%라는 남들의 말에만 혹해서 기본도 모른 채 대박 터뜨리겠다는 분들 말이다.

물 흐리는 미꾸라지들의 전형이다. 경매 시장을 과열시키는 주범이다. 용감하다고 칭찬을 해야 할지는 모르나 그 무모함에는 기가 막힌다. 용감함에 대한 결과는 맨 정신으로는 감당하기 어렵다는 것만 명심하자.

승률로 본 경매 세상

* 승률 100% : 사이비 교주의 주문속에서만 존재함.

* 승률 75% : 이 역시 지구상에 존재하지 않는 승률임.

* 승률 51% : 가장 근사하고 현실적인 승률임.

* 승률 49% : 병아리들이 경험하는 현실적인 승률임.

* 승률 49% 이하 : 하루빨리 투자 판을 떠나야 하는 승률이라지만, 경매 판 승률은 아홉 건 승리로 얻은 모든 것을 한 건의 실패가 모든 것을 휩쓸고 가버릴 수 있다.

chapter 05

먼저 얼마를 빼갈지
도대체 알 수 없는 국세(채권)

뒤죽박죽 배당표의 원흉, 국세

경매 물건을 보다 보면 등기부에 국가기관(주로 세무서, 시, 군 구청)이 압류 주체인 것을 볼 수 있다. 채무자가 각종 세금을 체납한 결과 이를 회수할 목적으로 압류를 하고 있는 경우다. 전문용어로 '당해세'라고 한다. 권리분석과 배당표작성에서 골칫거리 중 최고의 골칫거리가 바로 당해세이다. 낙찰자 입장에서 당해세가 압류되어 있는 경우 배당표를 정확히 예측하기 어렵다는 심각한 문제에 부딪히게 된다. 정상적인 방법을 통해서는 응찰 전에 압류내용을 알 수가 없다.

당해세는 설정된 저당권(말소기준) 등보다 우선해 징수한다. 순위에 상관없이 우선적으로 배당되기 때문에 배당에서 왜곡이 발생하고 그 결과의 피해는 낙찰자에게 고스란히 돌아간다.

일반 국세와 권리자간의 우열은 '법정기일'과 '등기설정일' 선후에 따른다. 부동산 소재지 이외의 국가기관(국세청, 관세청, 다른 지자체 등)의 압류설정이 있는 경우에는 국세 명목의 압류라고 판단해야 한다. 무슨 말인지 이해하기 어려운 분들은 다른 책을 통해서 확실히 이해한 다음 응찰하셔야 한다. 그래도 늦지 않으며 반드시 그러셔야 한다. 그렇지 않으면 다음 사례의 낙찰자와 비슷한 운명에 빠진다.

현재 대학의 평생교육원이나 사회교육원 또는 백화점이나 구청 등의 문화센터에서 단기로 재테크 경매 교육을 받는 분들이 많다. 주 1회~3회가 보통이고, 기간은 짧게는 4주에서 길게는 6개월 코스까지 다양하다. 대강의 명칭은 '경매 최고위과정', '경매 컨설턴트과정', '실전 경매 투자자과정' 등이다. 이런 정도의 교육으로 경매를 마스터했다고 목에 힘주면 다음과 같은 꼴을 바로 당하시게 된다. 아니면 운이 좋을 뿐이다.

국세 압류의 내용이 파악되지 않은 물건

경기도 화성의 실평수 18평, 감정가 5,500만 원의 다세대주택을 3,717만 원에 응찰해 낙찰받았다가 선순위 임차인에게 3,000만 원을 꼼짝없이 추가로 물어준 사례를 보자.

이 물건을 낙찰받은 사람은 필자에게 수원 아주대학교 평생교육원에서 수강한 학생이다. 낙찰을 하나 받았는데, 큰일 났다면서 숨이 넘어갈 듯 전화를 하셨다.

물건의 임차인과 등기부상 권리 관계를 종합적으로 정리해보면 다음과 같다.

* 제1순위 권리자 : 임차인(신영호)

① 전입일자 : 1999.02.11

② 확정일자 : 1999.02.11

③ 배당요구일 : 2007.04.26

④ 임차보증금 : 30,000,000원

수원지방법원 22계 2007타경314**

주소/감정서	물건번호/면적(㎡)	감정가/최저가/과정	임대차현황	구분/권리/등기/금액
경기 화성 태안 병점리 393-** 청양빌라 가동 301호 • 감정평가서정리 - 남일전자 서측 - 차량출입가능 - 주택공장혼재 - 개별보일러	대지 68/1176 건물 - 59.79(18.1평) 4층 - 96.1.17 보존 ------------ -응찰자수 : 7명 -낙찰자 : 고미정	감정가 55,000,000 최저가 28,200,000 (51.3%) ------------ 유 찰 07.11.25 유 찰 08.01.06 유 찰 08.02.12 낙 찰 08.04.15 37,170,000	신영호 전입 99.02.11 확정 99.02.11 배당 07.04.26 (보) 30,000,000 ◎ 동사무소확인 신영호 99.10.27	가압류 : 농협병점 05.03.27 17,000,000 압류 : 화성시 06.03.19 압류 : 수원세무서 06.05.03 가압류 : 윤지형 07.03.22 45,871,000
주의사항				

* 제2순위 권리자 : 가압류(농협병점) : 2005.03.27

* 제3순위 권리자 : 압류(화성시) : 2006.03.19

* 제4순위 권리자 : 압류(수원세무서) : 2006.05.03

* 제5순위 권리자 : 가압류(윤지형) : 2007.03.22처럼 보인다. 즉 전입과 압류 순서로 보면 그렇다는 말이다. 낙찰자도 이렇게 판단하고 응찰하셨다고 했다. 이런 판단으로 배당표를 작성해보면 다음과 같이 된다.

응찰자가 당초 예상한 배당표

순위	채권자	채권액	배당금액	배당이유	잔액	추가배당	결과
1	신영호	3,000만 원	3,000만 원	확정임차인	0		전액 배당, 배당 완료
2	농협병점	1,700만 원	500만 원	가압류권자	1,200만 원		채권 고갈, 일부 배당 배당 종료, 인수 없음.

* 단 경매 집행비용은 217만 원이라 하고, 배당가능금액은 3,500만 원이라고 가정하자.

낙찰자가 응찰 전에 예상한 배당표는 이랬다.

국세가 압류된 물건의 종합정리

실제 배당표를 보면 배당순위 3위인 수원세무서가 채권비율의 25.84% 인 22,389,598원을 배당받는 상태에서 종료되는 것을 알 수 있다.

문제는 임차인 신영호가 등기부상 기준으로는 대항력을 가진 선순위 임차인이라는 점이다. 낙찰자는 응찰금액 3,717만 원 중 경매 집행비용 을 제외한 3,000여만 원이 먼저 신영호에게 배당될 것으로 예상했다. 따 라서 추가로 인수할 금액은 없다고 판단했다.

그러나 실제 배당표를 보면 수원세무서와 화성군에게 모두 배당된 것을 볼 수 있다. 그 결과 낙찰자는 신영호의 대항력 있는 임차보증금 3,000만 원을 추가로 지불하지 않을 수 없었다. 감정가 5,500만 원의 부 동산을 경매로 7,500여만 원(=응찰금액+이전비용+인수비용)에 구입한 결 과가 되었다. 어설프게 배우고 나서 묻지도 않고 따지지도 않으면 이런 경우를 쉽게 당한다.

실제 배당표를 보면 다음과 같다.

수원지방법원 배당표

부동산강제경매

2007 타경 314**

배당할 금액		금	37,213,558	
명세	매각대금	금	37,170,000	
	지연이자	금	0	
	전 낙찰인의 입찰보증금	**금**	**0**	
	항고보증금	금	0	
	보증금이자	금	43,558	
집행 비용		금	1,572,760	
실제 배당할 금액		금	35,640,798	
매각부동산		별지와 같음.		

채권자		수원세무서	화성군수	수원세무서
채권금액	원금	13,083,810	167,390	86,653,430
	이자	0	0	0
	비용	0	0	0
	계	13,083,810	167,390	86,653,430
배당순위		1	2	3
이유		압류권자(법정일자)	교부권자(당해세)	교부권자(법정일자)
채권최고액		0	0	22,389,598
배당액		13,083,810	167,390	22,389,598
잔여액		22,556,938	22,389,598	0
배당비율		100.00%	100.00%	25.84%
공탁번호 (공탁일)		금제 호 (. .)	금제 호 (. .)	금제 호 (. .)

2008. 05. 24.

판사 ○○○ (인)

국세가 뭔지, 지방세가 뭔지도 모르는 낙찰자

"교수님, 세금으로 다 빼가버렸어요!"

"누가 뭘 빼갔다는 것인지 천천히 말씀해주세요!"

"국세인지 뭔지가 다 빼가버렸다니까요?"

"지방세인지 국세인지 아세요?"

"그게 무슨 말씀이세요?"

"세목이 뭔지 아시냐는 말이거든요!"

"세목인지 죄목인지 그걸 내가 어떻게 알아요?"

"아마 배당에서 국세가 당해세로 최우선배당되었다는 말씀 같아요!"

"맞아요, 맞아. 당해세 어쩌고 그렇게 말했어요?"

"경매 물건에서 세금이 당해세인 경우에는 그렇게 배당하도록 되어 있어요!"

"글쎄 공무원들끼리 같은 편인가 봐요?"

"무슨 공무원끼리… 그렇지 않아요!"

"아니라니까요. 법원하고 세무서하고 짝짜꿍해서 돈을 줘버린 것이라니까요?"

"그게 아니고 법에 그렇게 규정되어 있어요!"

"무슨 법에 규정되었다는 말이세요?"

"국세기본법과 지방세법 그리고 대법원 판례로 확정되어 있어요!"

"교수님도 나라 편인가보네?"

"그게 무슨 말씀이세요!"

"국가 편이니 공무원들 두둔하고 계시잖아요?"

"에이, 설마요!"

"그럼 저는 앞으로 어떻게 되나요?"

"사건번호 좀 알려주세요!"

"수원지방법원 22계 2007타경 314**이요?"

검색해본 사건이 앞의 내용으로 초보자가 착각하기 딱 좋은 경우다. 전화를 드렸다.

이번에는 세입자하고 한 편인 교수

"임차인 신영호씨 말씀하시는 건가요!"

"네에. 3,000만 원을 나보다 달라고 우기고 있어요?"

"주셔야 해요!"

"제가 법원에 낸 돈 말고 다시 줘야 한다는 말씀이세요?"

"그렇다니까요!"

"이제는 세입자하고 한 편이신가 보네?"

"누가요?"

"교수님이."

"헤헤헤, 제가 누구 편일 리가 있겠어요?"

"웃지 마세요. 남은 혈압 오르고 속 터지는데."

"맞아요. 내가 봐도 열 받고 속 터지게 생겼네!"

"그리고 교수님한테 따져야 할 일이 하나 있어요."

"저한테요?"

"생각해보니 교수님한테도 섭섭해서 그래요."

"말씀해보세요, 뭐가 섭섭하셨는지!"

"경매에서 세금이 그렇게 중요하면 수업 때 말씀 좀 해주지, 왜 안 해주셨어요?"

"그때 그 강좌에서 세금문제는 제 강의 과목이 아니었잖아요!"

"그런 게 어디 있어요, 중요하면 아무나 강의해주시면 되시지요?"

"그럴 수는 없지요, 분야가 다른데!"

"그래도 섭섭해요?"

"그러면 응찰 전에 전화라도 한번 하시지 그러셨어요!"

"뭘 물어야 할지도 모르잖아요?"

"하긴 그래요!"

"뭐 좋은 방법 좀 없나요, 돈 안 주고 내보내는?"

"그러면 법이 필요 없게요?"

"법! 법! 하지 마시라니까요?"

"법대로 낙찰받아놓고서는 이제 법대로 하지 말자는 말씀이세요?"

"배운 사람들은 다 한 패인 것 같아요?"

"이제부터라도 공부 좀 하세요!"

"뭔 공부를 또 해요, 배운 사람들끼리 잘 해먹으라고 놔둬버리지!"

더 이상 무슨 할 말이 있겠는가? 이쯤에서 간곡한 당부 하나 드린다. 국세채권에 관한 권리분석과 배당표작성 연습 정도는 대충이라도 하시고 경매 판에 뛰어 들어오셔도 결코 늦지 않다. 하시든 하지 않으시든 자유다. 다만 하지 않고 들어오셨다가는 감당하기 어려운 험한 꼴을 바로 당하신다.

chapter 06

동시배당, 이시배당이
뭔지도 모르는 경매쟁이

원칙은 이시배당, 현실은 동시배당

강남구 논현동에 사는 이철형씨는 강서구 방화동 방화뉴타운 내에 있는 연립주택에 응찰했다가 2년 이상 배당이 안 되는 황당한 경험을 했다. 사건번호는 하나인데 연립주택 6동 48가구가 개별 경매로 진행된 케이스에 응찰한 것이다.

이철형씨는 동림빌라 2동 402호 물건번호[16번]에 응찰했다. 물건 내역을 보면 다음과 같다.

* 사건번호 2006-125**

* 주　소 : 강서구 방화동 동림빌라 2동 402호[물건번호 16]

* 동　수 : 6개동

* 총물건수 : 48가구

* 물건번호 : [1]~[48]

* 개별경매로 이루어져 있었다.

물건번호가 없는 경우의 시간표

경매가 진행되는 시간표를 보면 대체로 다음과 같다. 물건번호가 없는 경우의 시간표다.

* 사건번호 : 2006-125**

  경매개시결정일 : 2006년 11월

  배당요구종기일 : 2007년 3월

* 주　　소 : 강서구 방화동 동림빌라 1동 101호

* 1차 입찰일 : 2007년 7월 10일(결과 ⇒ 유찰)

* 2차 입찰일 : 2007년 8월 20일(결과 ⇒ 낙찰)

* 매각허부일 : 2007년 8월 27일(결과 ⇒ 매각허가결정)

* 매각대금납부기한결정일 : 2007년 9월 15일

* 매각대금납부기일 : 2007년 10월 10일까지

* 낙찰자 매각대금납부 : 2007년 10월 10일 납부

* 배당기일 결정일 : 2007년 10월 25일

* 배당기일 : 2007년 11월 20일

* 명도 실행 : 배당집행일 이후

* 처 분 : 명도 실행으로 부동산 점유 이후로 예정했었다.

마무리까지 통상 2~3개월 소요

대강의 시간표를 보면 낙찰일로부터 3개월, 잔금납부일로부터 30~40일 정도 후가 배당기일이다. 자금을 투하하고 회수하는 문제에서 배당과 명도 문제는 중요한 의미를 가진다. 경매 사건에서 배당이 완료되어야 낙찰자는 비로소 온전한 재산권 행사가 가능하기 때문이다.

배당(표)가 확정되어야 임차인을 상대로 명도 작업을 구체적으로 실행할 수 있기 때문이다. 특히 후순위 임차인이 부동산을 점유하고 있는 경우 배당이 완료되지 않으면 합법적인 명도를 추진하기가 어렵다. 이처럼 한 사건번호에서 물건 하나만 경매되는 경우는 아무런 문제가 없다.

그러나 이철형씨가 응찰했던 물건처럼 여러 개의 물건이 한 사건번호로 개별 경매되는 경우 지금 살펴보는 것처럼 진행되지 않는 경우가 일반적이다. 예를 들어보자.

물건번호가 있는 경우 경매 진행 시간표[물건번호 1~48]

* 사건번호 2006-125**[물건번호 1~48]

  경매개시결정일 : 2006년 11월

  배당요구종기일 : 2007년 3월

* 주소 : 강서구 방화동 동림빌라 1동 101호[물건번호 1]라고 하자

* 1차 입찰일 : 2007년 7월 10일(결과 ⇒ 유찰)

* 2차 입찰일 : 2007년 8월 20일(결과 ⇒ 낙찰)

* 매각허부일 : 2007년 8월 27일(결과 ⇒ 매각허가결정)

* 매각대금납부기한결정일 : 2007년 9월 15일

* 매각대금납부기일 : 2007년 10월 10일까지

* 낙찰자 매각대금납부 : 2007년 10월 10일 납부로 일단 소유권은 취득한다.

물건번호가 있는 경우는 달라질 수 있다

이 사건의 다른 물건[물건번호 2]을 다음과 같이 가정해보자.

* 사건번호 2006-125**[물건번호 1~48]

  경매개시결정일 : 2006년 11월

  배당요구종기일 : 2007년 3월

* 주소 : 강서구 방화동 동림빌라 1동 102호[물건번호 2]라고 하자

* 1차 입찰일 : 2007년 7월 10일(결과 ⇒ 유찰]

* 2차 입찰일 : 2007년 8월 20일(결과 ⇒ 유찰]

* 3차 입찰일 : 2007년 9월 25일(결과 ⇒ 낙찰]

* 매각허부일 : 2007년 10월 2일(결과 ⇒ 매각불허가결정)

* 매각불허가결정 : 매각불허가 결정에 낙찰자 불복-이의신청 제기

* 매각불허가이의제기 : 기각 또는 각하

* 매각불허가 기각 또는 각하 : 낙찰자 다시 불복, 이의소송 제기

* 1심법원 : 낙찰자 패소

* 1심법원결정에 : 낙찰자 불복, 2심에 이의소송 제기

* 2심법원 : 낙찰자 패소

* 2심법원결정에 : 낙찰자 불복, 3심에 이의소송 제기

* 3심법원 : 낙찰자불복 사유 이유 없음으로 최종패소 확정으로 1심,
2심, 3심까지 오는 시간을 2년 정도 걸렸다고 가정하자.

* 3차 입찰일 : 2009년 9월 30일(결과 ⇒ 낙찰)

* 매각허부기일 : 2009년 10월 7일(결과 ⇒ 매각허가결정)

* 매각대금납부기한결정일 : 2009년 10월 20일

* 매각대금납부일 : 2009년 11월 10일까지

* 낙찰자 매각대금납부 : 2009년 11월 10일 납부
* 배당기일결정일 : 2009년 12월 26일
* 배당기일 : 2010년 1월 20일
* 명도 실행 : 배당집행일 이후이라고 하면, 다른 물건을 먼저 낙찰받은 사람들은 곤란한 상황에 처하게 된다.

진행 상황을 도대체 가늠할 수가 없다

이렇게 되면 물건번호 [1]번을 낙찰받은 사람은 2007년 10월 10일 잔금납부로 소유권은 취득했지만, [2]번 물건의 매각대금이 납부될 때까지 법원은 배당기일을 지정하지 않는다. 좀 더 구체적으로 말씀 드리면 48개 물건의 모든 매각대금이 납부되기 전까지는 법원은 배당기일을 지정하지 않는다. 따라서 [1]번 물건을 낙찰받은 사람은 그 사건번호의 마지막 물건번호의 낙찰대금이 들어올 때까지 기다려야 한다. 2년, 3년 이상의 시간을 하염없이 기다려야 하는 경우마저 있다. 배당원칙은 이시배당(異時配當)이지만, 실무에서는 언제나 동시배당(同時配當)이기 때문이다.

이시배당이라 함은 물건별로 매각대금이 납부되는 대로 건건이 배당을 실시하는 것을 말하고, 동시배당은 그 사건번호로 경매가 진행된 모든 물건의 매각대금이 전부 완납된 상태에서 한번에 배당을 진행하는 것을 말한다(민사집행법상에서는 다른 의미로도 사용되지만 여기서는 일단 이 개념으로 이해해주시기 바란다).

물건번호[16]에 응찰했다

다시 본론으로 돌아가 보자. 이 사건의 동림빌라 2동 402호 물건번호[16]에 응찰한 이철형씨는 잔금납부하고 나서도 배당기일이 결정되지 않자 담당 경매계를 찾아가 문의 아닌 문의를 했다가 면박만 당하고 발길을 돌려야 했다.

"계장님, 문의할 게 있어서 왔는데요?"

"네, 사건번호가 몇 번인가요?"

"2006-125**입니다."

"물건번호 몇 번에 응찰하셨나요?"

"물건번호[16]에 응찰하고 매각대금도 납부한 이철형입니다."

"[16]번이라고요? 네, 궁금한 점이 뭔지 말씀하세요!"

"매각대금납부한 지가 두 달이 넘었는데 왜 배당기일이 잡히지 않나요?"

"당연하죠!"

"당연하다고요?"

"그럼요, 매각절차가 아직 끝나지 않았잖아요!"

"매각대금까지 모두 납부했는데 경매가 끝나지 않았다니요?"

"총 48개 중 7개는 매각절차가 아직 끝나지 않았습니다. 그래서 배당기일을 지정하지 못하는 겁니다!"

"그러면 언제 전부 매각될지 알 수 있나요?"

"그거야 저희도 모르지요, 최선을 다해 진행할 뿐입니다!"

"모르신다고요? 그러면 저는 어떻게 해야 하나요?"

"전체가 매각되고 총매각대금이 확정될 때까지 기다리셔야 합니다!"

무조건 기다리란다

"한 건 진행하는 데 두세 달이면 충분하다고 그러던데요?"

"누가요?"

"시중의 경매 책들이 거의 그렇게 설명하고 있잖아요?"

"그렇지 않습니다. 그건 사건번호 하나에 한 물건만 진행되는 경우이고, 이 사건처럼 개별경매는 심하게는 2~3년 걸리는 경우도 허다합니다. 모르셨어요?"

"뭐라고요? 2~3년이나 걸린다는 말씀이세요?"

"기다리시면 배당기일 잡혔다는 송달을 받으실 겁니다, 돌아가세요!"

"이런 경우도 있네?"

허망하게 발길을 돌렸다. 도무지 이해가 되지 않았다. 시중의 어떤 경매 책에도 이런 내용은 단 한 줄도 쓰여 있지 않다는 생각이 스칠 뿐이었다. '동시배당'과 '이시배당'의 의미도 모르면서 경매 판에 뛰어든 자신이 어리석게만 느껴졌다.

참다 못해 경매계로 전화를 할 때마다 담당 경매계장은 2년 이상을 '기다리세요!'라는 말뿐이었다. 그 사이 경매계장이 바뀌는 것도 보았고, 담당판사가 바뀌는 것도 보았다.

아파트나 오피스(텔), 또는 전문상가처럼 수십~수백 개의 개별 부동산이 개별경매로 진행되면서 각각 물건번호가 있는 경우에는 '낙찰 → 잔금납부 → 배당 → 명도'까지의 과정에 많은 시간이 소요된다는 것을 미리 알고 있어야 한다. 자금조달이나 자금상환, 처분계획 등에서 문제가 발생할 가능성이 높다.

chapter 07

투자의 꽃
근린주택(주택+상가)은 두 법 다 알아야

세상에는 공짜가 정말 없다

가치가 있는 것 치고 대가 없이 내 것이 되는 경우는 없다. 저금리시대를 맞이해 여유로운 노후를 위한 영순위 투자처가 '근린주택'이라는 것에 대해서는 별다른 이의가 없다. 주택과 상가가 함께 있는 방화동 뉴타운 예정지의 근린주택을 낙찰받은 김장우씨는 요즘 속이 이만저만 타들어가는 것이 아니다.

낙찰받은 근린주택의 1층과 2층에는 상가 임차인들이 세 들어 장사하고 있는데, 이들이 '상가건물임대차보호법'을 들먹이며 버티고 있다. 상가건물임대차보호법상 보호대상인 자신들의 임차보증금과 시설비 그리고 영업권리금을 책임지란다. 그러기 전에는 단 한 발짝도 나갈 수 없다며 버티고 있다. '주택임대차보호법'이라는 말은 들어보았지만, '상가건물임대차보호법'이라는 말은 들어보지 못했는데 말이다. 매일 피를 마르게 하는 물건의 개요는 다음과 같다.

서울 남부법원 2007-241**

사건/채권 채무/감정	물건내역 주소/면적(㎡)	감정평가액 (▼)최저입찰가	임대차현황	등기내역 구분/등기일/금액
07-241**	서울 강서구 방화동 574-**	788,000,000원 (▼)788,000,000원 (100.0%)	조치조치생맥주(1층) 보증금/2억2천만 사업자 03.04.07 확정 06.12.17	저당 04.01.27 설정액/15억 2,000만 원 제일은행(등촌)
근린주택 제일은행 정명국	대지 221.4(91.17평) 1층 126(38.1평/상가2) 2층 126(38.1평/상가1) 3층 126(38.1평/1가구) 옥탑75.4(16.7평/1가구)	낙찰 2008.07.13 917,900,000원	한솥감자탕(1층) 보증금/4,500만 (월180만) 사업자 03.11.22 확정 06.12.02	저당 05.09.13 설정액/9,500만 원 공항새마을
보증금 10%			일지당구장(2층) 보증금/1억(월120만)	저당 06.09.28 설정액/3억 9,800만 원 공항신협
응찰자 4명	물건층 : 3(전체층) 보존등기 : 1992.03.23 일괄입찰		사업자 03.12.09 확정 06.12.17 이혜순(3층) 전입 02.07.03	임의 07.09.13 청구액/15억 2,000만 원 제일은행(등촌)
국제감정	공항여고 남측 인근 강서경찰서 서측 방화역 인근 철근콘크리트조 동쪽, 남쪽 4.6m도로 접함.		보증금/11,500만 확정 02.07.03 민국주(옥탑) 전입 05.03.12 보증금/3,500만 확정 05.03.12	

이 건물의 임차인들은 모두 배당요구를 하고 있었다.

임차인 내역은 이렇다

* 1층 : 조치조치생맥주(임차보증금 2억 2,000만 원/월세 없음)

* 1층 : 한솥감자탕(임차보증금 4,500만 원/월세 180만 원)

* 2층 : 일지당구장(임차보증금 1억 원/월세 120만 원)

* 3층 : 이혜순(임차보증금 1억1,500만 원)

* 옥탑 : 민국주(임차보증금 3,500만 원)로 임차인들이 들어 있는 근린상가건물이었다.

지역 위치나 형성된 상권이 무엇보다 마음에 들었다. 또한 이곳은 방화뉴타운에 인접한 곳이어서 향후 투자 가치가 수직 상승할 것으로 판단되는 지역이기도 했다.

상가가 딸려 있는 근린주택을 노후대비용으로 장만하겠다는 욕심에 당일 최저입찰가에 무려 1억 3,000여만 원이나 더 써버렸다. 무리한 보람은 있었다. 당연히 낙찰이었다. 2등하고 차이가 8,000만 원이나 나는 바람에 오히려 맥이 확 풀리는 기분이었다.

하지만 진짜 고달픔은 명도 과정에서부터 시작되었다. 잔금납부하고 말로 안 되면 강제집행으로 해결할 각오였지, 추가로 돈을 더 들일 생각은 꿈에도 해본 적이 없었다.

그러나 상황은 전혀 달랐다. 상가 임차인들(1층 조치조치맥주와 2층 일지당구장)이 상가임대차법보호대상이라면서 가게를 절대 비워줄 수 없다고 버티기 시작했다. 한솥감자탕도 마찬가지였다. 법에 가서 알아본 후에 말하라며 큰소리 꽝꽝 치는 것이 아닌가? 을이 갑이 되어 가르치고 있는 꼴이다. 황당한 생각에 화도 나지 않았다. 강제로 끌려 나오기를 원한다면 그렇게 해주겠다 말하고 돌아섰다.

강제집행 신청 갔다가 퇴짜

다음날 강제집행 신청을 하려는데 이게 웬일인가? 접수를 당연히 받아주리라고 생각했는데 경매계장 말이 그런 임차인은 신청해도 소용없고, 신청 자체가 기각된다는 것이었다.

"접수하시는 것은 자유지만 강제집행을 신청하셔도 소용없다니까요!"

"보증금 물어줄 때까지 버티겠다는데, 강제집행 신청이 소용없다는 말이세요?"

"지금 선생님이 강제집행 신청하려는 임차인들은 선순위 임차인이잖아요!"

"계장님, 주택도 아니고 상가인데 무슨 선순위 임차인이 어디 있어요?"

"뭐라고요? 상가건물임대차보호법에 보호를 받는 상가 임차인들이잖아요!"

"상가건물임대차보호법을 모르세요?"

"상가건물임대차보호법은 난생 처음 듣는데요?"

"더 이상 할 말이 없습니다!"

"그럼 저는 어떻게 해야 하나요?"

"제가 직접 말씀해드릴 수는 없고, 경매를 잘 아는 분에게 가서 물어보세요!"

천근만근처럼 무거운 발길을 돌려 법원 앞 법률 사무소로 들어갔다.

"근린상가주택이네요!"

"주택하고 상가가 한 건물에 있는 물건입니다."

"뭐가 문제인가요?"

"상가 임차인들 강제집행 신청하러 갔다가 오히려 퇴짜당하고 오는 길입니다. 신청 자체를 받아주지 않는데, 맞는 일인가요?"

주택 임차인과 상가 임차인이 혼재

"경매계에서 신청을 거부했다고요?"

"그렇다니까요?"

"잠깐만 기다려보세요, 신청 안 받아주는 것이 맞네요!"

"뭐가 맞는다는 말씀이세요?"

"상가 임차인들이 선순위잖아요, 대항력이 있어요!"

"선순위는 뭐고, 대항력은 또 뭔가요?"

"공부는 나중에 하시고, 이 사람들 강제집행을 신청해도 기각대상입니다!"

"명도 신청이 기각된다고요?"

"조치조치맥주집, 한솔감자탕, 일지당구장은 보호대상 맞아요!"

"보호대상, 보호대상 하지마시고, 뭘 보호한다는 말인지 답답합니다."

"세 집은 상가임대차보호대상이 되는 상가 임차인이라는 말입니다!"

"그러니까 그게 무슨 말씀이냐고요?"

"저당권 설정일자보다 먼저 권리를 갖추고 있기 때문에 걱정이 없다고요!"

"누가 무슨 걱정이 없다는 말인지 설명 좀 해주시라니까요?"

"주인이 백 번 바뀌어도 자기들 전세보증금은 안전하다는 말이지요!"

"그러면 그냥은 쫓아내지 못한단 말씀이세요?"

"보증금을 다 받을 때까지 지금 가게에서 쫓겨나지 않을 권리가 있다니까요!"

"알다가도 모르게 말씀하지말고 제발 쉽게 설명 좀 해주세요?"

"한마디로 전세보증금 다 받기 전까지는 강제집행을 당하지 않을 수 있다는 말이죠!"

"네에~? 뭐라고요, 그럼 내가 물어줘야 한다는 말이세요?"

"모르고 낙찰받으셨어요~ 대단하시네요!"

"그럼, 어떻게 적용하나요?"

주택 임차인은 주택임대차보호법을 상가 임차인은 상가건물임대차보호법을 각각 적용한다.

임대차 현황에 따라 각각의 법을 따로 적용

"이런 경우 주택은 주택임대차보호법을 적용합니다!"

"그럼 상가는 또 다른 법을 적용한다는 말씀이세요?"

"상가부분은 상가건물임대차보호법을 따로 적용시켜 권리관계를 파악하셔야 되는데!"

"주택 임차인만 따져주면 되는 줄 알았는데요."

"아니죠, 분리해서 각각의 법률을 적용했어야 합니다!"

"상가 임차인은 그냥 무시해버리면 안되나요?"

"허참, 선생님처럼 자기 입장만 말씀하시면 답이 없습니다!"

"그럼, 저는 앞으로 어떡하면 되나요?"

"상가 임차인 세 명이 배당받지 못한 전세보증금은 물어주셔야 내보낼 수 있습니다!"

"버티고 있는 임차인들의 말이 맞는다는 말씀이세요?"

"다 주시기 전까지는 내보낼 수 없습니다!"

"그 돈이 3억 5,150만 원인데요. 난 망했네."

상가 권리금은 보호대상이 아니란다

"하나만 더 물어볼까요?"

"바쁘니까 얼른 물어보세요!"

"상가 임차인들이 지금 월세를 꽤 여러 달 안 내고 있다고 하거든요?"

"보통 그렇죠. 그런데 그게 어쨌다는 거죠!"

"내가 물어줄 돈에서 빼고 줄 수는 없지 않을까 해서요?"

"에~이~참~ 그럴 수는 없습니다, 차원이 전혀 다른 이야기죠!"

"알겠습니다, 정말 하나만 더 물어보죠?"

"네, 말씀하세요!"

"보증금은 물어준다고 치고, 자기들 권리금까지 내놓으라고 난리거든요?"

"그럴 필요는 없습니다. 상가 권리금은 보호대상이 아니거든요!"

"그게 무슨 말씀이세요? 물어주지 않아도 된다는 말씀처럼 들리는데?"

"네, 맞아요. 현행법에서 권리금은 인정하지 않으니 물어줄 필요는 없습니다!"

"확실한 거죠?"

"그럼요. 계약서상 임대차보증금만 보호대상이거든요!"

"계약서상 임대차보증금은 무제한 보호해주나요?"

"아뇨, 지역에 따라 상한이 있습니다!"

"잘 알았습니다. 감사합니다."

보증금은 물어줘야 하고, 안 낸 월세는 시비할 수 없고, 권리금은 또 인정하지 않는다는 말도 도무지 헷갈렸다. 머리가 아팠다. 뭐가 그리 복잡한지 통 알 수 없는 말을 너무 많이 들었다. 보호대상이면 보호대상이지 지역에 따라 보증금 상한규정은 또 뭔지 도무지 이해할 수 없었다. 결론은 상가 임차인들에게 돈을 추가로 지불하지 않으면 내보내지 못한다는 말이 핵심이었다.

추가로 물어줄 돈이 3억 6,500만 원

감사하다는 인사를 하는 둥 마는 둥 문을 밀고 나오려는데 하늘이 노랗고 땅이 꺼지는 느낌이 전신으로 몰려왔다. 세 사람의 상가 임차인의 보증금으로 3억 6,500만 원[=조치조치생맥주(2억 2,000만 원)+한솥감자탕(4,500만 원)+일지당구장(1억 원)]을 추가로 물어주어야 한다는 말이 뒤통수에 꽂혔지만 더 이상 들리지 않았다.

욕심에 눈이 어두워 엄청난 실수를 저지른 것이 그제야 실감이 났다. 더 알아보고 와서 대화하자며 큰소리치던 상가 임차인이 고개를 돌리면서 지었던 이상야릇한 미소의 실체를 이제야 조금이나마 이해할 수 있었다. 판단을 잘못해 3억 6,500만 원을 물어줄 생각에 기가 죽어 세입자를 찾아갔다. 여전히 기세가 등등했다.

"알아보고 오셨어요?"

"아저씨들 말이 맞데네요!"

"권리금을 어떻게 하실 생각이세요?"

"아시면서 자꾸 혈압 올리지 마세요!"

"말씀 이상하게 하시네, 나는 돈 주었으니까 달라는 건데?"

"무슨 돈을 주어요! 나한테 뭔 돈 준 거 있어요?"

"들어오면서 권리금 주었다니까요."

"권리금인지 개나발인지 집어치우고 나갈 날이나 잡으세요!"

"준 돈 달라는데, 왜 막말하세요?"

"긴말하지 말고 가게 비울 날짜 잡으시라니까 그러시네요!"

"부탁 하나 드려도 될까요, 사장님?"

조금 전까지만 해도 기세등등하던 임차인 중 한 명이 갑자기 사장님이란다.

다시 장사할 수 있도록 재계약 해달란다

"장난치지 마세요. 사장은 무슨 얼어 죽을 놈의 사장이라고!"

"그러지 마시고 저희들의 간곡한 부탁이니 좀 들어주세요. 사장님."

"여러 소리 마시고 가게 빼세요. 이사날짜 잡으세요. 보증금 줄 테니까!"

"그게 아니고 저희가 여기서 계속 장사하면 안 될까요?"

"그게 무슨 소리세요!"

"그러니까 저희가 다시 사장님하고 계약을 해서 장사를 계속하고 싶다는 거죠."

"나랑 다시 계약을 새로 해서 장사를 계속하시겠다는 말씀이세요?"

"그런 부탁입니다 어떻게 좀 안 될까요?"

"그럴 일 없으니 가게 빼주세요!"

"그러면 당장 보증금 안 돌려주셔도 되고 서로 윈윈 아닌가요?"

"윈윈이 다 뭐요. 이 양반이 끝까지 사람을 바보취급하고 있구만!"

"바보취급이 아니라 저희 좀 도와달라는 말씀입니다."

"계약을 해도 다른 사람하고 할 테니, 긴말 하지 맙시다!"

"끝내 못 들어주겠다는 거요? 지금."

"내가 가게를 텅텅 비우는 한이 있어도 그리는 못하겠소!"

"그럼 진짜 곤란한 일 벌어지는데?"

"이 양반들이 어디다 큰소리를 치고 있어. 내 가게에서 나가라는데 뭐가 잘못됐소!"

"맘대로 한번 해보세요, 권리금 안 주면 같이 죽고 말지."

"뭐 권리금? 같이 죽어? 당신 지금 그 말 책임져, 알았어?"

"우리랑 한번 해보자는 거야? 뭐야? 지금."

"뭔일 벌어지나 보게, 그래 한번 해봅시다!"

언성 높이는 다툼은 거기까지였다. 화도 나고 스트레스도 쌓인 김장우 씨는 더 이상 말로 귀찮았단다. 상가 임차들의 보증금을 법원에 공탁 걸고 강제집행을 신청했다. 집행신청서가 송달되자 이사 간다고 세입자한테서 연락이 왔다. 그걸로 마무리되었다. 돈은 돈대로 물어주고 임차인한테 바보취급당한 자신이 한심하게만 느껴지더란다.

Part 05

명도 우습게 보다
인생 명도당할 뻔한 사람들

경매 판에서 가장 높고 험준한 봉우리는 누가 뭐라 해도 '명도'일 것이다. 높고 험준하지만 한 없이 아름답기도 한 산이다. 산은 경외심을 가지고 겸손히 접근하면 마음을 열지만 우습게 보고 함부로 달려들면 우습게 만들어버린단다.

Part 05와 Part 06에서는 명도라는 산의 아름다움에 취해 호랑이 굴이라는 것도 모른 채 빨려 들어간 사람들을 살펴보자. 낙찰이야 혼자서 하는 게임이지만 명도는 엄연히 상대가 있다. 경매는 낙찰로 소유권을 취득한 다음 점유하고 있는 무권리자를 상대로 명도라는 진검승부를 치르게 되는 것이다. 명도 고수는 경매 고수라고 봐도 무방하다. 그래서 명도야말로 부동산 경매의 진짜 매력이라고 말하기도 하다. 그렇다고 명도 고수라는 말을 강제집행 선수라는 말로 혼동해서는 곤란하다. 보시면 아시겠지만 혼자서 북 치고 장구 친다고 될 일이 아니다. 이렇듯 상대가 있는 게임을 해결하는 방법으로는 크게 세 가지가 있다.

‘대화로 하거나’,

‘주먹으로 하거나’,

‘법으로 하거나’,

‘위의 세 가지를 적절히 병행’하거나

　가장 좋은 방법이 ‘대화’이고, 하수가 ‘주먹’이다. ‘법’에 의존하는 방법 역시 하수이기는 마찬가지다. 하수들은 강제집행을 통해 부동산을 접수할 수 있다고 생각하지만, 그렇지 못한 경우가 차라리 더 많다. 당초부터 집행이 불가능한 물건들도 수두룩하다. 시작도 못하는 경우도 있다는 말이다. 눈치 없는 독자들은 ‘돈’은 해결방법에서 빠졌냐고 물으시면 썰렁해진다. ‘대화’로 하든, ‘주먹’으로 하든, ‘법’으로 하든지 마지막 키는 결국 ‘돈’이다. 명도를 대충 우습게 보는 사람들이 있다. 명도 우습게 보다 망한 사람들과 사례들을 소개한다. 물론 빙산의 일각일 뿐이다.

chapter 01

경매의 꽃,
명도에 관한 여러 추억들

성공이냐 실패냐의 갈림길

여기에 소개되는 사례는 경매 세상에서 벌어진 일들의 빙산의 일각일 뿐이다. 명도 우습게 보다가 망한 사례를 말하라면 따로 책을 한 권 더 써도 부족하다. 명도 없는 경매는 앙금 없는 찐빵이라고 말하는 사람도 있다. 그다지 틀린 말은 아닌 듯하다.

명도는 경매의 클라이맥스이자 흥미진진한 한 판의 진검 승부다. 성공 하느냐 실패하느냐 갈림길이 바로 여기다. 소유자가 되었기에 채무자나 세입자를 내보내거나 재계약을 하는 등 문제가 남는다. 서로 물러설 수 없는 치열한 한판 승부가 벌어지는 것이다. 명도 경험이 없는 초보자는 난감하지 않을 수 없다.

고기도 먹어본 사람이 맛을 안다고 고수들의 실력은 이때부터 유감없 이 빛을 발휘한다. 병아리는 '명도' 생각만 해도 가슴이 뛰고 얼굴이 달 아오른다. '강제집행' 없는 명도라니 신기할 뿐이다.

법원 경매는 아주 아름다운 두 송이의 꽃을 지니고 있다. 하나는 완벽한 권리분석으로 귀신처럼 응찰해 '낙찰'받는 것이고, 또 하나는 '명도'다. 권리분석에 의한 입찰이 혼자 하는 것이라면, 명도는 상대가 있는 것으로 새로운 소유자가 되었다고 해도 내 맘대로 되는 것이 아니다.

부동산 경매의 진검승부, 명도

부동산 경매에서 심장이 뛰는 즐거움과 함께 진행 상황을 예측할 수 없는 것이 바로 명도라는 점은 부인할 수 없다. 다른 부분은 능히 혼자 해낼 수 있을지 몰라도 명도 부분에 와서는 어려움을 호소하는 분들이 많다. 명도를 잘해서 경매 투자에서 대박 난 사람들도 부지기수이고, 반대로 오도가도 못하는 상황에서 온몸에 골병드는 사람 역시 부지기수다.

세상은 차지하려는 자와 빼앗기지 않으려는 자의 투쟁의 역사였다. 기싸움과 심리전이 치열하고 때로는 물리적인 수단을 동원한 투쟁 말이다. 명도 역시 마찬가지다. 그야말로 땅따먹기다. 짧게는 열흘에서 길게는 4개월 정도 소요될 수도 있다. 물론 명도 자체가 당초부터 불가능한 경우가 있다는 것을 보기도 했다. 경매 세계에서 하수와 고수의 차이는 '명도를 어떻게 마무리하느냐'에서 극명하게 갈린다. 명도를 잘한다는 것이 '명도 소송'을 잘한다는 말이 아니다. 물론 명도에 관한 정답은 없다. 마치 딱 떨어지는 정답이 있는 것처럼 말하는 사람들이 세상의 일부에 있다. 하수 중의 하수다. 주먹이라는 것이 휘두르지 않을 때 효과가 있는 것이다. 한번 휘둘러버리고 나면 반격을 각오해야 하는 것이 세상의 이치다. 강제집행할 법적 권한이 낙찰자에게 있다고 해서 '법대로' 해버리고 난 다음에는 '인간적으로' 수백 배로 당할 수 있다. 수백 배로 당한 사람들의 경우는 잠시 뒤에 보기로 하자. 우선 여기서는 명도당하는 사람들의 유형과 타입을 대강 살펴보자.

대응 태도로 분류한 일곱 가지 명도당하는 사람들의 유형

* **순종형** : 가장 안타깝고 답답한 타입이다. 저러니 '망했겠구나!' 하는 탄식을 저절로 나오게 하는 경우다. 시세 7~8억 원짜리, 전용 40평짜리 아파트를 비워주면서 애걸복걸해서 이사비용으로 3~400만 원 받아나가는 타입이다. 고분고분한 이유야 여러 가지가 있겠지만 낙찰자와 큰 마찰은 일으키지 않는다.

* **지능형** : 낙찰자를 굉장히 애먹이는 타입이다. 일명 '미꾸라지형'이라고도 한다. 이 타입은 접해보면 낙찰자보다 경매 구조를 더 많이 아는 경우가 허다하다. 뒤에서 코치하는 전문가가 버티고 있는 경우도 간혹 있다. 특히 채무자와 물상보증인 중 '고의부도' 또는 '흑자부도'를 내고 쓰러지는 척하는 사람들의 십중팔구는 지능형이다. 어설픈 경매 지식과 명도 자세로 임했다가는 낙찰자는 처음부터 끝까지 끌려다니게 된다. 명도하려다 도리어 당할 수 있다. 짧고 강하게 대하고 단호하게 마무리해야 한다.

* **솔직담백형** : 가장 편안한 상대다. 자신의 상황을 솔직하게 이야기하고 도와달라고 부탁한다. 상호 합의만 되면 그다음은 신사다. 채무자들 중에서 자주 만났던 것으로 기억된다.

* **배째라형(무대뽀형)** : 다른 이름을 붙이자면 '철면피'형이다. 공감형이나

막가파형과 다른 점은 상대를 해하지는 않는다. 젊은 사람이 배째라형일 때는 쇼일 가능성이 크다. 그러나 나이가 많은 분들은 정말 절박한 심정일 수 있다. 죽이든 살리든 맘대로 하라고 난리친다. 보이는 배짱은 연출된 것일 뿐이다. 마음속으로는 사시나무 떨 듯 떨어댄다. 눈빛은 불안하다. 낙찰자를 정면으로 주시하지 못하면서 입으로만 큰소리치는 사람들이 바로 이 유형이다. 길게 끌어서 좋을 일 하나 없는 사람들이다. 짧고 강하게 나가면 쉽게 답이 나온다.

* **공갈형** : 대표적인 '허풍쟁이형'이다. 어느 법원에 누가 있고, 어디 경찰서에 누가 있어서 전화 한 통이면 누가 달려오고 하는 식이다. 뒤에서 봐주는 사람이 있어 자기 다치게 하면 좋을 일 하나 없다는 식이다. 그러나 자신보다 상대가 더 고수라는 것이 확인되면 오히려 명도에 더 협조적이다. 명도 과정에서 아주 애를 먹거나 아니면 오히려 쉽게 마무리되거나 둘 중 하나다.

* **읍소형** : 일명 '엄살형'이라고도 한다. '살려 달라!'가 기본이다. 명도의 기본 전선이 제대로 형성되기 어려운 유형이다. 게릴라전이다. 상대가 강하게 나오면 오히려 명도가 쉽다. 스트레스를 해소하든 '법대로' 하든 말이다. 그런데 처음부터 끝까지 애걸복걸이다. 난감하기 그지없다. 상대가 여자인 경우 마음 약한 아저씨들은 '백전백패' 당한다. 말을 들어줄수록 비용은 올라간다.

* **막가파형** : 또는 '이판사판형'이라고도 한다. 낙찰자를 가장 원시적으

로 괴롭히는 타입이다. 비워줄 집안의 기물을 모두 부수기식의 분풀이는 기본이다. 집으로 직접 찾아오거나 심지어 직장으로 찾아와 목소리를 높인다. 어차피 죽는 판에 혼자만 죽지 못하겠다는 타입이다. 자신만의 세계에 갇혀 사는 불쌍한 유형이다. 해결의 키는 결국 '돈'이다.

이 외에도 '찰거머리형'과 '스토커형'도 있다.

보증금 회수 현황으로 분류한 네 가지 유형

* **10원짜리 하나 못 받는 유형** : 채무자(물상보증인 포함)와 임차인으로 분류할 수 있다. 채무자든 임차인이든 명도 과정에서 낙찰자가 가장 난감한 유형이다. 상당한 명도(이사) 비용이 발생한다. 응찰하기 전에 알아보는 방법이 있다. 채무자라면 부동산 등기부(등본)에 금액으로는 몇 십~몇 백만 원짜리 '가압류'가 줄줄이, 채권자는 '무슨 캐피털', '무슨 카드'가 압류권자인 경우가 여기에 해당한다. 망해도 완전히 망한 유형이다. '지능형'과 '배째라형'이 결합된 경우가 다반사다. 공동주택이라면 밀린 관리비와 공과금은 낙찰자 부담이다. 가난한 세입자가 주로 포함된다. 애 많이 먹고 비용 많이 든다.

* **소액최우선변제라도 받는 유형** : 도시지역의 가난한 임차인의 거의가 여기에 해당한다. 지역별로 저당권(말소기준)이 설정된 시기별로 받는 금액이 다르니 공부를 따로 더 하셔야 한다. 가짜 임차인(가장 임차인, 위장 임차인)이 여기에 포함되는 경우다. 경매 질서를 어지럽히는 대표적인 사람들이 가짜 임차인이다. 채무자(망한 집주인)의 사주로 만들어지는 경우가 태반이다. 가짜 임차인으로 가장하는 이유는 오직 하나다. '소액최

우선변제'로 몇 푼이라도 받아서 나가겠다는 심산이다. 가짜 임차인 역할을 하시려는 분들께는 알려드릴 게 하나 있다. 다음 그림을 보시면 쉽게 이해가 갈 것이다. 가짜 임차인 배우노릇 잘못하시다가는 '콩밥'을 드시거나 '전과자'가 될 수 있는 무거운 범죄행위라는 것을 아셔야 한다.

그러나 낙찰자 입장에서는 가짜 임차인이 있다면 명도 부담이 오히려 줄어들 수도 있다. 잘만 활용하면 말이다. 진짜 임차인이든 가짜 임차인이든 명도 과정에서 낙찰자와 마찰이 발생할 일이 거의 없는 그룹이다.

가짜 임차인의 형사처벌 죄목

자료출처 : 지지옥션(www.ggi.co.kr)사이트 바탕화면 캡처

＊임차보증금을 전액 받는 유형 : 경매 지식이 보편화되면서 나타난 가장 긍정적인 효과 중 하나가 바로 이 부분이다. 예전에 비해서 임차보증금을 날리는 사람이 훨씬 줄어들고 있다. 이 그룹은 크게 세 가지로 분류된다.

① 배당을 통해서 임차보증금을 전액 회수하는 임차인

② '일부 배당 +일부 인수'를 통해서 전액 회수하는 임차인

③ 낙찰자 전액 인수를 통해서 보증금을 회수하는 임차인

이 그룹은 어떤 유형이든 낙찰자와는 상생관계로 명도 과정에 협조한다. 명도의 난이도는 일반매매로 집을 사서 세입자를 내보낼 때 정도라고 보면 된다. 따라서 명도의 부담이 거의 없다. 관리비가 밀렸거나 공과금을 내지 않는 경우도 있을 수가 없다.

* **오히려 돈 벌어 나가는 유형** : 이 유형은 채무자(물상보증인 포함)와 임차인으로 분류할 수 있다. '고의부도' 또는 '흑자부도'를 내고 쓰러지는 척하는 채무자가 상당한 것이 오늘날 우리의 현실이다. '고의'로 집을 날리는 판국이니 아쉬울 것이 하나도 없는 사람들이다. 경매 처분을 당한 채무자가 망해서 그랬을 것이라는 순진한 생각을 버리셔야 명도 판에서 주도권을 잃지 않는다. 월세를 지불하며 살거나, 장사하고 있는 경우도 여기에 해당된다.

주택이나 상가 임차인 중에서 '월세 임대차'인 경우 해당 부동산이 경매 들어가면 바로 월세부터 송금하지 않는 것이 현실이다. 자신의 이득을 위해서는 상대방이 어떤 상황에 처해도 눈썹 하나 까딱 안 하는 무서운 사람들이다.

이들은 경매의 진행기간이 길어질수록 이득이 더 커진다는 것을 잘 안다. 고의로 경매의 진행기간을 연장시키는 행위도 서슴지 않는다. 양심적인 임차인을 만나면 명도가 쉬운 반면 '지능형'과 '배째라형'이 결합되면 상당한 애를 먹을 수도 있다. 상가건물 명도에서는 '지능형'과 '배째라형'을 자주 접하게 된다.

두 가지 이상 네 가지 유형이 있는 경우

보증금 회수 현황으로 분류한 네 가지 유형으로 ① 10원짜리 하나 못 받는 유형, ② 소액최우선변제라도 받는 유형, ③ 임차보증금을 전액 받는 유형, ④ 오히려 돈 벌어나가는 유형으로 나누어 구분해서 그 대강을 살펴보았다.

한 가지 유형만이 있는 경우는 아파트 정도이고, 현실적으로는 ①~④의 유형이 혼재되어 있는 경우가 훨씬 많다. 여러 가구가 살고 있는 다가구주택이나 근린주택이 여기에 해당한다. 이럴 경우 경험이 없거나 많지 않은 사람들은 어디서부터 손을 대야 하고 누구부터 정리를 해 들어가야 할지 막막할 뿐이다. 입장이 서로 다른 사람들이 혼재되어 있다면 오히려 명도가 간단할 수도 있다.

chapter 02

망한 주인이 살고 있는
아파트가 쉽다고?

'아파트'와 '읍소형'과 '10원짜리 하나 없는 유형'이 결합

경매 투자에서는 최악의 조합이다. 그러나 법원 경매를 처음 시작하는 분들은 아주 좋은 물건이라고 생각한다. 경매 강좌에 가면 필자는 수강생들에게 묻는 질문이 하나 있다.

* '어떤 물건을 우수한 물건이라고 보세요?'라고 물으면 이구동성으로
* '아파트!'라는 판에 박힌 듯한 합창이 들려온다.

그러면 '누가 살고 있는 아파트요?'라고 재차 물으면 주저 없이 임차인이 없는 '채무자!'가 살고 있는 아파트가 명도하기 가장 쉽다고 합창을 하신다. 정말 그럴까? 권리분석은 간단할지 모르지만 말이다.

사실은 명도하기 가장 어려운 물건 중 하나가 바로 아파트다. 경험 없는 병아리들은 가장 만만하게 여기지만 말이다. 일단 두 가지 점에서 그렇다. 먼저 투자 수익률이 그리 높지 않다. 왜냐면 아파트는 매매나 전세 시세가 이미 공개되어 있기 때문이다. 높은 수익률을 달성할 수 있는 가격에 응찰하기가 불가능하다. 어려운 것이 아니라 당초에 불가능하다.

경매의 가장 큰 매력이라면 뭐니 뭐니 해도 수익률이 아닌가? 달콤한 수익을 맛볼 수 있는 물건이 거의 없는 실정이다. '레드오션'의 전형이다.

두 번째는 대부분의 채무자나 보증인은 그 부동산을 경매로 날리는 경우 더 이상 갈 곳이 없다. '10원짜리 하나 없는 유형'일 가능성이 높다. 그러니 명도 과정이 치열할 수밖에 없는 것이다. 부동산 투자나 낙찰 경험이 없는 분들의 공통점은 '명도'의 어려움을 간과하거나 대수롭지 않은 것처럼 다룬다. 진짜 경매를 경험해 본 사람의 입장에서 보면 이는 정말 가소로운 일이다.

병아리들에게 강제집행을 권하는 분들께

'명도'에 대해서 쉽게 말하는 사람이나 책은 여러분에게 아무런 도움이 되지 않는다. 도움이 되지 않을 뿐만 아니라, 여러분을 헤어 나올 수 없는 곤란한 지경으로 몰고 갈 수도 있다. 가볍게 주장하는 공통점은 대강 이렇다.

* 이사비를 미끼로 대화를 시도한다.
* 통하지 않으면 강제집행을 신청한다.
* 집행관을 동원해 강제집행해버린다.
* 명도 기간은 약 1개월이면 충분하다.
* 비용은 많이 들어야 300~400만 원이라고 쓰여 있다.

정말 그럴까?

명도 지옥을 경험해보았다면 결코 입에 올릴 수 없는 잠꼬대다. 한마디로 철없는 소리에 불과하다. 모르고 말하면 불쌍하고 알면서도 그렇게 말하면 나쁜 사람이다. 채무자가 법을 알거나 임차인을 코치(?)하는 경매 선수나 컨설팅회사 등이 개입하고 있는 경우라면 낙찰자에게는 '지옥'만이 기다리고 있을 뿐이다. 자주 경험하는 사실이다. 병아리들에게 강제집행을 권하는 분들께 물어보자. 집행관을 동원해서 실제로 강제집행을 해보신 적이 있냐고. 해보시니까 맨 정신에 할 만하더냐고. 그리고 행복하시더냐고 말이다.

자본주의 존립근간인 '부동산 경매'

21세기 백주대낮에도 주객이 전도되어 세상을 횡행하는 것들이 여럿 있다. 그 중에 대표적인 것이 부동산 경매가 가난한 사람을 울리는 못된 투자아이템이라는 것이다. 그렇게 오해되는 가장 큰 이유가 강제집행으로 나타나는 경매의 '폭력성' 때문이라고 필자는 생각한다.

엄동설한에 단칸방의 임차인이 최소한의 공간도 없이 어린애와 함께 길거리로 나 앉게 되면 일반인들이 어떤 인식을 하게 될 것인가는 물어볼 일이 못 된다.

경매 투자로 높은 수익을 올리는 일은 칭찬받아 마땅할 일이다. 자본주의 속성을 생각해도 국가권력에 의한 '부동산 경매'는 아름다운 제도이자, 반드시 필요한 채권회수 방법이다. 자본주의는 '부동산 경매'를 근간으로 존립하고 있다고 해도 과언이 아니다.

예를 들어보자.

홍길동이라는 머리가 비상한 채무자가 있다고 해보자. 수단과 방법을 가리지 않고 엄청난 채무를 짊어지고 있으면서 혼자 잘 먹고 잘 살고 있다. 많은 재산을 가지고 있으면서도 빚은 갚을 생각도 없단다.

이럴 때 돈을 빌려준 채권자에게 합법적인 채권회수 수단이 없다면 어떻게 해야 할까? 셰익스피어 소설의 채권자처럼 채권을 회수하기 위해 홍길동의 궁둥이 살이라도 베어낼 수밖에 없을 것 아닌가? 당연한 이야기지만 법치국가인 대한민국에서 자력구제가 용납되지 않는다. 이렇게 되면 홍길동에게서 돈을 받아낼 방법은 막히고 만다. 이럴 때 최소한의 권력을 동원해 국가가 개입하지 않을 수 없는 것이 '부동산 경매'의 본질이다.

따라서 부동산 경매는 자본주의가 발명한 가장 확실한 채권회수 장치이다. 돈은 혈액과 같은 성질을 가지고 있다. 돈은 돌아야 한다. 채무자가 깔고 뭉개는 막대한 돈 때문에 채권(기관)자를 쓰러지게 할 수는 없다. 이치가 이러함에도 불구하고 오해와 편견이 뿌리 깊다. 이유는 분명하고 간단하다. 강제집행의 폭력성만 두드러져 보이기 때문이다. 가난한 임차인을 상대로 한 강제집행은 벌 받을 일이다. 권할 일도 못 되지만 권한다고 받아들일 일은 더더욱 못 된다.

chapter 03

너는 안 보고 나만 보이는
외눈박이들의 합창

끝까지 안 가는 경매 물건도 많다

재개발 예상지역의 연립주택에 응찰했던 동부 이촌동 정상경씨는 황당한 경험을 했다. 몇 번의 응찰을 통해 겨우 한 건 낙찰에 성공했는데, 낙찰 바로 다음 날 경매가 취하되어버린 것이다. 이유는 다름 아닌 채무액이 너무 적어서 낙찰되자 채무자가 적극적인 방어에 나선 것이다. 낙찰자가 잔금을 납부하기 전에 경매를 깨버린 것이다. 권리상 보기에는 물론 아무 문제가 없다. 그러나 이런 경우 경매가 끝까지 진행되기가 아주 어렵다. 독자 여러분은 다음의 개요를 보고 경매가 끝까지 진행되기 어렵겠다는 것을 파악할 수 있어야 한다. 그래야 병아리 수준을 벗어났다고 말 할 수 있다.

정상적으로 진행된다면 '낙찰 → 매각(낙찰)허가 → 잔금납부 → 소유권이전 → 배당 → 점유자 명도 → 처분(임대 또는 매각)'까지의 전 과정이 진행되는데 약 2개월 정도의 시간이 필요하다. 그러나 그렇지 못한 경우도 다반사이다. 이 경우는 훨씬 짧은 시간이 걸렸다. 물건의 개요는 대략 다음과 같다.

무엇이 문제인지조차 알기도 힘들어

* 담당법원 : 서울남부법원 경매 5계
* 사건번호 : 2009타경 521**
* 경매개시결정 : 2009년 3월 14일
* 경매 신청권자 : 신한은행 채권관리단
* 등기부상 권리관계 : 낙찰로 모든 권리 말소
* 1차 입찰일 : 2009년 6월 12일
* 2차 입찰일 : 2009년 7월 26일(낙찰)
* 경매 취하일 : 2009년 7월 27일
* 물건 주소지 : 서울 구로구 온수동
* 물건현황 : 연립주택 4층 중 201호
* 건물구조 : 방 3, 욕실 1
* 대지지분권 : 34.8㎡/281.5㎡(11.61평/85.15평)
* 단지 전체면적 : 6,780㎡(2,050평)
* 건축년도 : 1983년 8월
* 공법적용사항 : 도시지역, 2종일반주거지역
* 적용용적률 : 최대 250%
* 적용건폐율 : 최대 60%
* 가능건폐율 : 35% 전후
* 특이사항 : 개별 건축허가 제한구역

채무자의 입장에도 한번 서 보자

* 주택 임차인 내역 : 선순위 임차인 9,000만 원
* 등기부상 채권액 : 총 1,700만 원
* 감정가 : 1억 8,000만 원
* 당시 주변시세 : 2억~2억 2천만 원
* 당시 전세시세 : 1억 2,000만 원
* 1회 유찰가 : 1억 4,400만 원
* 응찰가 : 1억 5,199만 원
* 총투입비용 : 1억 6,000만 원
* 예상수익금 : 약 6,000만 원
* 예상수익률 : 37.5%
* 인근 아파트시세 : 25.7평/매매가격 3억 5,000만 원~3억 8,000만 원
* 낙찰가율 : 84.44%
* 입찰경쟁률 : 6대1
* 주변여건 : 재개발 기대감으로 가격이 상승하고 있는 지역
* 주변상황 : 대학교, 지하철, 대형마트, 국철, 그린벨트 인접지역이 객관적인 여건이었다.

채무액에 비해 높은 투자 가치

경매 판을 돌리는 세 개의 바퀴는 다음과 같다.

* 채권자
* 채무자
* 낙찰자로 이루어진 시스템이 낙찰자의 부를 향상시키는 공장이

된다.

채무액에 비해 투자 가치가 높으면 경매는 더욱 쉽게 망가진다. 인지상정이다. 잡아만 놓으면 돈이 된다는 것은 세 살 먹은 아이의 눈에도 한눈에 보인다. 만약 독자 여러분이 소유자(채무자)라면 경매가 진행되는 것을 수수방관 바라보고 있지는 않을 것이다. 경매를 취하시키는 데 채권자나 낙찰자의 동의는 필요 없다. 약간의 수고로 가능하다. 많은 수고와 노력이 경매 취하로 수포로 돌아갈 수 있다. 닭 쫓던 개 지붕 쳐다보는 꼴이란다. 외눈박이 물고기다.

이처럼 채무액이 상대적으로 작아도 경매 절차가 끝까지 가지 못하고 중간에 탈이 생긴다. 내 생각만 하지 말자. 역지사지 아닌가? 내가 채무자라면 어떻게 행동할지 말이다. 또한 채권자 입장에서 한푼도 못 건지는 무의미한 경매라면 이 또한 소유권 취득의 암초다.

채무액이 적어 경매가 도중에 취하되는 꼴을 당하지 않으려면 채무액이 시세나 감정가의 최소한 1.5배 정도 이상이면 비교적 안전하다고 볼 수 있다. 시세가 1억 원이라면 부동산 등기부상 채무와 임차인의 전세보증금을 합산한 채무액이 1억 5,000만 원 이상이면 경매로 해결될 수밖에 없다. 채무액이 그 이하일수록 진행 도중에 취하될 가능성이 높아진다고 보면 된다. 경매 정보지상 채무액을 기준으로 취하가능성을 살펴보자.

* 부채비율 50% 이하=채무액/감정(시세)가[5,000만 원/1억 원]-거의 취하됨.
* 부채비율 100% 이하=채무액/감정(시세)가[1억 원/1억 원]-취하가능성 있음.
* 부채비율 150% 정도=채무액/감정(시세)가[1억 5,000만 원/1억 원]-

취하 어려움.

* 부채비율 200% 이상=채무액/감정(시세)가격[2억 원/1억 원]-취하 불가능으로 나눌 수 있다(채무액에는 임차인의 임차보증금도 포함시켜야 한다).

경매 판을 좀 더 확대해보면 다음과 같은 다섯 개 바퀴로 굴러간다.

* 채권자
* 경매 법원
* 채무자
* 임차인
* 낙찰자로 세부화할 수 있다. 이들의 입장을 종합적으로 고려할 줄 알아야 비로소 병아리 딱지를 뗀다. 다음의 경우 역시 경매가 깨지는 이유가 된다.

매각불허가났다고 보증금 찾아 가란다

"이철우씨 핸드폰이죠?"

"네에, 그런데 어디시죠?"

"여기는 고양법원 경매 3계인데요. 2008타경 220**번 낙찰받으셨죠?"

"그런데요. 벌써 잔금납부하라는 말씀이세요?"

"아뇨. 그 반대입니다. 매각불허가 나서 입찰보증금 찾아가시라는 전화를 드렸습니다!"

"매각불허가라뇨? 제가 뭘 잘못했습니까?"

"그런 말씀이 아니고, 무잉여로 경매 절차가 취소되었다는 말입니다."

"제가 응찰 전 채권자에게 전화로 물어보았을 때는 자기들은 끝까지 경매 진행한다고 그러던데요!"

"경매 신청권자가 경매를 포기한 것이 아니라 잉여 없음을 이유로 경매 법원이 절차를 종결시킨 것이라니까요?"

"무슨 말씀이신지 모르겠네요. 경매 법원이 절차를 중단시켰다고요!"

"절차법에 잉여가망이 없는 경우에는 법원이 경매 절차를 그만두도록 규정되어 있어요."

"아무리 규정이 그래도 그렇지, 그런다고 경매 신청권자가 요구하지도 않는 경매를 취소한다는 말씀이세요!"

경매 절차에 관한 진행 규정이 그렇단다

"규정에 따라 그런다니까요?"

"혹시 제가 낙찰받은 것이 마음에 안 들어서 불허가 때린 것 아닙니까?"

"뭐라고요! 말도 안 되는 이상한 소리 하지마세요. 이제 보니 선생님 큰일 낼 분이네?"

"아니 말도 안 되는 소리를 하는 것은 내가 아니라 경매계인 것 같아서 하는 말입니다!"

"시끄럽습니다. 저는 분명히 매각불허가났고, 그래서 입찰보증금 찾아가시라는 말씀을 드렸습니다."

"그런데 저보고 법원까지 다시 돈 찾으러 오라고요? 계장님이 찾아가지고 제 은행계좌로 보내주시면 안 되나요? 오라 가라 하지마시고요?"

"뭐라고요. 경매 업무 10년 동안 입찰보증금 찾아서 송금해달라는 경우 처음 봅니다. 바쁘니까 끊겠습니다."

"대충 제 계좌로 송금해달라니까요!"

"그런 말씀 마시고 찾으러 오세요. 신분증 가지고요."

하는 수 없이 이틀 뒤에 고양지원 경매계로 입찰보증금 찾으러 갔다.

항고소송이 제기되었다며 나중에 다시 오란다

"2008타경 220**번 낙찰받은 사람입니다~ 보증금 찾아가라고 해서 찾으러 왔습니다!"

"그 물건에 항고가 들어와서 확정될 때까지는 입찰보증금을 내줄 수가 없습니다."

"며칠 전에는 돈 찾아가라고 전화까지 해놓고서는, 이제는 못 내준다고요~"

"어제 항고가 들어왔다니까요. 항고가 들어와서 결과가 확정될 때까지는 내드릴 수 없다니까요?"

"누가 뭘 했다는 말씀이세요!"

"경매 신청권자가 '무잉여경매절차취소'에 이의를 제기했다는 말입니다?"

"무슨 말인지 나는 잘 모르겠으니 그냥 보증금이나 돌려주세요!"

"바쁜 사람 붙잡고 억지 부리지 마시고 돌아가서 관련 조항이나 살펴보면서 기다리세요?"

"허참, 언제까지 기다리면 될까요?"

"그건 저도 모릅니다. 돌아가서 기다리시면서 대법원 경매 사이트에서 가끔 진행 경과를 검색해보세요."

"계장님, 그렇게 한가한 소리 하시지 마시고 대충 얼마나 걸리는지 좀 알려주세요!"

"글쎄, 그걸 지금은 알 수가 없다니까요?"

그 후로 약 4개월 뒤 매각절차취소가 최종확정되었다며 보증금을 돌려준다는 연락이 왔다. 입찰하고 5개월만이다. 찾고 보니 6만 2,000원 정도의 이자가 붙어 있었다. 던져버리고 싶은 마음을 간신히 억누르며 되돌아오셨단다.

chapter 04
총도 안 들고 사냥 나갔다
곰에게 잡아먹힌 포수

수도권 지역에서 '재개발', '재건축'이 예상되는 지역의 경매 물건이 사상 최고의 인기를 한 몸에 받고 있다.

* 소액으로 투자가 가능하다.

* 투자금 회수기간이 길지 않다.

* 사정에 따라서는 단기 투자도 가능하다.

* 권리분석 또한 비교적 간단하다.

* 점유자가 많지 않아 명도 부담이 적다는 등의 장점들이 인정받고 있는 결과라고 할 수 있다.

아파트 입주권을 기대하고 구도심의 연립주택 재개발 물건에 응찰했는데 입주권을 받을 수 없다고 한다면 얼마나 황당할까? 6,000여 세대가 계획된 성동구 행당동 ○○구역 내의 연립주택 '동국타운'이 경매로 나왔다. 소액투자로 재개발 조합원의 권리 확보가 가능하다고 판단되는 물건이었다.

지하철 3, 6호선 약수역 인근이다. 한강다리 하나 건너면 강남 압구정

동이고, 인근에 서울의 숲과 성수동이 있다. 길 건너가 왕십리-황학동뉴
타운이고, 왕십리역과 한양대학교가 바로 코앞이다. 건물은 이미 철거
되는 중이어서 명도 문제는 없었다. 대지지분권만 확보하면 공급평형이
43평형이고, 1억 2,000여만 원만 추가부담하면 입주 후 6억 원은 충분
히 보장되는 물건이었다. 최소한 투자금의 두 배 반이 예상되는 복덩어
리로 보였다. 그렇게 알고 응찰했다.

경매 물건의 대강개요를 보자.

재개발 목적의 행당동 다세대주택 물건

* 물건 주소지 : 서울 성동구 행당동
* 물건현황 : 연립주택 3층 중 101호
* 건물구조 : 방 3, 욕실 1
* 대지지분 : 27.4m^2(8.29평)
* 건축년도 : 1987년 11월
* 주택 임차인 내역 : 건물 멸실로 점유자 없음.
* 등기부등본상 채권액 : 총 7억 1,720만 원
* 대지시세 : 대지지분 평당 약 2,500~2,800만 원 전후
* 매매시세 : 2억 1,500만 원~2억 3,000만 원 정도
* 감정가 : 1억 6,500만 원
* 최저가 : 1억 560만 원(감정가의 64%)

이 물건의 특이사항

* 특이사항 : 재경매 사건으로 응찰보증금 20%

* 예상되는 총투자금액 :

① 낙찰가 : 1억 2,000만 원

② 이전비용 : 350만 원

③ 기타비용 : 150만 원

④ 추가 분담금 : 1억 2,000만 원으로 투자금 총액은 2억 4,500만 원 정도이다.

예상수익금 = 3억 5,500만 원[6억 원(예상시세)-2억 4,500만 원(투자금 총액)]이라는 계산이 나오는 물건이었다.

또한 등기부상 설정된 권리 모두 경매 결과로 소멸되어 깔끔한 물건이었다. 하지만 1차 입찰에서 27대1로 낙찰받은 매수자가 낙찰 후 잔금을 납부하지 않아 다시 경매로 나왔다. 재경매 나온 후에도 상황은 똑같이 진행되었다. 엄청난 매각(응찰)경쟁률과 잔금납부 포기가 반복되었다. 어떤 이유 때문에 이런 일이 반복되었던 것일까?

재개발 물건의 투자에서는 건물이 기준이다

그것은 조합원(분양)권리에 하자가 있었기 때문이다. 재개발에서는 건물을 기준으로 조합원 자격을 따진다. 예외적으로 일정 이상의 토지(나대지)나 상업용지/근린상가를 가지고 있는 경우에는 자체 규약에 따라 조합원 지위를 부여한다.

대지지분은 청산해 금액이 초과되면 청산금을 받게 되고, 금액이 못 미치면 분담금을 납부하는 것이 재개발의 구조다. 따라서 위와 같은 물건은 경매를 통해 낙찰받더라도 건물은 이미 철거 멸실돼 소유권이전이 불가능한 건물분에 대한 조합원 권리는 넘겨올 수 없게 된다. 전 소유자에게 이미 조합원지위를 부여했기 때문에 두 번 다시 부여할 수 없는 것은 당연하다. 곰은 한 마리 어렵게 잡았는데 쓸개는 이미 빼먹어버린 꼴이라는 말이다. 조합에 문의한 결과 돌아온 답은 이랬다.

'현 낙찰자에게 조합원 자격을 줄 수 없다'는 조합측 대답을 듣고 다시 연락이 왔다.

조합의 말이 사실이라면 어떻게 하면 좋겠는가? 현재 재개발조합을 상대로 '조합원지위승계청구에관한소송'을 진행하고 있지만 승산 가능성은 거의 제로다.

당초 계산대로라면 2억 4,500여만 원 투자로 6억 원짜리 아파트를 손에 넣을 것으로 계산했지만, 사실은 빈 쭉정이만 움켜쥐게 된 꼴이다. 단물은 채무자가 다 빨아먹고 난 뒤다.

총도 없이 사냥 나갔다가 곰에게 잡아먹힌 포수

상품으로 가장 짧은 수명을 자랑하는 시장이 신인 연예인 시장이라고 한다. 그쪽 전문가의 이야기를 들어 보면 하루에 연예인 시장에 공급되는 신인 연기자가 700~1,000명이란다. 신인 가수 역시 그렇단다. 대학 선배 중에 지상파 연예담당 부서에 꽤 높은 자리에 계신 분이 있다. 선배 책상에는 거의 매일같이 신인가수 매니저들의 명함 꽂힌 음반이 수십 장씩 쌓인단다. 필자가 물어본 적 있다.

"선배 정말 하루에 음반이 수십 장씩 쌓여?"

"그래 매일같이 그렇다니까!"

치열하다 못해 절규의 비명이 들린다. 흔적도 없이 사라지는 신인 가수가 하루에 그만큼이란다. 그러면 반대로 수명이 긴 시장을 들라면 어떤 분야를 들 수 있을까? 여러 분야가 있겠지만 부동산 시장도 '장수 만세'에 속하는 편이라고 생각하는 독자들도 계시다. 맞는 말이다.

다만 전제로 반드시 붙여둘 조건은 역시 '잘해야 한다!'는 것이다. 근래 경매 시장처럼 많은 사람들이 열광하는 재테크 분야도 드물 것이다. 여기에 편승해 그동안 어디서 뭘 하셨는지 이력도 궁금한 분들까지 자칭 전문가라고 명함을 뿌리고 다닌다. 반짝 등장했다가 소리 소문 없이 사라지는 것이 연예인 시장과 사뭇 흡사하다.

어떤 분야의 전문가가 된다는 것이 말처럼 그리 쉽지 않다. 몇 건의 낙찰, 몇 년의 공부 정도로 쉽게 정복할 수 있는 분야가 아니다. 부동산 시장이 그렇고 경매 시장은 더욱 그러하다. 경매 시장에서 전문가라고 목소리 높이는 분들의 분야를 보면 대강 이렇다.

* 법정지상권 전문가
* 유치권 전문가
* 명도 전문가
* 재경매 전문가
* 다가구주택 전문가
* 상가 전문가
* 공장 전문가
* 임야 전문가
* 재개발·재건축 전문가
* 컨설팅 전문가를 자칭하신다. 자칭 고수로 유명세를 떨치다가 이제는 어디서 뭘 하시는지 연락도 안 되는 분의 사례를 보자.

등기부상 권리도 해석을 못한 경매 컨설팅의 달인

이 사례는 경매 판에서 컨설팅의 달인으로 이름이 높던 이일우(가명) 사장이 경매 계를 떠나게 된 사건이다. 이분은 주업종이 컨설팅이고, 사설펀드매니저로 소액투자자들을 규합해 펀드를 구성해 경매 물건에 투자도 여러 건 하셨다. 부지런하고 성실한 영업스타일로 경매 업계에서는 어느 정도는 좋은 평가를 받고 계시던 분이었다. 문제가 터진 것은 서울 중구 신당동 제4구역 내에 있는 다세대주택 8가구가 통째로 경매 시장에 나온 것을 발견하면서부터였다.

이 지역의 투자 가치를 이미 꿰고 있던 이사장은 친하게 지냈거나 펀드구성 등으로 투자인연을 가지고 있던 분들에게 투자를 권유했다. 권유 내역은 대강 이러했다.

* 투자 금액은 1인당 1억 원 이하다.

* 지금 잡아놓으면 3년 안에 결판난다.

* 수익률은 최소 300%다.

* 등기부상 권리관계는 다음과 같지만 문제는 없다

① 제1순위 : 저당권

② 제2순위 : 저당권

③ 제3순위 : 소유권이전청구권가압류

④ 제4순위 : 가압류

⑤ 제5순위 : 경매개시결정기입등기일 순이다. 따라서 제1저당권을 말소기준으로 보면 모두 말소대상이기 때문에 권리관계도 염려 안 해도 된다.

황금알이 아니라 빈 쭉정이

그런데 누가 봐도 상당한 투자 가치가 있다고 판단되는 물건이 세 번 유찰로 감정가 대비 51.2%까지 떨어져 있었다. 그중 2차 입찰일에 낙찰받은 사람이 잔금납부를 포기해 재매각으로 경매가 진행되는 물건이었다.

응찰가는 1억 1,000만 원 전후였다. 1인당 2,200여만 원의 입찰보증금과 잔금 납부 때 9,000여만 원 정도씩을 여덟 명으로부터 동원해 모두 구성했다. 물론 다세대주택 여덟 가구를 여덟 명이 각각의 명의로 응찰하게 했다. 재건축조합원 자격 여덟 개를 노린 투자전략이었다. 정상적인 경우라면 너무나 훌륭한 전략이었을 것이다. 상황은 정반대였다.

이 물건은 낙찰받아도 새로운 주인에게 조합원자격이 주어지지 않는다는 것이다. 투자금의 세 배 수익률을 안겨주는 황금알이 아니라 투자자에게 깡통을 차게 하는 빈 쭉정이었다. 실상은 대충 다음과 같았다.

'신당4구역재건축사업승인'을 받은 단지 내 물건으로 전 소유자는 재건축조합과 이미 조합원 자격과 분양계약까지 체결한 상태였다. 재건축조합원이 사업승인을 받고 분양계약까지 체결한 상태에서는 두 가지 권리의 소유자가 된다. 기존의 재건축지분과 계약으로 새로 받게 되는 분양권이 바로 그것이다.

재건축지분의 건물분의 가치는 전 소유자가 다 챙기고 정산 대상인 대지권만 남아 있는 것이다. 살아 있는 곰에 빨대를 꽂고 쓸개즙을 다 빨아 먹어버리고 난 다음이라는 말이다. 보기에 곰은 멀쩡했다. 그러나 이 곰은 살아 있어도 살아 있는 곰이 아니다. 건물이 아직 철거되지 않아서 건물이 존재한다고 판단하면 그것은 혼자 생각이다. 시쳇말로 '그~으~

건~니~이~생각이고'일 뿐이다.

건물철거는 시간문제일 뿐, 아무제약이 없다. 나머지 분양권은 추후 아파트 등기시점에 소유권이전을 청구할 수 있는 권리다. 따라서 재건축 지분에 표시된 '소유권이전청구권가압류'는 분양받을 권리에 다른 채권 자가 가압류를 걸어놓은 것이다. 이 부동산 등기부에 '③ 제 3순위 : 소 유권이전청구권가압류'로 설정되어 있는 권리가 그것이다.

현재 우리나라 등기법 체계로는 해결방법이 부족해 궁여지책으로 건 물 등기부에 편의상 그렇게 표현한 것에 불과하다. 따라서 분양자격이 가압류된 상태에서의 재건축지분은 알맹이 빠진 쭉정이에 불과한 것 이다. 이 경매 물건이 낙찰된 후 등기상으로는 모두 말소되지만 그렇다 고 분양권의 가압류가 풀리는 것은 아니다. 왜냐하면 서로 다른 권리이 기 때문이다. 즉 별도의 재산인 분양권에 최선순위로 가압류가 되어 있 기 때문이다.

너무나 비싼 5억 원짜리 교도소행 티켓

"이사장님이 책임지신다면서!"

"그동안 정리를 생각해보세요. 이제 와서 정말 너무하시네?"

"뭘 너무해요. 내 돈 1억 원 이상이 날아가게 생겼는데…. 나는 재개 발이 뭔지, 재건축이 뭔지 몰라요, 이사장님 말만 믿고 투자한 것뿐이에 요. 책임지세요!"

"이제 와서 자기 책임들은 없고 다들 나더러만 책임지라면 어떻게 합 니까?"

"책임진다는 말씀을 처음부터 하셔서 그 약속만 지켜주시라는 말씀입니다. 제 말에 무슨 억지라도 있나요!"

"돈 몇 푼이 뭐 그리 대수라고, 슬퍼집니다."

"이사장님은 부자라서 돈 몇 푼이 우스울지 몰라도~ 내게는 목숨과도 같은 돈입니다. 그런 소리 마세요!"

"다른 분들도 다 나보고 전부 책임지라는데, 그럼 난 망합니다."

"망하든 흥하든 암튼 저는 몰라요. 다른 사람들은 뭐라고 하든지 내가 알 바 아니고 제 몫은 이사장님이 전부 책임져주세요!"

"아니 제가 어떻게 다 책임을 져요. 그리고 너무 그러시면 섭섭합니다. 아니 막말로 그동안 저 때문에 이익도 많이 나셨잖아요, 줄잡아도 몇 억은 남았는데 정말 이럴 수 있으세요?"

"어째서 그런 이야기를 지금 하시나요? 그래서 내 돈 안 돌려주시겠다는 말입니까? 그때는 그때고 지금은 지금입니다. 암튼 나는 내 것만 챙겨주시면 아무 소리 않겠습니다!

"정말 해도 너무들 하시네요. 정 그러시면 정말 잠수해버립니다."

"잠수를 하시든 달나라를 가시든 저는 알 바 아니고, 제 돈만 챙겨주세요! 그렇지 않으면 가만 못 있습니다!"

"죽이든 살리든 맘대로들 하세요."

전화는 그렇게 끊었다. 201호 낙찰자와 이런 식의 실랑이로 전화를 끊고 나면, 기다렸다는 듯이 301호 낙찰자와 같은 내용의 실랑이가 반복되는 꼴이었다. 감당하기 어려운 압력과 시달림을 당하던 이일우사장과 투자자들 사이에 합의가 성립되었다. 서로 1/2씩 손해 보는 것으로 말이다. 남의 돈 5억 원은 말아먹고 자기는 5억 원짜리 피바가지를 뒤집어쓰기로 합의가 성립된 것이다. 그리고 나서야 이일우사장은 교도소행 열

차에서 겨우 하차할 수 있었단다. 그분과는 연락이 두절 된 지 꽤 오래
되었다. 누구를 원망하리. 스타시장보다 버티기가 더 힘든 시장이 또 있
지 않나 하는 생각이다.

chapter 05
오직 '감(感)'으로만 투자하는
단순무식 경매 재벌 김여사

공부는 선생님이 해주세요

필자와 아는 분의 2007년 사례다. 단독주택의 등기부가 왜 두 개인지도 모르는 김여사다. 그야말로 '낫 놓고 기역자도 모르는' 사람인데 실전 부동산 투자에서는 도사 중 도사로 통한다. 이 분이 가진 부동산 목록을 보면 투자 좀 했다는 사람들도 놀랄 수준이다. 투자방법은 극히 간단하다. 자신의 말로는 오로지 '감(感)'에만 의존한다는 것이다. 돈 될 것 같은 지역에 사 놓고는 무작정 기다리는 것이 투자전략이라면 전략인 분이다. 어찌 보면 무모하기도 하고 어찌 보면 용감하다고 칭찬하고 싶을 때도 있지만 말이다.

2007년 가을로 기억되는데, 경매 물건에 궁금한 것이 있어 한 번 만나자는 것이었다. 뵌 지도 오래되었고 근황도 궁금하고 해서 한 번 만나기로 하고 필자의 사무실로 오시라고 약속했다. 만나자마자 하시는 말씀이 낙찰을 하나 받았는데 봐달라는 부탁을 하셨다.

"물건 좀 봐주세요?"

"낙찰받으시려고요?"

"아뇨. 이미 받았어요."

"뭐라고요~ 맨날 말씀 드리잖아요. 물어보고 응찰하셔야죠!"

"바쁘시고 귀찮아하실까, 받고 나서 물어보려고 안 물어봤죠."

"아니 그래도 그렇지, 응찰하시기 전에 물어보셔야죠!"

"죄송해요. 야단 그만 치시고 좀 봐주세요. 헤헤헤"

"뭐 하시려고 받으셨어요!"

"싸니까 무조건 받아버렸다니까요. 그만 따지고 좀 봐주세요?"

싸기에 무조건 질러버렸단다

"어디 있는 물건인가요?"

"종로구 숭인동 재개발지역이요."

"뭘 받으셨는데요!"

"빌라인데, 건물만 나와서 싸다고 그러기에 질러버렸어요?!"

"뭐라고요, 건물만이라고요? 그리고 싸다고만 응찰하시면 어떻게 하세요!"

"아이 참, 선생님. 야단 좀 그만치시고 좀 봐주세요?!"

"사건번호 좀 알려주세요!"

"사건번호가 뭐예요?!"

"응찰하실 때 입찰봉투하고 입찰표에 쓰셨던 숫자 있잖아요!"

"그 번호는 기억 못 해 모르고요. 낙찰받을 때 받은 영수증은 있어요?!"

"알았습니다. 그거면 됩니다. 그거라도 줘보세요!"

"여기 있어요."

"그런데 뭘 봐드릴까요!"

"세입자가 있는데 배당을 못 받으면 나에게 보증금 달라는데, 그게 맞는지 봐주세요?"

알려준 사건 번호로 검색해본 실제 물건이다.

사건번호가 뭔지도 모르시는 낙찰자

주소/감정서	물건번호/면적(㎡)	감정가/최저가/과정	임대차현황	구분/권리/등기/금액
서울 종로구 숭인동 251*-22* 진달래연립 103 • 감정평가서 정리 – 이대동대문병원 – 차량출입 불가능 – 일반주택 밀집 – 정방형평지 – 2종일반주거 – 도시가스공급식 – 창신숭인정비 06.11.23 신정감정 – 청 구 액 : 66,000,000	대지권 없음. 건물 59.7(18.5평) 방3. 1991.04.05 보존 ------------ – 응찰자수 : 4명 – 낙찰자 : ○○○	감정가 76,200,000 최저가 60,960,000 　　　(80.0%) -------------- • 경매 진행 과정 유 찰 07.03.11 낙 찰 07.07.16 　70,990,900	이정윤(방2) 전입 99.03.07 확정 07.01.05 배당 07.01.09 (보) 75,000,000 소유자 채정○ 방 1	가압류 : 정의천 　03.07.21 　133,430,000 가압류 : 동대문신협 　04.05.24 　105,391,255 가압류 : 이행유 　04.09.04 　145,088,000 강제 : 동대문신협 　06.11.19 압류 : 종로구청 　07.02.02
주의사항	* 건물만 경매 대상, 토지소유자로부터 건물철거소송진행 중			

개요는 이렇다. 종로구 '창신·숭인재정비촉진지구' 내의 실평수 18.5평, 1층 연립으로 임차인이 보증금 7,500만 원에 방 두 개를 사용하고 있고 나머지 방 한 개에서 주인이 살고 있었다. 대지권은 미등기도 아니

고 아예 없다. 이 지역은 서울 구도심에서도 주거환경이 열악하기로 유명하다. 그런 이유로 관할 관청인 종로구청이 재정비사업을 열심히 추진하고 있는 지역이다.

구역은 투자 가치가 아주 좋은 곳이다

물건현황에 대해 결론부터 말씀드리면 경매 고수라도 응찰하면 안 되는 물건이다. 왜냐하면 임차인은 배당요구를 했지만 받을 금액이 얼마 되지 않는다. 배당받지 못한 금액은 낙찰자가 추가로 물어줘야 한다. 그런데 그 금액이 얼마인지 알 수가 없다. 더구나 토지소유자로부터 '건물철거소송'이 제기되어 재판이 진행되고 있는 물건이다.

만약 토지소유자가 제기한 소송에서 패하게 되면 영락없이 건물을 철거당할 수도 있는 경우다. 그동안 일반매매로 처리하려고 해도 팔리지 않자 전략을 바꾸어 경매를 통해 털어버리기로 한 녀석이었다. 경매 시장으로 떨이하러 나온 물건을 덥석 낙찰받아버린 것이다.

"임차인 말이 맞네, 다 못 받은 나머지는 여사님이 물어주셔야 해요!"

"배당요구했다고 여기 쓰여 있잖아요?"

"배당요구는 했지만 순위가 밀려 못 받아요!"

"순위가 뭐예요. 그런 법이 어디 있어요?"

"그러니까 물어봤어야죠. 근데 더 심각한 문제가 있어요!"

"뭐가 더 심각해요?"

"이 물건 왜 받으셨어요?"

"재개발 아파트 입주권 준다 해서 받았다니까요?!"

"그럴 줄 알았어요! 그런데 입주권 안 나올 수도 있어요!"

건물주를 상대로 건물철거소송을 제기

"재개발은 주택만 있으면 아파트 입주권 준다고 하던데?"

"누가 그래요!"

"땅은 없어도 되는데 건물만 있으면 조합원자격 대상이라고 했다니까요?"

"토지주가 건물주를 상대로 건물철거소송하고 있는 것 아세요?"

"그러니까 싸게 낙찰받은 것이라니까요?"

"이런 물건의 매매시세는 얼마나 한다고 하던가요?"

"1억 4~5,000정도면 급매로 살 수 있다고 했어요?!"

"투자금을 계산해보면 1억 3~4,000은 들어갈 것 같은데, 그것도 건물만 사는 데에!"

"땅까지 해서 1억 4~5,000이면 급매로 살 수 있다고 했다니까요?"

"그러니까 잘못 지르셨다니까요!"

독자 여러분들이 앞의 경매 정보지를 보고 이 대화가 이해가 되시면 고맙겠다. 경매 정보지에서 보이는 것처럼 낙찰자의 응찰가격은 7,099만 원이고, 임차인(이정윤)의 보증금은 7,500만 원이다.

한참 뒤 김여사에게서 다시 전화가 왔다. 토지소유자가 제기한 건물철거소송 1심에서 패한 다음 2심이 진행되는 도중에 토지소유자에게 낙찰금액 수준에서 매각해버렸단다.

"도와주셔서 감사합니다~ 우 교수~니~임!"

"어찌 되셨나요?"

"낙찰받은 금액에 되팔아버렸습니다!"

"누구에게요?"

"날강도 같은 땅 주인 놈에게요."

"임차인은 어떻게 하기로 하셨나요?"

"자기들이 알아서 한다고 하데요?!"

땅주인 대박 터져 경사 났네!

재주는 김여사가 부리고 재미는 날강도가 다 보고

"나도 그렇게 생각해요. 그놈들이 내 걸 뺏어갔다니까요."

"재주는 김여사님이 넘은 것 맞네!"

"그래서 억울하다니까요."

"그나마 다행입니다. 좋은 공부에 좋은 경험하셨습니다!"

"경매라면 이제 지긋지긋합니다!"

"그래도 큰 손해 안 보고 좋은 공부하셨잖아요!"

"손해를 안 보았다고요. 뭔 손해를 안 봤다고 그러세요?"

"그럼요, 그 정도면 그나마 잘 마무리된 것입니다!"

"그런가요?"

"그럼요, 이참에 김여사님도 경매 공부 다시 본격적으로 시작해보세요!"

"경매 어려운 것 같아요, 차라리 매매가 더 나은 것 같아요!"

"어려운 것은 맞는데, 어려우니까 재미있죠!"

"어려운 공부는 선생님이 많이많이 하세요!"

"그런 말씀 마시고 공부하셔서 본격적으로 도전해보세요!"

"아뇨아뇨, 그런 말씀 마세요 다시는 경매 판 쳐다보지도 않을 작정입니다."

필자 주변에서마저 이런 수준의 일들이 일어나고 있는데, 알려지지 않은 실패사례는 얼마나 많고 상황은 오죽할까 하는 마음에 안타까운 생각이 든다.

chapter 06
슈퍼 골키퍼 예배드리는
목사님과 영험한 선녀보살

늙은 학생으로부터 걸려온 전화

필자가 이 물건의 낙찰자를 알게 된 인연은 건국대학교 부동산대학원에서 '부동산 권리분석'을 강의하면서다. 필자보다 나이가 많은 늙은 학생의 사례다.

"안녕하세요, 저는 대학원에서 교수님한테 수업 들은 정주찬인데, 생각 안 나시죠?"

"아~네~, 죄송합니다. 목소리만 들어서는 잘 모르겠습니다!"

"아마 그러실 겁니다. 뵈면 바로 알 수 있을 텐데요?"

"그럴 것 같습니다. 그런데 무슨 일 있으세요?"

"네~~죄송합니다, 뜬금없이 전화를 드려 번거롭게 하는 것 같아서요?"

"어려운 일이신가 봐요?"

"근린주택을 하나 낙찰받았는데 말썽이 좀 생겨서요?"

"잔금 문제신가요?"

"명도까지 끝났는데 다시 말썽이 생겨서 교수님한테 자문을 좀 구할까 하고요."

"명도가 끝났는데 무슨 말썽이 또 발생하나요?"

"네. 일이 좀 그렇게 꼬였습니다. 뵙고 상의 한번 드리고 싶은데 괜찮으시겠어요?"

"네, 좋습니다. 서로 편할 때 한번 뵙죠!"

"그런데 좀 빨리 마무리가 되어야 해서요. 상황이 좀 급하거든요."

"그러세요. 그럼 이따 저녁에 만날까요? 시간을 좀 내보죠!"

"감사합니다. 이따 뵙겠습니다."

"그 전에 낙찰받은 물건의 사건번호를 좀 알려주세요!"

"서울 동부법원 2006-214**번입니다."

알려준 사건번호로 검색한 물건의 대강은 다음과 같았다.

3층에 개척교회가 세 들어 있는 근린주택

* 주　소 : 광진구 화양동(건대 먹자골목의 안쪽 골목)

* 건물현황

　① 지하층 : 약 65평(피시방)

　② 1　층 : 약 55평(슈퍼마켓)

　③ 2　층 : 약 55평(당구장)

　④ 3　층 : 약 53평(교회)

* 임차보증금 현황

　① 지하층 : 약 65평(PC방-보증금 5,000만 원/월세 220만 원)

　② 1　층 : 약 55평(슈퍼마켓-보증금 1억 5,000만 원/월세 330만 원)

③ 2   층 : 약 55평(당구장-보증금 8,000만 원/월세 150만 원)

④ 3   층 : 약 53평(교회-보증금 8,000만 원/월세 70만 원)으로 임대되고 있는 근린주택을 경매에 참가해 감정가의 118%선에 낙찰받은 물건이었다.

명도까지 다 마무리되었다고 하니 이해가 되지 않았지만, 문제가 발생했으니까 상담하러 온다는 말 아니겠는가? 필자의 사무실로 찾아온 사람은 전에 필자에게 수업을 들은 학생이 분명했다. 반가움도 잠시였다. 상태가 상당히 심각했다. 본인은 도저히 답이 나오지 않아 고민 끝에 찾아왔다면서 상황을 말하기 시작했다.

낙찰자의 아파트에 와서 새벽 예배드리는 목사님

문제는 3층에서 보증금 8,000만 원/월세 70만 원에 세를 얻어 개척교회를 운영하시던 목사님이 자신이 사는 아파트 입구로 신도들을 몰고 와서 새벽 예배를 드린다는 것이었다. 교회 명도 과정에서 약간의 실랑이는 있었지만 다른 건물에 세 들어 갈 수 있게 상당한 정도의 이사비용을 지불해서 웃고 이사 갔는데 지금 다시 돈을 더 달라고 한단다.

"벌써 일주일째 새벽마다 동네에 아주 볼만한 굿이 났습니다."

"무슨 말씀이세요? 무슨 굿이 났다는 말씀이세요?"

"아파트 현관 입구에서 새벽마다 우리 집을 향해 핸드마이크로 기도와 찬송을 합니다."

"관리실에서는 제재 안 하나요?"

"말 마세요, 집사람은 동네 창피해 죽겠다고 난리도 그런 난리가 없어요."

"제가 생각해도 난감하시겠네요!"

"경찰에 신고할까요?"

"그러지 마세요. 사태만 더 악화시킵니다!"

"그러면 어떻게 할까요?"

"요구가 어느 정도인가요!"

"날린 보증금 전액하고 이사하면서 들어간 비용까지 달라고 떼를 씁니다."

"나갈 때 드렸다면서요?"

"다 채워달랍니다?"

"제 생각을 말씀드릴까요?"

"제발 그래주세요?"

"달라는 대로 빨리 줘버리세요. 해결책은 그것뿐인 것 같습니다!"

"그럴까요?"

"이런 경우는 그 정도 돈으로라도 마무리되면 다행입니다."

"그런가요. 말씀 감사합니다, 잘 알겠습니다."

"마무리되면 다시 연락 한번 주세요, 소주 한잔 하게요, 제가 한잔 살게요!"

"무슨 말씀이세요, 제가 사겠습니다."

이런 경우 별다른 방법이 없다. 사람 다치지 않은 것만으로도 감사해야 할 수도 있다.

일반적으로는 강제집행을 진행하는 집행관에게 폭력을 행사하면서까지 저항하는 경우는 그다지 많지 않다. 그러나 간혹 그런 일이 벌어지는 곳 중 하나가 종교시설이 세 들어 있는 건물이다. 특히 '청년신도'들에

의한 명도 방해나 물리적 충돌이 발생할 가능성이 있다.

우리 모두 다 아는 명도 참사가 있었다. 2009년 1월 엄동설한에 대한민국 서울 한복판 용산구 재개발 현장에서 주민 다섯 명과 경찰특공대원 두 명이 사망하는 대참사가 벌어졌다. 우리는 '용산 참사'라 부른다. 용산에만 명도 참사가 있는 것이 아니다. 재개발, 재건축 현장에만 명도 참사가 있는 것은 더더욱 아니다. '부동산 강제집행' 즐기시다 목숨이나 신체를 강제집행당할 수도 있다. 법은 낙찰자 편일지 몰라도 주먹은 신(神)의 편일 수도 있다.

명도가 불가능했던 안산 교회 건물

필자가 대표이사인 (주)GMRC 명의로 낙찰받았다가 명도가 불가능했던 사례를 하나 소개한다.

IMF 불황의 긴 터널을 벗어나던 2001년 여름이었다. 경기도 안산 본오동에 있는 대지가 약 85평에, 지하 1층 지상 3층으로 연면적이 약 190평 정도 되는 근린주택이었다.

건물 현황과 이용내역은 대강 아래와 같다.

* IMF 여파로 가내공장으로 사용되던 지층은 비어 있었고,
* 1층 카센터도 부도로 문이 잠겨 있었고,
* 2층에 교회가 보증금 3,000만 원에 월세 25만 원에 세 들어 있었고,
* 3층은 보증금 없이 외국인들이 숙소로 사용하고 있었다.

비어 있거나 모두 후순위여서 법적으로는 인수할 임차인은 없었다. 감정가가 토지, 건물 합해서 2억 8,000만 원 정도였고, 낙찰가는 1억 2,000만 원 정도였다. 불황의 여파이기도 했지만 이렇게까지 떨어진 데는 그

럴만한 이유가 있었다.

건물의 2층에 세 들어 있던 교회 때문이었다. 임차보증금은 3,000만 원이고, 신자수가 총 여덟 명(목사님 식구 포함)이었다. 후순위 임차인으로 소액임차인에도 해당되지 않아 보증금을 전액 날리는 케이스였다.

명도를 위해 만나본 목사님은 아무런 걱정이 없으셨다.

기본적으로 세상을 바라보는 차원이 필자와는 전혀 다른 분이셨다. 세속적인 법리관계에 대해서는 아는 것도 없고, 관심도 없으셨다. 후순위여서 배당에 참가하지 못하는 점에 대해서도 별 염려가 없었다. '강제집행'이나 '명도'에 대해서는 더더욱 태평하셨다. 바람은 그저 기도할 공간만 있으면 그것으로 행복해하시는 분이셨다. 경매로 집주인이 바뀌어 나가라고 해도 이사 갈 생각도 없고, 현세에서 핍박받으면 저 세상에 가서는 천당에 들어간다는 식이었다.

당초 대화 자체가 불가능한 상황이 지속되었지만, 속이 타는 사람은 필자뿐이었다. 하는 수 없이 명도 신청하려고 수원법원(당시에는) 집행관을 찾아 갔더니, 집행관 말씀이 자기도 그 물건에 대해서 잘 안다고 했다.

집행관도 기억하는 교회

"어떻게 아세요?"

"현황 조사하러 가서 목사님을 만나서 압니다!"

"그래서 강제집행 좀 신청하려고?"

"하지 마시고 잘 타협하세요!"

"아신다면서요?"

"그러니까 집행신청하지 마시고 대화로 해결하라고 말씀드리는 겁니다!"

"오죽 답답하면 이러겠어요?"

"압니다. 이해는 하지만 그래도 대화로 해결하세요!"

"어떻게 하면 좋을까요?"

"제가 답을 드릴 수는 없지만 강제집행은 좋은 해결책이 아닙니다!"

"난감하고 답답합니다!"

"이런 말씀드리는 우리도 마찬가지입니다!"

하면서 강제집행 신청하지 말고, 말로 해서 이사 보내라는 충고를 해주었다. 강제집행 신청을 해서 집행 허가가 떨어져도 현장에 갈 생각이 없으니 헛고생하지 말고 목사님과 합의해서 넘겨받으라는 것이었다. 필자가 집행관에서 물었다.

"혹시 교회 다니세요?"

"에이, 무슨 말씀을 그렇게 하세요!"

"명도를 너무 솔직하게 거부하시니까, 그런 느낌이 들어서요?"

"아닙니다~ 혹시라도 사고날까 봐 염려되어서 드린 말씀입니다!"

끝내 강제집행을 신청조차 못하고 발길을 돌렸다. 그리고 끝내는 목사님의 요구를 들어주지 않을 수 없었다. 유사한 상황이 벌어질 수 있는 물건으로는 점집(보살집), 수련원, 포교당 등이라고 보면 된다.

필자가 경험한 종암동 점집

종교시설을 낙찰받고 필자가 경험한 또 다른 사례다. 서울 종암동에 있는 조그마한 구옥을 재개발을 염두에 두고 낙찰받은 적이 있었다.

낙찰받고 찾아가보니 그 집은 세상살이가 팍팍한 사람들의 길흉화복을 점쳐주는 선녀보살의 영업장이었다. 약간의 마당과 방이 3개, 거실로 이루어진 구조였다. 채무자와 부부관계로 아무런 권리도 없는 선녀보살이 방 하나와 거실을 신당으로 꾸며서 사용하고 있었다. 신당에서는 선녀보살이

"예비 신랑 신부의 궁합을 맞춰보는 것은 기본이다."

"인생이 잘 안 풀린다."

"하는 일마다 꼬인다."

"밤마다 꿈에 조상님이 나타난다."

"내일을 알고 싶다."

"자식이 속을 썩인다."

"남편도 그런다."

"남편의 사업이 시원치 않다."

"나는 몸이 아프다" 등으로 고통 받으면서도 누구에게 말도 못하는 불쌍한 대중들의 말도 들어주고, 신통한 영험까지 발휘해 막힌 곳을 뚫어주고 앞길을 밝혀주고 있었다.

그토록 신성한 곳을 무례하게도 필자가 대표이사로 있는 법인이 낙찰받은 때가 2001년이었다.

그래도 믿을 곳은 집행관뿐?

잔금 내고 나서 대화가 잘 안 되자 인도명령 신청하려고 법원 집행관실을 찾아갔다. 담당 집행관 대뜸 하는 말이 그런 곳(?)은 집행하러 나가기 곤란하단다. 그러니 대화로 원만히 잘 해결하란다. 말도 안 되는 조

언(?)을 듣고서 하는 수 없이 귀신 들린 선녀보살을 찾아갔다. 마지못해 엉거주춤 찾아간 필자를 마치 굶주린 사자가 먹잇감이라도 발견했다는 듯이 잘 왔다며 대뜸 대환영을 해주는 것이 아닌가?

'명도하러 온 사람을 환영이라니!'

'이상하다!'

'혹시 집을 잘못 찾아왔나!'

당황해 머뭇거리자 선녀보살은 이쪽으로 앉으라며 친절하게 방석까지 권했다. 생각해보면 먹잇감이 제 발로 찾아왔으니 환영할 만도 하겠다는 생각이 든다. 하여간 명도하면서 난생 처음 당하는 환영이었다. 그러면서 하신다는 말씀이,

"이곳은 장군님을 모시는 신성한 곳이다?"

"여기서 버릇없는 소리하면 천벌 떨어진다?"

"재수에 옴 붙으니 명도 같은 이야기는 하지도 마라?"

"온 김에 당신(본인) 사주는 어떤지 봐주마?"

"뭐 하면 언제부터 돈을 버는지 내가 말해주마?"

"언제부터 대운이 들어오는지 확실하게 짚어주마?"

"당신 막힌(?) 인생을 확실히 뚫어주마?"

이쯤 되자 속이 심하게 울렁거렸다. 자기 앞도 못 가리고 망한 주제에 누구의 뭘 짚어주고 막힌 어디를 무엇으로 뚫어준다는 말인지. 명도라는 것이 기본적으로 낙찰자가 우위에 서고 나가야 할 사람이 기가 좀 죽어야 대화가 제대로 진행되는 구도다. 적반하장도 정도껏이지 쫓겨나가야 할 채무자가 기세가 더 등등해하며 허풍을 떨고 큰 소리를 치고 있는 판국이었다.

이런 판국에 무슨 명도가 되겠는가? 용기를 내서 나가라는 말이라도 한마디 했다고 해보자. 선녀보살이 가만 있겠는가? 혈압이 올라 잠 못 이룰 것은 뻔하다. 잠도 안 오는데 할 일이 뭐가 있겠는가? 주 전공을 살리시겠지. 그날 밤부터 영험하신 보살님은 인형을 만든다. 대바늘을 깎는다. 난리법석을 부릴 것이다. 재수 없을 것은 빤하지 않겠는가? 상당한 출혈을 감수하며 울며 겨자 먹기 식으로 처분하고 말았다. 필자가 처음 경험했던 명도 실패사례로 기억되고 있다.

chapter 07

낙찰받은 집의 채무자 처의
동창이라는 아줌마

무슨 일이든지 원인은 분명 있다

주식시장에는 '하이 리스크, 하이 리턴'이란 격언이 있다. 당연한 이야기로, 쉽게 말하면 '위험수당'이라고 하면 틀림없다. 위험이 높은 주식일수록 수익률이 높다는 뜻이다. 신용등급이 낮을수록 금융기관에서 돈을 빌릴 때 높은 이자를 감수해야 하는 것과 마찬가지다. 신용등급이 낮을수록 원금을 떼일 가능성이 더 높기 때문이다. 위험을 더 부담하는 데 따른 당연한 보상인 것이다. 부동산 경매에서도 비슷한 경우들을 보게 된다.

동전의 양면처럼 서로 불가분의 관계인 '위험'과 '수익'은 투자자가 어떤 결정을 하느냐에 따라 달라진다. 이런 관계가 항상 성립된다는 것은 아니고 대체로 그러하다는 이야기다. 부동산 경매에 뛰어들면, 힘은 좀 들지만 많은 사람들이 큰돈을 버는 것처럼 생각하는 경향이 있다. 그런데 속사정을 들여다보면 그러지 않는 경우가 더 흔하다.

＊권리분석을 잘못해서,

* 시세파악을 잘못해서,
* 물건이 좋아 보여서,
* 미래가치가 좋아 보여서,
* 가치 판단을 잘못해서,
* 분위기에 휩쓸려서 등의 크고 작은 이유들로 피해가 발생한다.

작게는 입찰보증금에서부터 심한 경우는 잔금을 모두 납부하고 취득한 소유권까지 잃는 최악의 사태가 발생할 수도 있다. 실패의 구체적인 내용들이야 다르겠지만 한결같은 공통점은 기본을 소홀히 했다는 점이다. 가장 기본적인 것들을 조사하고 따져보는 것을 게을리하고는 '이익'에만 눈이 멀었기 때문이다. 이익에만 눈이 멀면 정말 눈이 멀어질 일이 벌어질 수도 있는 것이 경매 판이다.

전입만 선순위인 가짜 세입자

송파대로에서 잠실대교를 지나 북쪽인 어린이대공원 방향으로 가면 지하철 2호선 구의역과 건대역 사이의 큰 사거리가 나온다. 2호선 철길과 4거리가 교차하는 곳이 '자양 4거리'다. 4거리를 좀 더 지나가면 광진구청이 왼편에 있는데 문제의 물건은 광진구청과 거의 담벼락이 붙어 있던 연립주택이었다.

낙찰받아 소유권 취득한 다음 전세주면서 기다리다 보면 재개발이 가능할 것으로 보여 응찰했던 이경우씨의 이야기다. 전망은 제대로 하셨다. 지금은 '구의·자양촉진지구'로 지정되어 전면 재개발이 예정되어 있는 동네다. 그런데 낙찰받았지만 소유권 취득은 하지 못했다. 결론부터 말씀드리면 입찰 당시 법원에 납부했던 입찰보증금 10%를 떼었다.

이유는 선순위 임차인이 있었는데 경매 정보지상에는 '임차인 미상'으로 표시되었던 것을 무시하고 전입세대열람조사를 하지 않은 것이 화근이었다. '미상'을 '없다'로 판단하신 것이다. 기본 중의 기본을 생략하고 응찰한 결과였다. 당연한 결과라고도 할 수 있다.

채무자 가족만이 살고 있었고, 선순위 임차인(?)으로 판명될 소지가 있는 한 사람은 단순 전입자에 불과했지만 입찰보증금을 날리는 비극으로 연결되고 말았다. 저당권 설정일보다 먼저 전입하고 있었는데 실수로 놓친 것이다. 그 물건의 주민등록전입과 등기부상 설정권리의 순서는 다음과 같았다.

전입세대열람 결과 전입이 먼저였다

* 전입 1순위 : 채무자 가족 전입
* 전입 2순위 : 단순 전입자(가짜 세입자)
* 설정 1순위 : 저당권(농협중앙회 - 채권최고액 7,200만 원)
* 설정 2순위 : 저당권(자양새마을 - 채권최고액 8,800만 원)
* 설정 3순위 : 가압류 총 6건(압류총액 - 1억 8,351만 원)로 이루어져 있었다.

1차 유찰 후 2차 입찰일에 9,960만 원에 응찰하고, 당일 최저가의 10%인 770만 원에 응찰해 낙찰받을 때까지는 기분도 상쾌했다. 그러나 낙찰영수증을 받아들고 동사무소에 가서 세대열람을 해보고 깜짝 놀라지 않을 수 없었다. 채무자 가족 말고도 선순위로 전입자가 한 세대 더 있는 것을 발견한 것이다. 경매 정보지에는 '채무자 가족 점유, 폐문부재, 임차인 미상'으로 기록되어 있는 것을 전입자가 없다는 말로 이해했었다.

그날 저녁 집으로 가서 확인해보니 채무자 가족은 살지 않고, 50대 아주머니가 한 분이 살고 있었다.

"딩~동~♬~♪~♩~♬~♩~딩~동~♬~♪~♩~♪~♬~♩~디~잉~도~옹~"

"누구세요?"

"이 집 낙찰받은 사람입니다!"

"네~ 잠깐만요~ 나갑니다~ 왜 그러시죠?"

"이 집 오늘 낙찰받은 사람입니다. 집 주인이세요?"

"아뇨~ 세들어 사는 사람인데요?"

"뭐라고요? 법원 기록에는 세입자가 없다고 되어 있던데요?"

"세 살면 사람도 아닌가? 세 산다니까요."

세 산다고 괄시하지 마란다

그러면서 하는 말이 채무자 부인의 시골 동네 사람이라면서 자기는 선순위 전입자여서 아무 걱정 안 했단다. 법원에 배당요구하고 배당금 찾으러 가고 오고 하는 것이 귀찮아서 낙찰자에게 받아낼 생각으로 배당요구를 안했다는 것이다.

"그럼 전세보증금이 얼마세요?"

"오늘 낙찰받으셨다면서요?"

"네~ 에!"

"그럼, 아직 보증금이 얼마인지 물을 때가 아니잖아요?"

"뭐라고요?"

"겨우 낙찰받아 아직 매각허가결정을 받은 것도 아니고, 이해관계자도 아니시면서 성질은 급하시기는?"

"오늘 낙찰받았다니까요!"

"잔금납부하고 오세요. 그럼 전세계약서 꼭 보여드릴게요. 호호호."

"!?!?!?!?!?!?!?!?!?!?!?!"

아주머니 말인즉슨,

"당신은 아직은 최고가매수인에 불과하다."

"소유자가 아니니까 보여달라고 말할 자격이 없다."

"그래서 지금은 대답해줄 단계가 아니다."

"잔금납부하고 영수증 가져와서 보여줘라."

"그러면 그때 알려주겠다."

맞는 말이기는 했다.

잔금납부를 포기해야 한다는 것을 직감적으로 느꼈다. 이 아주머니가 경매 구렁이거나 아니면 아주머니 뒤에서 경매 도사가 코치하고 있는 것이 분명했다. 역경매의 불구덩이가 바로 보이더란다. 잔금을 납부하면 기름을 뒤집어쓰고 불구덩이로 뛰어 들어가는 꼴이다.

장군 멍군 장군 멍군

다음날 법원으로 달려가서 '매각불허가신청'을 했다.

결과는

'매각허가'가 떨어졌다.

'매각허가취소소송신청'을 제기했다.

얼마 뒤

'매각허가취소소송신청이 기각'되었다.

다시

'매각허가취소소송신청기각'에 항고했다.

항고가 기각됐다.

'재항고'했다.

'재항고'마저 기각됐다.

그러자 법원은 '매각대금납부기일'을 결정했다. 나머지 잔금을 납부하라는 것이다. 이는 잔금을 납부하지 않으면 입찰보증금을 몰수하고 재매각(입찰보증금20%)으로 다시 매각을 진행하겠다는 것이다. 이익에만 눈이 멀어 기본을 대강했다가 '잽 한 방' 맞은 것으로 하고, 비싼 수업료 지불했다 셈치고 포기하고 말았단다.

Part 06

뚜껑을 열기 전에는
누구도 알 수 없는 판도라 상자

명도에서 애먹은 이야기를 계속해보자. 한결같이 낙찰자가 골탕을 먹는 경우로 말이다.

어쩌다 한 번 일어나는 일이 아니다. 이런 일들을 직접 경험하는 순간에는 낙찰자 혼자서 감당하기 힘들다. 독자들에게 진심으로 다시 당부드린다. 최악의 명도 상황에 직면 했을 때 대처할 수 있는 카드를 한두 장은 항상 준비하고 시작하자.

이 책의 Part 05나 Part 06에서 소개되는 식의 상황을 만났을 때 조언을 해주고 방법을 제시해줄 수 있는 조력자가 한두 명은 사전에 준비되어 있어야 한다. '백지장도 맞들면 낫다'는 말도 있지 않은가? 고수라면 더 없이 다행이겠지만 아니라면 최소한 경매에서 명도가 어떤 의미인지를 아는 사람 정도라도 마련해두자.

어떤 문제에 부딪혔을 때 당사자끼리는 대화 자체가 어려운 경우가 있다. 중이 제 머리 못 깎는 것이 세상 이치다. 이럴 때 경험 있는 사람이 중간에 개입하면 실마리가 쉽게 풀리는 경우가 많다. 특히 서로의 입장이 첨예하게 대립하는 '명도 현장'에서는 더욱 그렇다. 경험 많은 선수에게 도움을 받으면 '법대로'까지 가지 않고 해결될 수 있다.

　명도 현장에서 바람직한 방법은 첫 번째도 '대화', 두 번째도 '대화', 세 번째도 '대화'다. '주먹'은 쥐고 있을 때가 훨씬 효과적이다. 쥐고만 있어야지 휘둘러버리면 약발 끝이다. '법'은 최후에 뽑아야 하는 카드이고, 비용은 가장 비싸고, 효율은 가장 낮다. 뽑아들지 않을 수만 있다면 뽑지 않는 것이 상수다. 또한 때에 따라서는 '법'이라는 최후의 카드조차 뽑을 수 없는 경우도 있다. 지금부터 보는 사례들 역시 카드 한 번 제대로 뽑아보지도 못하고 일방적으로 당한 사례들이다.

chapter 01

21세기 대한민국에서
얼마든지 일어날 수 있는 일들

집행 불능인 경매 물건

강제집행이 쉽지 않는 물건이 의외로 많다. 앞에서도 몇 건 보았지만 빙산의 일각이라는 것을 잊지 말자. 강남구 역삼동 르네상스호텔 뒤쪽 근처의 지하 1층(전용 약 80평) 단란주점과 노래방으로 사용되는 물건을 경매로 낙찰받았는데 현재까지도 명도에 애를 먹고 있는 사례다. 명도 못한 낙찰자는 벌써 6년째 골병이 들고 있는 이유는 단란주점 때문이다.

낙찰 후 노래방은 명도에 아무 문제가 없이 잘 마무리되었는데 단란주점이 사람을 아주 잡고 있다. 낙찰자는 후순위 세입자(단란주점 마담)하고 대화가 안 되자 강제집행을 신청하기로 했다. 강제집행을 신청하려고 집행관실을 방문하고는 당황하지 않을 수 없었다.

집행관은 사건번호를 보자마자 얼굴색이 변했다.

* 이 물건은 강제집행할 계획이 없다.

* 현장에 나가도 결국 집행불능이다.
* 강제집행은 신청 안 하는 게 좋다.
* 집행이 좋은 방법이 아니다. 잘못하면 서로 다친다.
* 가능하면 세입자하고 대화로 해결하라고 훈계하더란다.

잔금내고 강제집행을 신청하려 할 때까지 약 3개월 동안 시달릴 대로 시달렸는데, 무슨 대화를 또 하라는 건지? 그저 어안이 벙벙할 뿐 더 이상 할 말이 없더란다. 법적권리가 전혀 없는 세입자(마담)와 접촉하는 동안 낙찰자가 오히려 시달렸다. 온갖 공갈 협박에 밥맛이 싹 달아난 낙찰자가 의지할 곳은 오직 한 군데뿐이었다.

마지막으로 내 편(?)이라고 생각하고 도움을 요청하러 간 집행관마저 낙찰자의 말은 들어볼 생각도 안 하고 돌아가란다. 자기 말 안 듣고 집행신청해도 결국 현장에 출동만 할 뿐 집행은 못한단다. 괜히 비용만 깨지고 임차인하고 감정만 더 악화되니까 어려워도 끝까지 대화로 잘 마무리하라고 하셨다. 집행신청불능인지, 집행불능인지, 집행거부인지 도대체 구분이 어려워 더욱 기가 막혔다.

죽이고 살리고는 자기 마음이란다

'무대뽀형'과 '막가파형'을 합해놓은 것처럼 엉망도 그런 엉망은 세상에 없을 듯했다. 찾아가면 마담의 레퍼토리는 대충 다음과 같다.

"낙찰자를 죽이고 살리고는 자기 마음에 달려 있다."

"언제 어떻게 죽이든 그것도 자기 자유다."

"내보내려면 자기가 쏟아 부은 돈의 세 배는 내놔라."

"조용히 장사만 하게 놔두면 아무도 다치지 않는다."

"내가 낙찰받으려 했는데 당신이 받았으니 내 것을 빼앗아간 것이다."

"경매 잘 아는 내가 그래도 참고 있다."

"싸게 낙찰받은 당신 신변도 잘 안다."

"법대로 하고 싶으면 그렇게 한 번 해봐라."

"일 벌린 그다음은 내가 책임 못 진다."

"남의 영업장에 와서 영업 방해하지 마라" 등 눈 하나 깜짝 안 하고 대강 이런 식이란다. 듣다 보면 목구멍까지 치밀어 오르는 화를 참느라 눈물이 난단다.

마담은 6년이 다 되어가는 지금까지도 재계약도 하지 않고 비워줄 생각이 없다고 한다. 자신이 떼였다는 보증금(2억 원)하고 시설비, 권리금을 모두 회수할 때까지 영업을 해야겠다며 버티고 있는 중이다. 생피가 마르고 죽어나는 사람은 당연히 낙찰자다.

아무런 공과금도 안 내고 있다

"월세도 여지것 안 내고 있다."

"전기 사용료도 내지 않고 있다."

"가스 사용료도 안 내고 있다."

"수도 사용료도 안 내고 있다."

"물론 밤마다 물장사는 잘 하고 있다."

그러는 동안 낙찰자는

"기존의 임차인을 내보내지도 못하고 있다."

"따라서 재계약도 못하고 있다."

"재계약은 고사하고 보증금·월세도 못 받고 있다."

"전기 사용료도 불법 점유자 대신 내주고 있다."

"가스 사용료도 불법 점유자 대신 내주고 있다."

"수도 사용료도 불법 점유자 대신 내주고 있다."

"잔금융자 때 빌린 대출금 이자도 내고 있다."

"사치성 부동산으로 중과세 되는 재산세도 통째로 내고 있다."

"마담한테 당한 골병에 화병이 날로 깊어지고 있다."

먹잇감은 포식자의 처분에 따르고 있을 뿐이란다. 죽을 맛이지만 손과 발이 다 묶여 있으니 무슨 방도가 있겠는가? 그나마 아직까지 경제적으로 망하지 않고 버틸 수 있는 이유는 노래방에서 나오는 임대료로 겨우 커버가 되고 있기 때문이다. 그러지 않았다면 그 물건은 다시 경매 처분당했을 것이다.

알면서도 못했다

소유권 이전 후 6개월이 지나면 당초에는 인도명령신청 대상자였더라도 명도소송을 제기해야 한다. 인도명령신청은 신청서 접수만으로 집행결정문이 나온다. 반면 명도소송은 정식재판이다. 인도명령신청은 접수후 2주일 정도면 결정이 나는 반면, 명도소송은 소 제기 후 집행결정이 확정될 때까지 짧게는 6개월, 길어지면 2~3년은 기본이다.

비용은 인도명령신청은 접수비(500원~1,200원 정도)와 약간의 인지 대금(약 2~3만 원) 정도만 필요하지만, 명도소송은 혼자 수행하기가 번거로워 변호사를 선임하는 경우가 일반적이다. 인도명령신청과 명도소송의 차이는 너무나 크다.

이런 물건은 낙찰받는 사람들이 따로 있다는 것만 알고 넘어가자. 영업에 편의를 봐주는 사람들이 있다는 정도로 그치자. 욕심 부리지 말자. 몸 다치면 나만 손해다. 비슷한 경우들로 여관이나 모텔, 룸싸롱 등이 대표적이다. 내용은 다르지만 근린상가에 세 들어 있는 개척교회나 포교당, 점집 등의 종교시설물도 비슷한 분위기다. 명도가 불가능하다고 보면 정확하다. 종교시설을 명도하다 당한 사례는 이미 앞에서 본 적 있다.

국도변 모텔을 낙찰받으면 경험할 수 있는 일들

유흥시설 낙찰받으면 당할 수 있는 곤란한 일을 하나만 더 보자.

서울에서 춘천을 가려면 이제는 서울~춘천간 고속도로가 개통되어 40분이면 도착한다. 새로 길이 개통된다고 모두가 행복한 것은 아니다. 새 길이 나면 지금까지 사용되는 구 도로는 상황이 한 순간에 바뀌는 경우가 많다. 여러 가지 면에서 많은 변화가 생긴다. 그중에서 대표적인 것을 보면 새 길로 인해 교통량이 줄어드는 국도변에서 장사를 하는 분들이 영업에 막대한 피해를 입는다. 여러 업종 중에서도 특히 유흥업소가 큰 피해를 당하게 된다.

서울에서 국도 46번을 통해 춘천을 간다고 가정해보자.

서울 ⇔ 강동 ⇔ 미사리 ⇔ 팔당 ⇔ 조안 ⇔ 대성리 ⇔ 청평 ⇔ 상천 ⇔ 가평 ⇔ 강촌 ⇔ 춘천으로 연결된다. 아시는 분들은 잘 아시겠지만 이 길은 봄, 여름, 가을, 겨울 모두 전혀 다른 얼굴로 여행자를 즐겁게 해주는 아름다운 길이다. 눈발 날리는 초겨울, 경춘선 무궁화 열차와 속도경쟁을 벌이면서 따라가는 북한강변은 말 그대로 환상이다.

그러나 이 길은 전혀 다른 얼굴을 가지고 있다. 낭만과 또 다른 즐거움을 덤으로 즐기려는 분들을 상대로 영업을 하는 숙박업소가 유난히 많은 국도 중 하나란다. 그런데 이 길을 따라 즐비하던 숙박업소들이 서울~춘천간 고속도로 개통으로 영업에 된서리를 맞고 있다.

숙박업소 물건이 경매 시장에서 땡처리 되는 결과로 연결된다. 현재 이쪽 분위기는 북한강변을 끼고 쭉 들어서 있는 식당, 모텔 등 영업용 경매 물건의 수가 증가하는 추세다. 상당 기간 계속될 것으로 판단된다. 낙찰가는 뚜렷이 낮아지고 있다. 이유는 간단하다. 그럴 수밖에 없다. 유동인구 감소에 따른 영업환경 악화와 매상감소 및 영업이익 감소가 절대 원인이다. 이용자는 인근 주민일 리 만무하다. 산사태로 물길이 바뀌면 예전의 도랑과 계곡으로는 물 한 방울 안 흐르듯 새로 난 길을 따라 통행량이 급속히 줄어들어 버린다.

물길이 바뀌면 물도 새 물길 따라 흐른다

필자 주변에는 경매를 전업으로 하시는 분들이 여러 분 계신다. 경력이 한두 해가 아니다. 조용히 알짜 물건만 쏙쏙 빼 먹는 분들이다. 대체로 확실한 자신의 주 전공 한두 종목은 있고, 그 분야 물건에 집중하는 특색을 가지고 계신다. 살펴보면 대체로 다음과 같다.

"다가구주택만 주로 공략하시는 분",

"재개발, 재건축이 가능한 지역만 투자하시는 분",

"공단지역의 공장만 응찰하시는 분",

"장기로 목표를 설정하고 임야·전·답에만 올인하시는 분",

"수익률 낮게 잡고 단타에 주력하시는 분",

"상가 물건에만 집중적으로 투자하시는 분",

"부동산을 공매로만 구입하시는 분",

"경매로 낙찰받고 경매로 처분하시는 분",

"도로, 공원용지 등 보상을 목적으로 응찰하시는 분",

"국도변 유흥시설에만 집중하시는 분",

"권리관계 복잡한 물건만 주로 투자하시는 분",

"심각한 명도가 기다리는 물건만 하시는 분",

"잡식성으로 이것저것 가리지 않고 응찰하시는 분 등이다."

참으로 다양한 컬러들이다. 그러나 어떤 컨셉으로 경매 판을 누비시든 명도의 난이도가 가장 높은 물건이 결국은 유흥시설 물건이다. 물건이 증가하고 매각가율이 낮아진다고 응찰했다가는 대한민국이 아직 법치국가가 아니라는 사실을 금방 경험할 수도 있다.

영업보호비 명목으로 3억 원을 지불

인구와 이동량이 줄어드는 지역의 유흥시설을 낙찰로 소유권을 취득하시면 당장 경험할 수 있는 일이 크게 두 가지다. 하나는 죽기 살기식의 명도를 경험하게 된다. 높은 난이도와 함께 명도의 끝이 보이지 않는다. 이쪽 물건만을 낙찰받는 전문가들이 당하는 경우를 수차례 목격한 바이다. 건물을 넘겨받았다고 끝이 아니다.

상가 건물의 가치는 '소유권'과 '영업권'으로 분리된다. 소유권에 대해서는 시비할 수 없으니, 영업권에 대해서 시비를 계속한다. 그러나 이는 전적으로 옳은 말은 아닌 듯하다. 영업이 잘 되면 그때는 소유권에도 시비가 붙을 수 있다.

시도때도 없이 까만 양복들이 몰려와 어제 한 말 오늘 와서 또 하고, 가면서 내일 또 온다는 인사를 깍듯하게 하고 간다. 그리고는 정말 내일 또 온다. 시비의 종류와 내용은 동일하다. 아주 사람 피를 말린다. 요즘 까만 양복들은 어설프게 협박하거나 괴롭히지 않는다. 또한 어설픈 폭력도 쓰지 않는다. 공포스러운 분위기만 잔뜩 조성한다. 이전보다 훨씬 지능화되어 있다. 끝내는 상당한 정도의 요구를 들어주어야 끝이 난단다. 영업이 잘 될 리 만무하다. 대표적인 '찰거머리형'이다.

두 번째는 매상 감소로 오는 영업이익의 부진이다. 이는 이동량이 줄어드는 지역에서 공통적으로 나타나는 현상이다. 한두 사람의 노력으로 바꾸기 어려운 난제 중 난제다. 안 들어가는 것이 현명하다.

실제 사례로 양평군 조안면의 청평 가는 국도변의 모텔을 낙찰받았다가 소속도 신분도 알 수 없는 까만 양복에게 3년 이상을 시달리면서 갈취를 당하는 경우를 본 적 있다. 지상 4층, 방 30여 개짜리 모텔을 12억 원(감정가의 약 75%)에 낙찰받고, 영업보호비 명목으로 3억 원 이상을 지불하고서야 마무리되는 것을 말이다. 찰거머리들은 그렇게 돈으로 해결했다.

더 심각한 사태가 기다리고 있었다. 예상했던 것보다 훨씬 낮은 영업수익이다. 이유는 앞에서 말한 두 가지다. 이동량이 줄어든 것이 첫 번째 이유이다. 두 번째는 지속적인 영업방해로 인한 영업손실의 확대이다. 더블펀치가 날아드는 형국이다. 병아리들은 말려들어가지 않는 것이 여러 면에서 바람직하다.

감정가 61억 원의 의정부 근린빌딩

필자의 지인 중에 굴지의 건설회사를 경영하는 사람이 계신다. 이 회사에서 의정부에 지하 2층, 지상 5층, 연면적 1,200평의 근린빌딩을 시공하고 시행사로부터 공사비를 받지 못해서 유치권이 행사되는 경매 물건이 있다. 경매로 1차 소유권이 바뀌었지만 시공사는 약 14억 원의 공사비를 받지 못해 유치권에 기한 강제경매를 신청했다. 수십억 원에 낙찰받은 현 소유자는 막무가내로 유치권자의 요구를 거절했다. 그러는 동안 5년여 시간이 흘렀다.

두 번째 경매가 진행되는 이번 감정가는 61억 원이고, 약 30여 명의 유치권자가 권리를 주장하고 있다. 권리를 주장하는 세 그룹이 각자 세력을 과시하면서 일주일이 멀다하고 서부 활극 같은 건물쟁탈전을 벌이고 있다. 관할 경찰이나 검찰에서는 손도 못 대고 있다. 당사자끼리 알아서 해결하라면서 말이다.

이 건물의 현재 소유자 역시 경매로 소유권을 취득한 베테랑이다. 공사비를 근거로 경매를 신청한 시공사 역시 한 경매 하는 실력 있는 그룹이다. 또 다른 그룹은 사우나시설 내부 인테리어를 담당했던 공사업자이다. 물리고 밀리는 불꽃 뛰기는 판이 벌어지고 있지만 결국은 '돈'으로 귀착될 것이 분명하다.

까만 양복들이 동원되고, 퇴거당하고, 다시 진입하고 또 밀려나가고 있다. 유치권, 불법점유, 합법점유, 협력, 방관, 배신 등이 영화보다 재미있게 전개되고 있다.

드라마를 하나 만들어도 재미있을 듯

현재 대한민국의 경매 계에서 인지도가 상당히 높은 분이 쓰신 경매 책에는 대강 다음과 같은 내용이 나온다. 공중파 방송에서 경제를 테마로 한 이런저런 '드라마' 제작은 많이 되었지만 '부동산 경매'를 주제로 만들어진 드라마는 아직 없다는 것이다. 부동산 경매를 테마로 한 드라마는 충분한 가능성이 있다는 말씀이시다. 전적으로 동감이다.

여기다가 필자의 생각을 덧붙인다면 '유치권성립여지 있는' 경매 물건을 소재로 삼는다면 시청률은 따논 당상이다. 극적인 흥미진진함에서 보면 말이다. 억지춘향격으로 만들어가는 엉성한 스토리가 아니라 너무나 자연스러운 전개 속에서 이야기가 진행된다. 돈을 중심에 놓고 소시민, 폭력(배), 음모, 배신, 전략, 뇌물, 거기에다가 여자까지 끼워놓으면 예전에 TV드라마로 제작되어 인기를 얻었던 '쩐의 전쟁'은 명함내밀기가 쑥스러울 수도 있다.

우리가 그런 판에 끼어들었다가는 뼈도 제대로 못 추스른다.

한밤중에 낙찰자 집에
애 업고 나타난 아주머니

세입자는 집주인에게, 낙찰자는 세입자에게

필자는 케이블TV 중 내셔널지오그래픽이라는 채널을 즐겨본다. 그 중에서 아프리카를 무대로 한 동물들의 약육강식의 프로그램을 유난히 즐겨본다. 포식자와 먹잇감 사이에 각본 없이 전개되는 깔끔한 콘텐츠는 그 자체로 감동이다. 쫓는 사자, 쫓기는 임팔라는 언제나 최선을 다할 뿐이다. 그들은 먹이 피라미드 구조에서 자신의 역할에 최선을 다할 뿐이다. 뭘 더하고 뭘 뺄 일이 아니다. 근거 없는 동정 역시 자연질서를 왜곡시킬 뿐이다. 부동산 경매 역시 비슷하지 않을까 생각한다. 위선을 떨쳐버리는 데서 해결의 실마리를 찾을 수 있게 된다.

경기도 성남시 수진동의 한 단독주택을 낙찰받고 나서 한 임차인에게 두 번 골탕 먹은 사례다. 주인공은 1층(임차보증금 3,500만 원)에 세 들어 살고 있다가 한 푼도 받지 못하고 명도당하게 된 세입자였다. 세입자는 집주인에게 당하고 낙찰자는 세입자에게 당한 사례다. 주택의 점유와 임대차현황은 다음 자료와 같다.

경매 당시 현황

	2층 - 채무자 가족 거주
1층 - 1(문제의 주인공) 방 2 - 보증금 : 3,500만 원	1층 - 2 방 2 - 보증금 : 2,800만 원
반지층 - 1 방 2 - 보증금 : 1,500만 원	반지층 - 2 방 2 - 보증금 : 1,500만 원

2층에는 집주인 겸 채무자가 살고 있었다. 건축 사업을 하던 채무자가 IMF로 인해 공사해준 공사대금을 받지 못해 부도가 났다. 부도가 나자 담보로 제공하고 있던 집이 경매로 넘어간 물건을 낙찰받고 일어난 일이다.

잔금납부 후 명도하러 갔더니 30대 초반의 아주머니가 세입자의 부인이라면서 안으로 들어오라고 했다. 거실로 들어가 앉기가 무섭게 울기 시작하더란다. 아무 흐느낌도 없고 소리도 내지 않고 눈물만 흘리더란다. 무릎을 꿇고는 어깨도 들썩이지 않고 아무런 미동도 없이 말이다. 명도하러 온 사람의 눈을 뚫어져라 쳐다보면서 30여분을 얼굴이 벌겋게 달아오른 채로 울더란다. 두 눈에서는 콩알만한 눈물이 쉴 새 없이 떨어지면서 말이다.

이런 경우 여러분이라면 어떻게 하겠는가? 날린 보증금을 집주인 대신 돌려줄 테니 그만 우시라고 만류할 것인가? 마음 착한 아저씨들이 어리버리 당하기 좋은 '읍소형'이다. 30여 분을 그렇게 울더니 어느 정도 진정이 되었는지 '한마디'만 하겠단다. 그 한마디가 다음과 같았다.

결혼 8년 동안 모은 전 재산이란다

"날아간 전세보증금 3,500만 원은 결혼 8년 동안 모은 돈이다."

"남들에게 헌옷 얻어다가 두 아이 입히면서 모은 전 재산이다."

"언제까지 이사 갈 테니 그때까지만 기다려달라."

너무나 착하고 불쌍하게 말을 하더란다. 감동을 당한 낙찰자는 세입자의 사정이 하도 딱하다면서 도와줄 수 있는 방법이 없느냐며 필자에게 자문을 구해왔다.

"세입자 앞으로 채무자 부부명의로 현금보관증(3,500만 원)을 받게 해라."

"그리고 그 현금보관증을 공증해달라고 해라."

"세입자는 채무자가 어디로 이사 가는지 확인하라고 해라."

"이사비 이야기는 낙찰자가 먼저 꺼내지 마라."

"이사비를 말하려면 구체적인 금액을 정확하게 말해라."

"이사비용의 마지노선이 '집행비용까지다'고 확실하게 말해라."

"이사비는 짐 싣고 차 떠나는 순간에 줘라" 등을 말해주었다.

이럴 때 마음이 약해지는 것이 사람의 도리다. 약해져서는 안 된다는 것을 당하고 난 뒤에야 깨닫게 된다. 온정주의가 결코 능사가 아니다. 물에 빠진 사람 구해주었더니 보따리 내놓으라는 우리 옛말이 들어맞는 꼴이다. 쉽게 해결하려고 이사비를 먼저 얘기했다가는 오히려 사태를 더 어렵고 복잡하게 만드는 경우가 발생할 수 있다. 동정심은 마음속으로만 베풀어야 한다.

명도하는 선에서 이사비를 지불하겠다는 것은 현명하다. 그러나 세입자와 이사날짜가 완전히 합의되기 전까지는 아니다. 이사비는 절대 지불할 수 없다는 강한 입장을 끝까지 고수해야 한다. 이 대목에서 똑 부러지게 대처하지 못해서 망치는 사람을 많이 보았다. 말려들어갈 때 말려들어가고 있다는 것을 알기는 쉽지 않다. 특히 병아리는 더욱 그렇다.

서로 다른 해석이 상황을 악화시킨다

이사비에 대해서 합의를 하려면 당초에 정확하게 금액까지 구체적으로 합의를 해야 뒤탈이 없다. 낙찰자가 염두에 두는 이사비는 실경비를 염두에 둔 금액을 말한다. 이 대목을 확실하게 구체적인 금액까지를 미리 말하지 않으면 이사 가는 날 세입자에게 대충 이런 꼴 당한다.

"이사비 준다고 하지 않았느냐!"

"돈으로 사람 가지고 노느냐!"

"믿고 이삿짐 쌌는데, 이게 뭐냐!"

"이삿짐은 길거리에 풀어 놓으란 말이냐!"

"방 하나 얻을 돈은 준다고 알아들었다."

"이 집 하나로 당신 절대 부자 안 된다."

"얼마나 잘 되나 두고 보자!"

이삿짐 빼다 말고 큰소리 나면 동네 사람들 구경 나온다. 이쯤 되면 세입자는 오버해서 막가기 시작한다. 목소리는 신이 나서 더욱 커진다. 사람들 모여 있는 상황에서 그런 말 일방적으로 들으면 답이 없다. 얼굴 벌게지고 거짓말쟁이 되고 만다. 가래로도 못 막을 일이 순식간에 벌어져 버린다. 세입자는 때는 이때다 싶어 뒤에다 '0' 하나를 더 붙이든가, 아니면 앞에다가 '1'이나 '2'를 아무 거리낌 없이 추가해버린다.

"내가 생각했던 100만 원이 1,000만 원이 되고",

"내가 생각했던 200만 원이 2,000만 원이 되고",

"내가 생각했던 300만 원이 1,300만 원이 되고",

"내가 생각했던 500만 원이 1,500만 원이 되고",

"내가 생각했던 300만 원이 2,300만 원이 되고",

"내가 생각했던 500만 원이 2,500만 원이 되어버린다."

의미가 이해되시기를 바랄뿐이다.

집을 비워주는 사람의 머릿속에는 오로지 새 주인으로부터 뜯어내자는 생각 말고는 아무 생각이 없다. 염치, 그런 것 없다. 체면, 그런 것 절대 없다. 당해보지 않으면 그 상황이 얼마나 난감한지, 짐작도 잘 안된다.

이사비는 완전히 이삿짐을 싣고 차가 출발할 시점에서 지불하는 것이 현명하다는 말을 대강 해주었다. 얼마 뒤 명도가 잘 되어 말썽 없이 다들 이사 갔다는 전화를 낙찰자로부터 받았다. 도와주었다는 생각에 홀가분했다. 그것으로 다 마무리된 줄 알았다.

낙찰자 역시 그렇게 생각했을 것이다. 그런데 시간이 한참 지난 뒤에 상상하지도 못했던 황당한 일이 발생했다. 어설픈 동정심이 부메랑이 되어 뒤통수를 심하게 후려치는 순간이었다. 다시 말씀드리지만 명도 당하는 점유자는 낙찰자에게 아무것도 바라는 게 없다. 낙찰자에게 무슨 구실로든 오로지 돈을 더 받아낼 궁리뿐이다. 낙찰자로부터 다시 전화가 왔다. 돈을 추가로 더 뜯겼단다. 내막은 이러했다.

다 끝난 지가 언제인데

"여보~ 아무 일 없으세요?"

"당신이야~ 난 아무 일 없는데, 친구들이랑 저녁 먹고 있는데!"

"글쎄, 아무 일 없냐니까요?"

"글쎄, 무슨 일 있어~ 무슨 소리야? 아무 일 없다니까~ 싱겁기는!"

"아무 일 없냐니까요?"

"그래 나 참, 싱거운 소리 계속하려면 끊어!"

"정말 아무 일 없는 거죠?"

"왜 그래~ 얼른 끊어요!"

"잠깐만요, 집에 어떤 젊은 여자가 이 밤중에 애 업고 와서 당신을 찾아요?"

"뭐라고? 그럴 일 없는데!"

"거짓말 마시고 책임질 일 있으면 말하세요?"

"무슨 소리야, 이거 왜 이래, 생사람 잡지 마라니까!"

"정말 아무 일 없는 거죠?"

"뭔 소리야~ 그런 일 없다니까~ 그 여자 바꿔봐!"

"정말 바꿔드려요?"

"빨리 바꿔주세요~ 빨리!"

술맛이 싹 달아나고, 술은 확 깼을 것이다. 물론 분위기도 엉망이 되어버렸을 것이다.

"여보세요, 누구세요? 누구신데 이 밤중에 이 난리를 치게 만드세요!"

"저~ 어~ 성남 수진동 경매 처분 당한 집을 낙찰받은 선생님, 맞으시죠?"

"맞는데, 그런데 아주머니는 누구시냐고요?"

"그 집에서 세 살다가 보증금 3,500만 원 날리고 이사 간 정정수씨 기억나세요?"

"네, 기억나지요~ 근데 아주머니는 누구시냐고요?"

"기억나시죠~ 정정수씨, 집사람입니다?"

전셋집을 하나 통째로 구해달란다

도와주었다는 뿌듯함에 대가를 지불해야 할 상황이 시작된 것이다. 낙찰자는 그제야 자신이 치명적인 수렁으로 빠져 들어가고 있다는 것을 어렴풋이 느껴지기 시작하더란다.

"아~ 그러세요. 그런데 우리 집 주소는 어떻게 아셨어요?"

"수진동 집 등기부등본 보고 알았습니다."

"그런데 이 밤중에 어쩐 일이세요?"

"전세보증금 좀 도와달라는 부탁을 드리려고 왔습니다?!"

"다 끝난 지가 언제인데, 이제 와서 생뚱맞게 전세보증금은 또 뭔 말이세요?"

"그동안 방도 못 구하고 여기저기 돌아다니면서 살고 있어요. 좀 살려주세요!"

"그런다고 아니 이제 와서 이사비도 아니고, 전셋값을 달라고요?"

"염치가 없습니다만, 어쩔 수가 없어서 이렇게 찾아 왔습니다!"

"그때 이사비는 다 드렸고, 집주인한테 현금보관증도 받게 도와드렸잖아요. 근데 무슨 돈을 또 달라는 말씀이세요?"

"집주인은 이사 간 뒤로 야반도주해서 현금보관증이 아무 쓸모가 없게 되어버렸어요?"

"그런다고 한밤중에 애 들쳐 업고 남의 집을 쳐들어오면 어쩌란 말이세요?"

"오죽하면 이러겠어요. 살려주세요!"

"미치겠네, 뭘 도와달라는 말이세요?"

"제발 살려주세요!"

"도대체 얼마를 달라는 말씀이세요?"

"3,500만 원만 주세요!"

"칼만 안 들었지 완전히 날 강도가 따로 없구만!"

"선생님은 그 뒤로 수진동 집값 많이 올라서 버셨잖아요!"

"지금 그걸 말이라고 하세요, 올랐으니 날린 금액을 나보고 다 물어달라는 말이세요?"

"염치없지만 도와주세요!"

"그러면 내가 1,000만 원은 내겠소!"

"그러지 마시고 이왕 주시는 거 다 주세요!"

"미치겠네 정말, 우리 집 사람 좀 다시 바꿔주세요!"

이런 상황에서 송금 안 할 자신 있는 분은 필자에게 정말 연락 바란다.

집과 회사로 매일 출근할 수도

이 상황에서 낙찰자에게 어떤 선택권이 있을 수 있겠는가? 아무런 선택권은 없다. 당할 수밖에 없다. 여러분이라면 어떻게 하실 것인가? 요구대로 해주지 않으면 집과 회사로 매일 출근하지 말라는 법도 없지 않은가? 즐겁지 않지만 상상이라도 한번 해보자.

"어제도 오시더니 오늘도 오시네~ 아주머니 몇 호에 오셨어요?"

"어제 늦게까지 기다렸는데 못 만나서요~ 1201호요."

"무슨 일로 오셨어요?"

"돈 받으러 왔는데요?"

"아 그러세요~ 그 집도 사채 쓰시나 보네!"

"경비 아저씨 좀 올라갈게요?"

"그럼요, 애 업고 추운데 얼른 올라가보세요!"

"감사합니다?"

"그런데 1201호 지금 아무도 안 계실 텐데요!"

"올 때까지 계단에서라도 기다리죠!"

또 다른 상황을 상상해보자.

"저, 말씀 좀 물어볼까요?"

"아주머니, 어디 찾아 오셨어요!"

"10층에 있는 지엠알씨요!"

"누구 찾아오셨나요?"

"홍길동씨 만나러 왔는데요!"

"사전에 약속은 하셨나요?"

"아니요."

"물건이나 영업하러 오신 건 아니시죠?"

"네, 그런 것은 아니고요!"

"그럼, 그냥은 못 올라가시고요. 잠시만 기다려주세요. 연결해볼게요."

"고맙습니다?"

"누구시라고 그럴까요?"

"경매로 명도당해서 쫓겨난 수진동 새댁이라고 말씀해주세요!"

"홍길동씨세요? 로비에 애 업은 아주머니가 오셨는데, 올라가시라고
할까요?"

이런 상황이면 누구도 감당하기 어렵다.

"여보! 나야~ 그 아주머니한테 계좌번호 받아두고, 언제까지 보내준
다고 해!"

"네, 알았어요."

세입자가 원하는 금액을 결국 송금했단다. 어설픈 동정심이 부른 결과
다. 불쌍하다는 생각에 도움을 준다고 했던 자신의 행위가 한없이 바보
스럽게만 느껴졌다. 어리버리 착한 척하다가는 이런 꼴 당할 수도 있다.

한 사람에게 두 번씩 이사비용을 지불했다는 것이 독자들은 새삼스러
울 수도 있겠다. 경매 판에서는 언제든지 있을 수 있는 일이다. 이사비
정도가 아니라 전셋집을 다시 얻어준 꼴이다. 잽은 '읍소형'이었고, 마무
리 KO펀치는 '스토커형'이다.

chapter 03

명도 비용으로
1억 5,000만 원 치른 방이동 주상복합

오랜 고민 끝의 당당한 선택

서울 송파구청 앞 방이동 먹자골목 내 죽은 상가를 낙찰받았다가 망할 뻔한 박덕영(가명)씨 사례를 보자. 국내유명 의류회사 디자이너로 약 20여 년 근무한 박씨였다. 그러나 치고 올라오는 젊은 후배들에게 밀리는 초조감으로 심한 스트레스를 받고 있었다. 이 분야에서도 중국의 저가 공세로 인해 세계시장을 상대로 한 회사의 시장 점유율은 축소되고 덩달아 일감도 줄어들었다.

상황이 이러자 회사 분위기도 뒤숭숭해졌고 눈치도 예전과는 사뭇 달라지더란다. 드러내놓고 말은 하지 않지만 알아서 처신해주기를 은근히 바라는 그런 분위기였다. 조직에 대한 아쉬움도 있었다. 그동안 청춘을 다 바쳐 노력을 했는데 하는 섭섭함을 금할 수는 없었다. 생각이 거기에 미치자 이런 조직에서는 더 이상 자신의 미래가 없다는 것을 확실히 깨달았다. 위기감이 들더란다.

이제라도 나이 들어 할 수 있는 자기 일을 찾아야겠다는 생각이었다.

그러고 나니 마음이 편했다. 하루 빨리 새 출발하자는 쪽으로 마음이 급속히 정해졌다. 홀가분한 마음으로 환영을 받으면서 사직서를 제출했다.

상가 경매 물건을 찾는 데만 6개월

박덕영씨의 경우 창업까지는 두 가지 문제가 있었다. 하나는 임대가 아닌 점포를 구해서 영업을 시작하겠다는 전략으로 점포마련자금이 충분하지 못하다는 것과, 조직에만 있었지 자기 장사경험은 전무하다는 약점이 있었다. 초기창업비용을 줄일 수 있는 방법과 업종선택에 대한 조사로 6개월이 훌쩍 지나갔다.

원칙을 세웠다. 경매로 점포를 낙찰받고 잔금은 은행융자로 일부를 해결하기로 정했다. 상가 임대보증금과 경락잔금대출을 활용하면 '내 상가' 마련이 가능하다는 판단이 섰다.

상가는 임대가 아닌 내 가게여야 한다고 고집하는 데는 그럴 이유가 있었다. 유명한 해물탕집을 운영하는 사촌 형님이 있는데, 장사가 좀 된다 싶으면 부리는 임대인의 횡포를 자주 보았기 때문이다.

그리고 형님이 운영하던 가게가 한번은 경매로 넘어가는 꼴도 보았다. 임대인의 사정으로 장사가 잘되는 상가도 경매로 넘어갈 수 있다는 것을 그때 알았다.

낙찰받은 사람이 어떤 수익을 올리는지를 간접적으로 경험도 해본 적이 있었다. 가게를 세 얻어 월세를 납부하면 자산가치 상승의 효과를 임대인이 모두 차지하는 것을 방어할 방법이 없게 된다는 코치를 들었기 때문이다. 월세대신 은행이자를 지불하면 자산가치 상승분을 자신이 누릴 수 있다는 말은 바로 동의가 가능했다. 장사 경험이 없는 부분은 그

형님이 도와주기로 약속해 어느 정도 초창기의 약점은 극복된 상태였다.

송파구청 앞 방이동 먹자골목 내 죽은 상가

두 가지 관건의 해답은 마련된 셈이고, 이번에는 창업 원칙을 정하는
일이 남았다. 서울시내 유명 먹자골목이나 대학교 상권에 점포는 경매
로 마련하고, 업종은 '해물탕집'으로 정했다. 그때부터 부지런히 상가 물
건 검색도 하고, 맘에 드는 경우는 수시로 현장 점검을 했다. 바쁜 마음
에 부지런은 떨었으나 이런 저런 이유로 응찰까지 가는 경우가 드물었
다. 한 건 낙찰받는다는 것이 쉽지 않다는 것을 확인시키려는 듯이 어렵
사리 응찰까지 가 보지만 늘 떨어졌다.

마침내 지하철 8호선 송파구청역 근처에 있는 방이동 먹자골목 내 실
평수 약 75여 평 정도의 상가가 경매에 나온 것을 발견했다. 지금까지
보아온 물건 중 가장 맘에 드는 물건이었다. 주상복합상가 1층 물건의
개요는 대강 다음과 같다.

* 사건번호 : 서울 동부법원 2003-15***
* 주소 : 송파구 방이동 신○○프린스텔 1층 104~107호
* 대지지분 : 37.21㎡/211.9㎡
* 분양면적 : 462㎡(150평형)
* 전용면적 : 247.5㎡(75평)
* 총 층수 : 21층(1995.6.7일 보존)
* 감정가 : 1,955,000,000원
* 금회 응찰가 : 1,251,200,000원
* 입찰가 : 1,339,900,000원

* 입찰일 : 2007년 4월에 응찰해 낙찰받는데 성공했다.

68.54%에 방이동 먹자골목 내 상가를 확보하는 데는 일단 성공한 것이다.

이 상가 물건에는 두 가지 문제가 있었다. 하나는 시행사와 시공사간의 공사비 정산 문제로 분양받은 사람들이 입주하지 못하고 있었다는 점이다. 또 하나는 기존 임차인이 인테리어 공사비와 권리금을 이유로 경매 개시 때부터 끈질기게 유치권을 주장하며 '항고', '재항고'하고 있었다는 것이다.

권리금과 시설비 명목으로 1억 5,000만 원

주변 상권은 상당히 우수한데 반해 상권이 제대로 형성되기도 전에 상가 주위에 쓰레기와 불법주차 차량들로 어수선하기 그지없었다. 상가 중 일부는 주변상권과는 어울리지 않게 공실로 남아 있는 상태였다. 당장 보기에는 어수선하지만 마무리만 잘 하면 주변 상권으로부터 긍정적인 영향을 받을 가능성이 충분하다는 판단이 섰다. 당일 최저가보다 8,000만 원 이상을 더 올린 과감한 응찰이었다. 문제는 명도였다. 명도의 전선(戰線)은 크게 두 방향이었다.

하나는 기존 임차인이 주장하는 유치권이고, 또 하나는 5년 가까이 밀린 관리비 및 공과금이었다. 당초 계획대로 가지고 있던 돈과 약간 빌린 돈, 그리고 은행융자를 통해 일단 잔금납부는 완료했다. 잔금을 납부하자 현 세입자가 '인테리어 공사비'와 '권리금'을 요구를 해왔다. 무려 6억 원에 육박하는 금액이었다.

정상적인 대화가 불가능하다고 판단한 현 세입자를 상대로 '점유이전금지가처분신청'과 '인도명령신청'을 동시에 제기하겠다고 일단 엄포를 놓았다. 그러자 현 세입자에게서 전화가 왔다.

"요구가 무리해서 들어줄 수가 없네요!"

"얼마면 되겠소?"

"먼저 말씀해보세요!"

"시설공사비와 바닥 권리금이 총 6억 원인데 절반인 3억 원만 주면 떨어지겠소!"

"그렇게는 못 합니다. 저도 돈이 없어요. 1억 원까지는 드리겠소!"

"3억 원 안 주면 한발자국도 물러서지 못 합니다."

"좋을 대로 하세요. 죄송합니다. 제가 좀 바빠서 전화 끊습니다!"

하고는 일방적으로 전화를 끊어버렸다. 필자가 알려준 작전이었다. 시키는 대로 했을 뿐이다. 며칠 뒤 법원에 신청한 '점유이전금지가처분신청'과 '인도명령신청'이 송달되었다는 것을 확인했다.

강제집행을 위한 만반의 준비는 끝났다. 그러나 강제집행신청은 하지 않고 기다리고 있었다. 송달이 들어가면 세입자로부터 연락이 올 테니 그때까지 기다리라는 코치가 있었다. 아니나 다를까? 유치권을 주장하는 세입자에게서 다시 전화가 왔다. 목소리 톤이 높은 걸 보니 초조해하고 있는 것이 느껴졌다.

법은 기본적으로 낙찰자의 편이다

"당신 나 죽는 꼴 보고 싶어서 이러는 거야?"

"왜 다짜고짜 반말이세요!"

"그러면 나 죽이겠다는데, 말 곱게 하게 생겼어?"

"선생님 죽이겠다고 한 적 없는데요!"

"나 죽이겠다고 법원에서 통지 왔던데…. 당신이 신청했다고?"

"그런 적 없는데요!"

"'점유이전금지가처분신청서'하고 '인도명령신청서' 받았다니까."

"아! 그거요? 선생님하고 대화가 안 되어서 어쩔 수 없이 부탁했네요!"

"3억 원만 주면 떨어진다니까."

"나도 돈이 없어요. 그래도 1억은 드린다고 하지 않소!"

"3억 원 안 주면 불 지르고 그 안에서 나도 타 죽어버리겠소."

"그런 과격한 말씀 마시고, 내가 선생한테 돈 줄 아무런 이유도 없어요!"

"왜 없어요? 내 가게 낙찰받았잖아."

"이상한 말씀마세요. 그래도 1억 원은 드린다고 하지 않소~ 잘 생각해보세요!"

"생각이고 자시고 나 그런 거 모르고 3억 원 안 주면 재미없을 줄 아시오."

"저도 더 할 말 없습니다. 그만 끊겠습니다!"

다시 전화를 끊어버렸다. 30분 쯤 뒤 다시 전화가 왔단다.

"나도 양보할 테니 선생도 양보하쇼. 2억 원만 주면 순순히 나가겠소."

"그러면 반반해서 1억 5,000만 원으로 합시다!"

"내가 망해서 나가는데 좀 도와주세요. 2억 원으로 합시다."

"나도 기분 좋게 들어가고 싶어서 양보하는 겁니다. 1억 5,000만 원으로 만족하세요!"

"알았소. 약속 지키세요."

"걱정 마시고 선생이나 기분 좋게 짐 빼주세요!"

'솔직담백형'이었다. 이것으로 일단 가게는 확보할 수 있었다.

이번에는 5년 밀린 관리비

그러나 이번에는 밀린 관리비를 납부하지 않으면 '수도, 전기, 가스'를 공급하지 않겠다는 관리사무소와의 신경전이 아직 한 판 더 남아 있었다. 5년 동안 밀린 관리비가 1억 원에 육박했다. 관리사무소와 지루한 협상을 통해 약 절반만 납부하는 것으로 끝이 났다.

낙찰받고 가게 넘겨받고 공사해서 오픈하기까지 9개월이 소요되었다. 그동안 금융비용도 1억 원가량을 납부했다고 하셨다. 박덕영씨 말이 재미있다. 망한 상가 낙찰받았다가 시작도 하기 전에 자기가 망할 뻔했단다. 그런데 더욱 가관은 '명도'가 아주 재미있으셨단다.

"우선생님, '명도!' 그거 꽤나 즐겁던데요?"

"즐기며 할 일은 못 되는데, 정말이세요? 경매가 체질에 맞으시나보네요!"

"명도하는데 작전도 필요하고 전술도 필요하다는 거 처음 알았어요?"

"어차피 심리전이거든요. 누가 먼저 우위를 점하느냐가 중요합니다!"

"그런 것 같아요. 즐겁다고 생각하지 않으면 안 될 것 같아 즐기기로 했거든요."

"잘 생각하셨어요!"

"추가비용 많이 들었지만, 그나마 다행입니다."

"그렇게 생각하시면 다행입니다!"

그래도 다행이고 행복한 푸념

"전 세계를 누비며 특급호텔 레스토랑에서 폼 잡고 와인에 스테이크 칼질하던 제가 방이동 먹자골목의 해물탕집 사장이 되었네요."

"박사장님은 정말 잘된 케이스입니다!"

"그런가요?"

"그렇잖아요, 많은 분들이 헌신해서 도와주시고 다 사장님 복입니다!"

"감사합니다."

chapter 04

돈 나온다는 땅에
돈 묻었다가 그 땅에 묻힐 뻔

죽은 자의 집을 산 자가 지키고 있어

경매 투자의 클라이맥스는 누가 뭐라 해도 토지 경매다. 부동산 투자의 최고수들이 열광하는 테마가 바로 '땅'이다. 그리고 '땅' 경매는 사람을 환장하게 만든다. 한번 맛본 사람은 '땅' 경매라는 꿀단지를 내려놓을 수가 없단다. 환장한 데 따른 부작용이 물론 없을 수가 없다.

'땅' 경매의 부작용을 한마디로 정의하라면 '교과서적인 시간표' 대로는 흘러가지 않는다는 점이다. 도저히 상상할 수 없는 변수와 자금, 시간, 명도 변수 등을 따져볼 때 어쩌면 당연한 이야기다. 땅 경매는 적어도 자신의 뭔가를 걸고 하지 않으면 버티기 어렵다. 기간도 다른 경매 물건에 비해 길다. 4~5년은 기본이고, 경우에 따라서는 10년 투자도 감수해야 한다. 부동산 투자 중, 특히 땅 투자에서 10년 시간을 길다고 투정 부려서는 실패만이 기다리고 있다.

수익률? 수익률이야 잘 마무리만 되면 주택 경매 등은 명함도 내밀기 쑥스럽다. 비교 자체가 불가능한 달콤한 꿀단지가 통째로 기다리고 있다. 그런데 문제는 당초 스케줄대로 마무리가 안 될 때다. 그럴 때 무슨 일이 벌어지는가를 보자.

충남 아산시 영인면의 임야 약 2,100평을 3억 7,880만 원에 낙찰받았다가 망하고 나온 은평구 대조동에 사는 이강봉씨의 사례다. 물건의 개요는 대강 다음과 같다.

* 사건번호 : 천안지방법원 경매4계 2004타경 678**
* 주소 : 충남 아산시 영인면 창룡리 147외 3필지
* 면적 : 6,928㎡(약 2,100평)
* 감정가 : 4억 4,952만 원
* 낙찰가 : 3억 7,880만 원
* 경쟁율 : 8대1
* 입찰일 : 2004년 11월 29일
* 매각불허가신청 : 2004년 12월 3일
* 매각허가결정 : 2004년 12월 6일
* 매각허가취소소송 : 2004년 12월 9일
* 매각허가취소소송기각 최종확정 : 2005년 7월 8일
* 잔금납부일 : 2005년 9월 11일
* 재매각기일 : 2005년 12월 18일
* 잔금납부일 : 2005년 12월 13일

재매각기일이 잡히고 나서야 잔금납부

* 재매각기일 : 2005년 12월 18일
* 잔금납부일 : 2005년 12월 13일이 무엇을 의미하는지 행간의 의미

를 읽어주기 바란다.

더 한층 세심히 살펴주셔야 한다

독자 여러분은 이 일정표를 더욱 세심하게 보셔야 한다. 낙찰받고 잔금납부까지 1년 이상이 걸렸다. 그동안 낙찰자가 경험했을 고통을 행간을 통해 느끼시면 된다. 이강봉씨는 고향이 충남 아산이다. 따라서 누구보다 이 물건의 투자 가치와 시세를 잘 안다고 자부했었다. 고향을 아는 것과 경매 물건이 무슨 연관이 있다는 말인지, 뭣과 뭣이 구분도 안 되는 상태에서 약 4억 원의 현금을 동원하셨다. 안다고 목에 힘이 들어갈 때가 가장 모른다는 말이 있다. 옳은 말인 것 같다.

이 물건의 매각목록서에는 지상에 '소유자·연고자 미상의 분묘 수 기 있음-분묘기지권성립여지 있음'이라고 쓰여 있었다. 사전 답사를 통해 지상에 드문드문 산재한 분묘가 9기라는 것도 이미 파악해놓았다. 그리고 낙찰되면 분묘기지권을 해결할 방책도 미리 세워놓은 상태로 응찰했었다.

물론 낙찰자 혼자서 세운 시나리오일 뿐이다. 세상은 언제나 상대가 있다. 혼자서 북치고 장구친다고 공연이 될 리 만무하다. 그걸 착각하는 분들이 많다. 낙찰받고나서 접촉한 분묘의 소유자는 의외로 완강했다. 산 자가 죽은 자를 활용해 산 자를 핍박하는 꼴이다. 마땅하게 대응할 방법이 보이지 않는다. 망할 징조가 보이기 시작하고 있다. 삼국지를 보는 것 같다.

'개죽음'이라는 말이 있다. 가치에 상응하지 못한 죽음을 뜻하는 말일 것이다. 경매 판에서도 비슷한 상황들이 많다. 다만 마땅한 표현방법이 얼른 생각나지 않는다. 억지춘향격이라면 아마 '개박살' 정도가 아닐까 싶다. '개박살!', 붙이고 보니 그리 나쁘지 않다.

분묘의 소유자를 찾아가다

"안녕하세요, 정선생님댁인가요!"

"그렇소, 내가 정아무개요. 댁은 누구요?"

"안녕하세요, 이번에 창룡리땅 낙찰받은 사람입니다!"

"그래서요? 낙찰이 어떻다는 말이오?"

"창룡리 땅의 묘지 주인 되시죠?"

"그렇소만, 우리 집은 어떻게 알았소?"

"이장한테 물어보았습니다!"

"그래요? 근데 왜 오셨나?"

"묘지 문제로 드릴 말씀이 좀 있어서요!"

"부탁입니다. 말씀 좀 들어보세요!"

"그래요, 그럼 어디 한번 들어봅시다. 말해보소?"

"제 소유가 되면 그 묘들을 '이장 좀 해주십사' 하는 부탁을 좀 드리려고요!"

"지금 누구 속에 불 지르오. 씨알도 안 먹히는 소리마소."

"저 좀 살려주세요!"

"이 양반이 제 정신이 아니구만?!"

"제발, 선처 좀 부탁드립니다!"

"선처가 다 뭐요. 내 눈에 흙 들어가기 전에는 절대 할 수 없소!"

"그렇게까지 말씀하지는 마시고요!"

"당신, 낙찰받을 때 물어보고 받으셨소?"

"아뇨, 그러지 못했습니다!"

"근데 이제 와서 나더러 이장을 해달라, 나 원 참."

"제발, 부탁드릴게요!"

"내가 미쳤소. 당신 어디가 예쁘다고 그럴 것 같소?"

"공원묘지로 깨끗하게 집단이장하는 데 필요한 경비를 다 부담한다니까요!"

"다 대든 덜 대든 이빨도 안 들어갈 헛소리 그만 하라니까."

"헛소리가 아니고 간절히 드리는 부탁입니다, 부탁!"

"필요 없다니까 그러시네."

묘 자리가 나쁘든 꿈자리가 사납든

"그럼 무덤 1기당 추가로 1,000만 원씩 지불하겠소!"

"보자 하니 이 양반 형편없는 사람이구만. 1,000만 원이 아니라 1억씩 줘도 못한다니까."

"그러시면 전 죽습니다!"

"보소 이 양반아, 당신도 조상 있제? 내가 지금 내 조상 팔아 돈 뜯으려고 이러는 줄 아나~ 내가 살면 얼마나 더 살겠나. 헛소리 그만하고 빨리 가소!"

"묏자리가 나빠 경매당한 땅에 조상님을 그대로 놔두고 싶으세요?"

"묏자리가 나쁘든, 꿈자리가 사납든 나는 그런 거 모르고 빨리 가소!"

"저를 좀 살려주시는 셈치고 부탁 좀 들어주세요!"

"뭐라고? 내가 뭔데 당신을 살리고 죽여, 억지 부리지 말고 빨리 가소?"

사온 음료수도 가져가고, 안 가져가면 죄다 깨뜨려버릴 테니!"

"그러지 마시고 좀 도와주세요!"

"일 없다니까 그러시네. 죽을 날 얼마 안 남은 몸이요, 땅 날린 것만 해도 조상님들 뵐 면목이 없는 판국인데 당신 좋으라고 이사까지 시키라고?"

"어차피 이것도 인연인데 좋게좋게 해결하시죠!"

"이 양반 말 참 잘하시네. 나 혈압으로 쓰러지게 생겼으니 어서 가소!"

영감이 집밖으로 떠다밀었다.

"제발 부탁 좀 드립니다!"

"당신이 정 안 가면 내가 나가겠소!"

"알겠습니다. 내일 다시 연락드리겠습니다. 생각 좀 많이 해주세요!"

"그런 소리 마소. 생각이고 자시고 없소. 연락하지 마소. 대답은 똑같소!"

쫓겨 나오는 이강봉씨는 사태의 심각성을 그제야 알았다. 낙찰받아 잔금을 납부해도 타인 묘가 버티고 있다면 활용방법은 사실상 사라지는 셈이다. 더구나 한 곳에 밀집되어 있다면 나머지를 어떻게 해보겠는데. 땅 전체에 여기저기 흩어져 있는 상태여서 그럴 수도 없는 상황이었다. 다음 날 다시 찾아갔다.

묘지의 주인 영감을 다시 찾아갔다

영감님은 없고, 할머니만 계셨다.

"나는 아무 것도 모르고 결정권도 없다."

"그러니 영감한테 물어봐라."

"지금 읍내에 가서 해지기 전에 온다."

"영감, 핸드폰 없다."

"기다리든, 가든 맘대로 하라" 하시고 할머니는 나가 버렸다.

기다리기로 했다. 정성을 알면 마음이 변할지도 모른다는 생각에서 말이다. 차 안에서 세 시간쯤 기다렸을 때 영감님이 돌아오셨다.

"다시 왔습니다!"

"누가 오라고 했소?"

"3시간은 족히 기다린 것 같습니다!"

"젊은 양반이 늙은 나보다도 말귀가 더 어둡네?"

"그러지 마시고 제발 한 번만 살려주세요!"

"뭘 살려달라는 말인지, 그만 귀찮게 하라니까, 그러시네?!"

"제 돈 4,000만 원이 날아가게 생겼습니다!"

"뭔 소리여, 뭔 말인지 당최 모르겠으니 그만 합시다. 돌아가쇼?!"

"입찰보증금 날리게 생겼다는 말입니다. 좋은 일 하신다고 생각하시고 맘을 돌려주세요!"

"4,000만 원이든, 5,000만 원이든 난 모르는 일이오!"

"제 고향도 여기 아산입니다!"

"얼씨구, 고향 사람이 고향 영감을 죽이려고 하오?"

"어떻게 좀 해주세요!"

"어젯밤 꿈에 조상님들이 나타나 죽인다고 난리 칩디다. 긴말 말고 빨리 가소!"

더 이상 할 말이 없었다. 말 안 통하는 영감에게 매달릴 일이 아니라 말이 통할 것 같은 법원에 호소하기로 했다. 그러나 말 안 통하기는 영감님이나 경매를 담당하는 법원이나 마찬가지였다. 8개월이나 소요되는 지루한 다툼이었다. 결과는 잔금납부하란다.

4억 5,000만 원에 사서 2억 1,000만 원에 매매

고민에 고민을 거듭하는 사이로 매각대금납부일이 지나가 버렸다. 다시 20일여일 후에 재경매 날짜가 잡힌 것을 대법원 경매 사이트를 보고 알았다. 입찰보증금 4,000여만 원을 몰수하고 재경매에 넘긴단다. 재경매일 1주일 전에 어쩔 수 없이 잔금을 납부했다. 잔금납부지연가산금으로만 1,000여만 원 더 납부했다. 피해가 이만저만이 아니었다. 마땅히 하소연할 곳도 없는 답답한 꼴이 되고 말았다. 보는 사람들마다 '어디 아프냐!, 죽을 병 걸렸나!' 하며 걱정하는 상태까지 되고 말았다.

공시지가도 얼마 안 되고 더구나 '분묘기지권성립여지 있음'이라는 문구에 은행권 잔금융자는 꿈도 꾸지 못했다. 아는 사람에게 땅을 담보로 잡히고 1억 원을 빌려 잔금을 납부했다.

땅에 돈만 묻어둔 꼴로 다른 투자는 엄두도 못 내는 꼴이 되고만 것이다. 더구나 죽을 맛은 빌린 돈의 이자로 매월 100만 원씩 꼬박꼬박 나갔다. 그런 상태로 2년여를 버티자 체력의 한계가 왔다는 신호가 왔다. 붙들고 있어 봤자 손해만 커지고 있었다. 처분하기로 결심한 것이었다. 물 건너간 행정수도 영향이 이쪽 땅까지 싸늘하게 미쳤다.

내놓은 지 6개월 만에 간신히 처분했다. 평당 100만 원씩 쳐서 2억 1,000만 원에 넘겼다. 소유권이전 비용까지 4억 1,000만 원. 빌린 돈의 이자로 매월 100만 원씩 약 3년 6개월간 송금했으니, 총투자금액이 4억 5,000만 원이라는 계산이 나왔다.

4억 5,000만 원에 투자해 3년 6개월 만에 2억 1,000만 원을 받고 매매로 처분했다. 빌린 돈 갚고 나니 손에 남은 돈은 1억 원뿐이었다. 시작할 때는 분명 3억 원이 있었는데 아무리 찾아봐도 1억 원뿐이다. 2억 원은 어디로 갔나 하고 골똘히 생각해도 딱히 생각이 나지 않는다. 이때 머리를 스치는 것이 있었단다.

'아, 땅에 생각 없이 돈 묻었다가는 여지없이 그 땅에 내가 묻히겠구나!'

우리도 역시 대충 까불다가는 '개박살' 날 수 있다.

chapter 05

형부집에 세 들었다가
시댁에서 준 보증금 날린 새댁

형부집에 전세 들어갔다가 보증금 날린 새댁

이 사례는 필자가 낙찰받고 잘못 대처했다가 전혀 상상할 수 없는 곤란을 겪은 경우다. 서울 중곡동에 있던 반지하 1층, 지상 3층짜리 다가구주택을 낙찰받아 명도를 시작했다가 호되게 한 수 배운 사례이다. 결혼하면서 시댁에서 마련해준 전세보증금으로 형부 소유의 집에 후순위로 세 들어갔다가 보증금이 날아가버린 사례다.

새댁네 전세보증금은 3,700만 원이었다. 사업하면서 담보로 살던 집을 제공하는 바람에 더 이상 세입자들이 세 들어오지 않게 되었다. 형부는 새댁인 체제에게 이사 올 것을 제안했단다. 보증금은 시댁에서 마련해준 돈이었다. 그 돈이 형부의 사업 때문에 날아갈 판이 되자 시댁으로부터 새댁에게 압력이 상당히 심했다고 했다.

형부 소유 집(형부네 거주)
처제이자 후순위 임차인
다른 세입자 거주

아무리 화나도 성질부리면 안 된다

잔금납부 후 만나기로 약속을 하고 집으로 갔는데 새댁은 얼굴도 보여주지 않았다. 문도 안 열어주면서 나중에 남편이 오면 그때 말하란다. 자기도 곤란하니 그만 괴롭히(?)고 돌아가달라는 것이었다. 사전에 만나기로 하고 갔고, 느낌으로는 남편이 함께 집 안에 있는 것이 분명했다. 문전박대를 한다는 괘씸한 생각에 현관문을 '빵-엉' 하고 한 번 강하게 차버리고 왔다. 거친 인상도 주고 기선도 제압하려고 말이다.

그런데 그것이 잘못될 줄은 상상도 못했다. 다음날 새벽 6시경에 전화가 왔다.

"때 르 릉~~ 때 르 릉~~ 때 르 릉~~ "

"누구야? 이 시간에?"

"때 르 릉~~ 때 르 릉~~ 때 르 릉~~"

"뭐야, 차 빼달라는 전화가!"

"때 르 릉~~ 때 르 릉~~ 때 르 릉~~"

"여보세요, 누구세요, 이 새벽에!"

"중곡동 집 낙찰받은 누구씨죠?"

"네, 그런데요!"

"어제 저희 집 다녀가셨죠?"

"누구신가요!"

"누구누구 남편 누구누구입니다."

"네, 가서 아줌마 목소리는 들었는데 얼굴도 못 보고 왔습니다!"

"당신 책임질 일 생겼으니 알아서 해."

"나이도 한참 어린 사람이 어디다 대고 새벽부터 반말이신가?"

"울 마누라하고 배 속 태아한테 무슨 일 생기면 당신 나한테 죽을 줄 알아."

새신랑 목소리에서 강한 살기를 느꼈다. 일이 아주 이상한 방향으로 틀어지고 있었다.

뭔 일 생기면 죽을 줄 알란다

"어디다 대고 죽을 줄 알라라니, 뭔 소리여!"

"당신이 어제 돌아가면서 현관문 발로 찼지?"

"그래, 내 집인데 내가 한 번 걷어차면 안 되냐? 그걸 내가 너한테 허락받고 차냐?"

"그래 너 말 잘했다. 울 마누라가 임신 4개월쨌데?"

"당신 마누라 임신 4개월하고 이사 나가는 것하고 무슨 상관인데!"

"당신이 문 차는 소리에 놀라 경기하고 밤새 잠 못 잤다니까?"

"아주 꼴값을 떨고 있네. 갈수록 가관이구만!"

"배 아프고 유산기 있다고 해서 119로 지금 응급실에 실려왔단 말이여?!"

"네~에~ 뭐라고요?"

"내 말 안 믿어지면 지금 당장 어디 병원 응급실로 와보란 말이여!"

"!?!?!?!?!?!?!?!?!?!?!"

"잘못되면 그때는 가만 안 있어, 가만히 못 있는다고."

"그게 정말이세요?"

"모든 책임이 당신한테 있어, 내 말 알아들었어?!"

"어디 병원이세요, 곧 갈게요!"

끝까지 반말이었다. 주객이 확실히 바뀌는 순간이었다. 순간의 화를 참지 못하고 엄청난 실수를 범했다는 자책감이 들었다. 황당하기 짝이 없었지만 또 사실이라면 얼마나 미안한 일인가?

임신부와 배 속 아기가 무사하기만을 기원하며 부랴부랴 그 병원 응급실로 갔다. 꼭두새벽에 병원으로 달려갔더니 새댁이 응급실에 누워 영양제를 맞으면서 진정하고 있었다. 졸지에 할 말이 없었다. 다행히 별일 없이 조금 안정하는 것으로 병원에서 나왔지만 잘못되었다면 얼마나 고생이 심했을까? 지금 생각해도 경솔했던 행동을 반성한다. 그날 병원비용은 필자가 다 물어주었을 뿐만 아니라, 이후에 명도 과정에서도 상당한 고생했다.

정말 정말 그나마 다행이었다

상대가 진지하게 명도에 응하지 않아도 '욱' 하는 기분에서 나오는 행동은 하지 않아야 한다. 잘못했다가는 전혀 예상하지 못한 방향으로 일이 꼬일 가능성도 얼마든지 있기 때문이다. 문을 걷어찬 일 정도로 끝나서 다행이었다. 일이 심각해졌다면 명도 문제가 아니라 일파만파로 확대되어 걷잡을 수 없는 상황이 올 가능성도 있지 않겠는가?

그것으로 대충 명도는 마무리되었다고 생각했는데, 그렇지 않았다. 이사 가기로 약속한 날 집에 가보니 아주 가관인 일이 벌어졌다. 이삿짐 다 실을 쯤에 새댁이 거실에 깔려 있던 장판을 갑자기 둘둘 말아 걷기 시작했다.

"아니, 왜 장판을 걷으세요?"

"왜요, 내가 깐 장판 내가 걷어가겠다는데 무슨 참견이세요?"

"아니 그게 왜 거기 꺼요!"

"그런 소리 마세요, 내가 새로 깔았으니 내 거죠."

"그럼 기존의 장판 가져다 다시 깔아놓으세요!"

"우리가 이사 올 때부터 없었어요."

"그거 걷어다가 어디에 쓰시려고요!"

"아무 데도 쓸 데는 없어요."

"가져가 쓸 데도 없는데 그냥 놔두시지, 왜 걷으시냐고요!"

"신경질 나서요. 가다가 쓰레기통에 버리고 가려고요."

참자, 참자, 또 참지 못하면 또 사고 생긴다. 시비하면 사고 난다. 이를 물었다. 3,700만 원 날리고 시댁에서 시달리다보면 저럴 수도 있다는 생각에 측은한 생각마저 들었다. 그것으로 정말 끝인 줄 알았다.

이삿짐을 실은 트럭이 떠나자 장판 걷힌 거실과 내부 청소 좀 대충하고 손을 씻으려고 수도꼭지를 트는데 갑자기 기분이 이상했다. 시원한 느낌을 주면서 발 아래로 물이 번져오는 게 아닌가?

"뭐야, 왜이래?"

"싱크대 아래쪽에서 물이 새잖아!"

얼른 수도꼭지부터 잠갔다. 그리고 싱크대 아래쪽을 살펴보니 어처구니가 없었다. 싱크대에서 하수관으로 연결되는 호스(일명 코끼리호스) 중간 부분을 칼로 완전히 절단해놓은 것이 아닌가? 웃고 말았다. 이것저것 수리해주고 전세로 임대하고 세입자가 이사 들어오는 날 아래층에 있는데 세입자가 불렀다.

거실 장판은 걷어가고 화장실 변기에는 못 집어넣고

"왜 그러세요?"

"화장실 변기가 막힌 것 같은데요?"

"그럴 리가요!"

"와보세요, 물이 안 내려가요?"

"정말이네, 왜 이러지…. 넘치니 가만히 놔두세요~ 제가 설비업자 부를게요!"

설비업자가 와서 보자마자 첫 마디가

"변기통이 막혔네요?"

"잘 쓰다 이사 가셨는데!"

"변기 새 것으로 바꾸셔야 합니다."

"아니 멀쩡하고 깨끗한 변기를 왜 바꾸라고 그러세요!"

"누가 변기에 작은 못을 집어넣었네요. 변기를 통째로 바꾸어야 합니다."

"뭐라고요, 못을 집어넣었다고요!"

"변기 깨서 안에 못 안 들어 있으면 내가 무료로 새 것으로 설치해드
릴게요!"

"그럼 한번 그렇게 해보세요!"

길이 4~5*cm* 정도의 못이 10개 정도가 변기 주름진 부분에 들어 있었
다. 그때 처음 알았다. 변기 못 쓰게 하려면 못이나 철사 같은 이물질 서
너 개만 넣고 물 한 번만 내려버리면 변기 전체를 뜯어내야 한다는 사실
을. 깨기 전에는 절대 빼낼 수 없단다.

젊은 분들에게 특히 당부드린다. 명도하러 가서 젊은 혈기에 먼저 화
를 내거나 흥분하시면 안 된다. 험한 말을 하면 절대 안 된다. 사람 밀쳐
서도 안 된다. 처음부터 끝까지 주머니에 두 손 꼭 넣고 행동하시라. 진
정이 안 되면 얼른 112에 먼저 도움을 요청하시라. 주먹 한 번이라도 휘
두르시면 최악의 사태가 발생한다.

chapter 06
가재도구에 빨간딱지 붙이고
낙찰자 기다리는 고수

고수는 있다. 인정할 것은 인정하자

명도에서 가장 골치 아픈 그룹이 채무자다. 채무자와 명도의 난이도를 따져보자. 자기와 가족이 사는 집을 담보로 걸고 무슨 일을 했던 사람들이다. 세상을 바라보는 시각이 우리보다는 한 수 위라는 점은 인정해야 대화가 된다. 훨씬 치열하고 전투적이라는 말이다. 명도 처분 당해 집을 비우고 떠나는 채무자(보증인, 임차인)를 보면 대강 다음과 같이 분류할 수 있다.

① 가장 이쁜 채무자 : 고분고분 이사 가주는 채무자
② 그래도 이쁜 채무자 : 이사비용은 요구하지만 깔끔하게 비워주는 채무자
③ 봐줄만한 채무자 : 방값과 이사비, 관리비까지 바가지 씌우는 채무자
④ 질 나쁜 채무자 : 죽고 죽이겠다며 반말과 협박으로 공갈치며 다 챙겨가는 채무자
⑤ 최악의 채무자 : 상상하기 어려운 다양한 요구를 하는 채무자로

구분할 수 있을 것이다.

'순종형, 지능형, 솔직담백형, 배째라형(무대뽀형), 공갈형(허풍쟁이형), 읍소형(엄살쟁이형), 막가파형(이판사판형), 찰거머리형, 스토커형'과 '①~⑤'를 적절히 혼합하면 어지간한 유형은 커버가 된다.

고수보다 고수의 명도 방해 비법

어떤 분야든 고수가 있냐고 물으면 '있다'고 딱 떨어지게 대답할 수 있다. 분야가 요리일 수도, 건축일 수도, 연예계일 수도, 스포츠계일 수도, 증권업계일 수도, 부동산업계일 수도 있다. 그럼 경매 세상에는 어떤가? 물론 '있다.'

그럼 은행융자 받아서 부도내고 쓰러지는 채무자 중에도 '고수가 있을까?'라고 물으면 당연히 '그렇다'이다. 이들은 보통사람들과는 두 가지 점이 다르다. 채무의 스케일이 다르고, 쓰러졌다가 일어서는 방법이 다르다. 부동산 등기부를 세탁하려고 쓰러질 때는 맨땅이 아닌 '떡판'을 향해 앞으로 엎어진다. 일어날 때는 고물만 묻히고 일어나는 것이 절대 아니다. 김이 모락모락 나는 따뜻하고 맛있는 떡을 한 입 가득 물고 일어난다. 외환위기 당시 필자는 다니던 신용금고가 문을 닫는 아픔을 겪었고, 다니는 동안 '채무 고수'를 몇 명 경험했다.

그런 '채무 고수'들에게 걸려든 병아리들의 사례를 보자.

낙찰받아 소유권을 취득하고 들어간 내부의 유체동산(가재도구)에 압류 딱지를 붙여놓고는, 그 압류딱지의 채권자는 가재도구의 처분을 거부하면서 채무자(집주인)와 상의하란다.

경매 물건에 부비트랩(?)을 설치하고 낙찰자가 걸려들기만 기다리고 있는 것이다. 채무자의 살림살이를 가지고 치사한 흥정을 시작하려는 짓임을 알지만 낙찰자는 별다른 방법이 없다.

명도를 합법적으로 방해하는 참으로 효과적인 방법 중 하나다. 이 정도의 함정을 팔 수 있는 정도라면 상대도 법원 경매나 강제집행에 상당한 실력을 갖춘 고수급에 속한다.

선수끼리 만나면 오히려 문제해결이 간단할 수도 있다. 상대방의 실력을 간파할 줄 아는 것도 명도 잘하는 중요한 요소다. 상대나 상대를 코치하는 이가 선수라면 무조건 법대로 밀고 가려고 하지말자. 인정하지 않으려 하면 상황이 오히려 복잡해질 수도 있다.

빨간 '압류딱지'가 더덕더덕

'⑤ 최악의 채무자 : 상상하기 어려운 다양한 요구를 하는 채무자'를 고수라고 보면 아마 틀림없을 것이다. 속은 쓰리지만 상대방의 말을 끝까지 들어보고 명도 전략을 세워야 한다. 경우에 따라서는 요구사항을 다 들어줄 수밖에 없는 상황이 올 수도 있다.

성남시 분당 야탑동에 있던 고급연립주택을 낙찰받았다가 이런 꼴을 당한 채일규씨의 사례다. 낙찰받은 집 내부에 있던 채무자 살림살이에 빨간 '압류딱지'가 더덕더덕 붙어 있더란다. 압류딱지가 붙어있는 가재도구를 마음대로 옮기거나 처분해버리면 문제가 복잡해진다. 상대방은 이미 효과를 잘 알고 있다. 압류딱지 채권자를 수소문해 찾기로 했다.

집행 법원에 연락해 어렵게 수소문 한 끝에 채권자를 알아냈는데 채권자가 채무자의 동업자였다. 그림이 대충 보이기 시작한다. 명도를 어렵게 만들려는 작전이다. 서로 짜고 '채권·채무관계'를 만들어 채무자 집의 살림살이에 딱지를 붙여놓고 낙찰자로부터 연락이 오기만을 기다리고 있던 차였다. 맛있게 생긴 미끼를 던져놓고 물기만을 기다리는 낚시꾼의 심정이다. 그 황당한 판에 채일규씨가 걸려든 것이다. 물론 낙찰받을 당시에는 상상도 못한 상황이다.

이 분은 필자가 위환위기 이전인 신용금고를 다닐 때 고객이셨다. 15년 이상을 친하게 지내는 사이다. 채일규씨한테서 전화가 왔다. 다짜고짜 급한 사정이 생겼다면서 좀 만나달라는 것이었다. 만나 사연을 들어보니 내막은 대강 다음과 같았다.

"집안에 있는 채무자의 살림살이가 몇 개 남아 있다."

"그런데 거기에 압류딱지가 붙어 있다."

"내 맘대로 옮기면 문제가 생길 것 같다."

"채권자가 채무자하고 동업자였다."

"어떻게 대처해야 할지 모르겠다."

"동산집행을 재촉해달라는 것이 요지였다."

당사자들끼리 만나는 것보다 효과적일 것이라며 필자에게 딱지의 채권자를 만나달라는 부탁을 하셨다.

압류딱지의 채권자가 채무자의 동업자

"채무자하고는 잘 아시는 사이고, 서로 동업자시라면서요?"

"그게 무슨 상관이요? 받을 돈 못 받아 딱지 발랐소."

"그럼 빨리 처분해주세요!"

"그건 제가 결정할 일입니다. 너무 재촉하지 마시오."

"재촉하는 것은 아니고 저희가 답답하니 부탁드리는 겁니다!"

"채무자가 오늘 갚는다. 내일 갚는다 하니 나도 기다리고 있소."

"언제까지 기다리실 건가요?"

"그거야 제가 모르죠. 곧 갚는다고 하는데 어떻게 처분하오."

"마냥 기다리라는 말씀이세요?"

"그게 아니라 그거 처분해봤자 몇 푼 되지도 않구만."

"빨리 처리해주셔야 하잖아요!"

"너무 독촉하지 맙시다. 채무자한테는 손때 묻은 살림살이 아니오?"

"제 말은 언제까지면 좋겠냐고 여쭈어보는 겁니다!"

"기다려 달라는데 좀 기다려주는 게, 뭐 이상한가."

"저희가 아주 답답하니까 그렇죠!"

"난 답답한 거 없소. 경매 투자해서 돈 벌면 눈에 뵈는 게 없나 보네?"

"이렇게 피해를 주시면 안 되는 거 아닌가?"

"피해라고요? 이사람 참 큰일 낼 사람이시네?!"

"피해 보는 거 맞잖아요!"

"피해보기는 나도 마찬가지 아니요?"

처음부터 본말이 전도되어 있는 게임이다. 그러나 어쩌랴 법이 그렇게 생겨먹었는데.

하수아비 바지의 위력은 대단하다

"어떻게 좋은 방법이 없을까요?"

"그러면 채무자에게 직접 연락해서 말씀해보시던가!"

"아니 우리가 왜 채무자한테 연락을 합니까?"

"선생~ 선수라며 말귀 참 못 알아들으시네?"

"무슨 말귀를 못 알아듣는다는 말씀이세요!"

"척하면 감 떨어지는 소린지 배 떨어지는 소린지 알아들으셔야지?"

"그럼 채무자가 하자는 대로 하시겠다는 말이세요!"

"이제야 말귀를 좀 알아듣네?"

"진짜 채권자 맞으세요?"

"그걸 선생이 나한테 물을 일이 아닌 것 같은데, 주제넘게 묻고 그러시네?"

"나참, 미치겠네!"

"미치지 말고, 채무자 전화번호 여기 있소, 서로 협의해서 합의되면 내게 연락하소!"

"이러지 마시고 시원하게 얼마를 달라고 하는 것이 선수들끼리의 '룰' 아닌가요?"

"'룰'이라고 했소!"

"그래요 '룰'이요, '룰'!"

"나는 그런 거 모르고 채무자하고 말해보소!"

"무조건 채무자한테 말하라고 하면 어떻게 합니까?"

"나는 아무 결정권이 없어요!"

"키는 선생님이 쥐고 계시잖아요?"

"나는 딱지의 주인이고 키는 채무자가 가지고 있다니까요?"

"그러지 마시고 요구사항을 말씀해주세요!"

"말해주고 싶은데 난 정말 모른다니까 그러시네?"

"요구조건을 아시잖아요? 아실 것 같은데!"

"난 모르오. 채무자한테 연락해보세요."

"솔직하게 말씀해보세요!"

"직접 통화하면 아마 시원한 답이 나올 거요, 난 이만 가오, 잘해보소!"

정리를 해보자.

동업관계에 있던 채무자에게 받을 돈이 있다. 그래서 유체동산(가재도구)에 압류딱지를 붙였다. 그러나 이 말은 처음부터 전부 거짓이다. 경매가 진행될 것에 대비해서 일방적으로 명도하지 못하도록 사전에 짜고 딱지를 붙여 명도를 방해할 수작이 분명하다. 자기 재산에 압류딱지 붙여놓고 흥정을 하고 있는 식이다. 딱지의 채권자는 들러리 허수아비, '바지'에 불과하다. 그러고 보니 여기도 바지가 등장한다. 물론 물증은 없다.

살림살이 처분은 채무자와 협의하란다

낙찰자가 압류자에게 빨리 경매 처분하거나 다른 장소로 옮겨달라고 부탁했지만 거절당했다.

"받을 돈에 비해서 가재도구 감정가가 너무 작다."

"그래서 딱지 붙이기만 했지, 경매 처분할 생각이 없다."

"갚는다고 하니 기다리는 중이란다."

낙찰자를 골탕 먹이려는 수작이 훤히 보이지만 꼼짝할 수가 없다. 경매를 붙일 것인가 말까는 오직 자신의 결정사항이니 이래라 저래라 하지마란다. 할 말 있으면 채무자(집주인)에게 하라며 친절하게 전화번호까지 알려주며 자리를 박차고 나가 버린 것이다. 도와주자고 나선 필자로서도 마땅한 방법이 없다. 치사하지만 효과적인 함정에 채일규씨가 보기 좋게 걸려든 것이다.

상황이 이렇게 되면 낙찰자는 채무자의 의도대로 끌려가지 않을 수 없다. 마치 낚시 바늘에 걸린 물고기처럼 말이다. 채무자가 낚시꾼이고 낙찰자가 낚시 바늘을 물고 몸부림치며 끌려 올라오는 물고기라는 것쯤은 여러분도 아셨을 일이다.

잔금까지 납부해 내 집이 되었지만, 그 집 안에 들어 있는 채무자의 가재도구를 명도할 방법이 사실상 막히게 된 것이다. 상황은 뻔히 보이는데도 답답하기 그지없다. 그 이후부터의 칼자루는 당연히 저쪽이 쥐게 된다. 정확히는 채무자가 칼자루를 쥐고 흔들어대는 꼴이다. 낚싯대 흔드는 대로 아프게 끌려 올라오지 않을 수 없는 형국이다. 가재도구의 압류권자가 경매 신청을 이런저런 이유로 시간이나 끌려는 속셈이다. 낙찰자는 속수무책으로 당할 수밖에 없다.

그 후 딱지의 채권자 요구대로 채무자를 만나 살림살이를 경매 처분하기로 합의했다. 채무자는 살림살이를 제3자가 낙찰받는 데 적극 협조하기로 했다. 채일규씨는 이사비용(짐도 없는데 이사는 무슨 이사?) 명목으로 채무자에게 상당한 금품을 갈취당했단다.

필자는 확인사살까지 당했다

필자는 채일규씨가 요구사항을 얼마를 들어주고 집을 넘겨받았는지 알 수가 없다. 왜냐하면 정확한 피해금액은 창피해서 도저히 자신의 입으로는 말을 못하겠단다. 다만 '피해가 심했구나' 정도로만 추측할 뿐이다. 도와달라는 연락을 받았지만 필자가 도와준 것은 거의 없었다.

왜냐하면 낙찰자가 채무자와 압류권자의 요구에 이리저리 휘둘릴 수밖에 없는 상황이라 도와드릴 방법이 없었다. 상대방이 필자보다 경매 고수였다는 느낌을 받았다. 나 같은 하수(?)가 개입해서 오히려 상황을 악화시킬 수도 있다는 판단이 들어 자제했다.

그런데 이 건은 여기까지가 끝이 아니었다. 다 끝나고 나서 확인사살까지 당하는 수모를 겪었다. 정리되고 얼마 뒤 딱지의 채권자가 필자에게 일부러 전화를 했다.

"우교수님, 안녕하세요?"

"제게 아직도 볼일이 남았나요? 다 마무리되었다고 들었는데?"

"마무리 되었으니 전화를 드리는 거죠."

"왜 전화하셨나요?"

"제가 교수님 책도 여러 권 사서 읽었습니다."

"저를 아세요?"

"아다마다요. 영광입니다."

"영광이라니 무슨 말씀이세요!"

"그런 인연으로 교수님을 뵐 줄은 상상도 못했습니다!"

"경매 경험이 있으시다는 말씀이세요?"

"저도 여러 건 낙찰받았고, 경매는 좀 알죠."

"경매를 아시는 분이 그렇게 골탕을 먹이세요?"

"우리 물건을 교수님 아는 사람이 낙찰받을 줄 어찌 알았겠어요?"

"해도 너무하셨잖아요!"

"채무자가 아는 형님이어서 어쩔 수가 없었습니다."

"아무리 그래도 정도껏 하셔야죠!"

"채무자 사정이 하도 딱해서 좀 도와주었을 뿐입니다."

"!?!?!?!?!?!?!?!?!?!?!?!"

"너무 언짢아하지 마세요?"

아주 가지고 놀고 있는 중이고, 병 주고 약 주고 있는 중이다. 욕이 목까지 차오르지만 퍼부을 수도 없었다. 얼마나 멍청한 얼간이 하수로 보였을까? 머리가 땅 했다. 고수로 가는 길에 필요한 과정일지는 모르겠다. 그러나 확인사살당했다는 것 하나는 분명했다.

이런 식의 피해는 의외로 많다

비슷하지만 다른 사례다. 강남구 삼성동에 사는 주씨는 부천시 소재 감정가 5억 5,000만 원의 창고 겸 공장을 4억 5,000만 원에 응찰해 경쟁자 여섯 명을 물리치고 낙찰에 성공했다.

공장 문이 굳게 잠겨 있어 잔금을 납부하기 전에는 공장 주변을 둘러보는 것 정도로 만족할 수밖에 없었다. 대금을 납부하고 내부를 들어가 본 뒤에야 심각한 문제가 도사리고 있음을 알게 되었다.

붉은 압류딱지가 붙은 기계 등이 어지럽게 흩어져 있었다. 기계류는 매각목적물에서 빠져 소유권 취득대상이 아니었다. 건물 내부에 압류동산이 있을 것이라고는 미처 생각지 못한 데서 온 실수였다.

기계 전체를 사진을 찍고 물품목록을 작성해 집행관 입회 하에 건물 지하창고에 이 물품들을 일단 보관토록 했다. 인도명령을 신청하고 인부를 동원해 기계를 뜯어 옮기는 데도 상당한 비용이 추가되었다. 소유권을 넘겨받은 지 1년을 넘기고도 창고에 그저 쌓아두고만 있다. 건물을 임대하는 데 막대한 지장을 받으면서 말이다. 물건 주인이 나중에 나타나 문제를 일으킬까 봐 처분도 하지 못하고 임대 가능한 지하공간을 썩히고 있는 것이다.

빨간딱지가 붙어 있는 경우의 해결책

소유권이전등기까지 마친 낙찰자라도 함부로 들어가면 문제가 생길 수도 있다. 법과 절차를 통해 재산권을 행사해야 한다. 응찰 전에 부동산 내부 상태를 알아낸다는 것은 어불성설이다. 시중의 어떤 책들은 사전에 부동산 내부를 확인하라는 식으로 쓰여 있지만 여러분은 못 읽은 것으로 하시는 것이 현명하다. 내부 상태를 확인하지 못한 채 응찰하게 된다. 문제는 여기서부터 발생하게 된다.

낙찰받은 부동산에 있는 채무자의 짐이 일부라도 남아 있거나, 그 짐에 압류딱지(일명 빨간딱지)가 붙어 있다면 이를 처리하는 데 두세 배의 수고가 더 든다고만 하겠다. '수고'만 지불할 뿐 시간만 흘러가는 경우도 발생한다. 잔금내고도 내부로 들어가는 것도 마음대로 하면 안 되는 판국이다.

압류딱지가 붙어 있는 물건을 채권자(딱지의 주인)나 채무자(물건의 주인)의 동의 없이 임의로 처리하면 안 되는 것은 당연하다. 이를 악용하는 경우가 흔하게 일어난다. 경매 처분된 부동산 내부에 딱지 붙은 짐만 놓아두고 행방을 감춰 피해를 준다. 이런 경우의 해결방법은 그리 만만치는 않지만 대체로 이렇다.

① 대화와 협의로 해결되는 경우

이런 정도의 테크닉을 구사하고 나오면 상대방이 '선수'라는 점을 인정하는 것에서부터 대화를 시작해야 한다. 권리 당사자들과 대화로 푸는 방법이다. 채권자(딱지의 주인)나 채무자(물건의 주인)와 협의를 통해 제3의 장소로 동산을 옮기는 방법이다. 지정된 제3의 장소에 물건을 이동 보관해야 하는 경우 보관료는 일단 낙찰자가 부담이다. 비용은 들더라도 낙찰자로서는 가장 행복한 해결방법이다. 더 좋은 방법은 상호협의를 통해 압류된 물건을 경매 처분하는 방법이다.

② 대화와 협의로 해결되지 않는 경우

압류 동산 처분 시 압류 당사자들과 협의가 이루어지지 않는 경우에는 복잡해진다. 원칙적인 처리과정은 이렇다. 3개월이 지나도록 압류권자가 동산을 처분하지 않으면 법원은 이러한 물건의 적체 해소를 위해 압류권자에게 최고(두 번까지)로 처분을 촉구한다.

그래도 실행되지 않으면 법원 직권으로 압류 물건을 취하시키게 된다. 이때 낙찰자는 보관 임대료를 채권으로 동산을 압류, 경매 신청하는 방법으로 처리할 수도 있다. 그러나 이는 법에 그렇게 되어 있다는 말일 뿐이다. 동산에 압류딱지가 붙어 있는 경우에 이런 정도로 문제가 해결될 것이라고 믿고 시작하셨다면 아직은 순진하시다. 큰일 당할 가능성이 아주 높다.

실무에서 압류나 가처분된 동산의 경우 권리자와 협의가 안 된다면 뾰쪽한 해결방법은 따로 없다. 길고 지루한 민사소송으로 처리하는 방법뿐이다. 길게 가면 2~3년이 소요되는 것이 민사소송이다. 재산권을 침해당할 우려가 크다. 나중에 손해배상청구소송 등을 제기해 피해를 보상받는다고 하지만 이 역시 요원한 일이다. 그러는 동안에 낙찰자는 숨이 넘어가버리는 경우가 보통이다. 고통이 이만저만이 아니다.

chapter 07

경매 정보지 믿고 응찰하는
병아리들에게 보내는 경고

경매 정보지 믿었다가 잘못되면 책임은 누구에게 있는가?

물론 그 책임은 경매 정보지 내용만을 믿고 응찰한 자에게 있다.

"경매 정보지 내용은 참고만 하라는 말씀은 아마 열 번도 더 했을 겁니다!"

"고수들이야 그렇게 말하지만 물어볼 곳이 없는 초보자들에게는 믿고 의지할 곳이 거의 거기가 유일합니다"

"배당에서 가장 변수가 많은 부분이 어느 부분인줄 아세요?"

"다 어렵지 않나요?"

"특히 주의해야 할 부분은 확정일자부 임차인보다 먼저 배당되는 '최우선배당' 부분입니다."

"임금채권, 당해세, 소액임차인들에게 배당되는 부분을 말씀하시는 건가요?"

"맞습니다. 그런데 현재 경매 시스템으로는 낙찰받아 매각허가가 나기 전까지 투자자는 임금채권, 당해세, 소액임차인에게 배당될 내역을 정확히 알 수 없습니다!"

"특히 임금채권하고 당해세는 현재로서는 입찰 전에 그 내역의 파악이 불가능합니다."

"무슨 방법이 없나요?"

"없습니다. 개인정보보호 차원에서 매각허가나기 전까지는 정상적인 방법으로 법정기일은 물론이고 압류액도 알 수 없습니다!"

"지금 보여주시겠다는 '임금채권'의 최우선배당부분도 아무리 봐도 알기 어려워요?"

"응찰 전에 의심할 수 있는 몇 가지 단서가 있기는 하지만 여러분들에게는 쉽지 않은 것만은 분명합니다."

칠흑처럼 어두운 비오는 날 밤에 손전등 하나 없이 산길을 걷는 꼴이다.

병아리들이 신주단지처럼 믿고 의지하는 경매 정보지는 그저 참고사항일 뿐이다.

"박사님 주변에서 일어난 일이라는 말씀이세요?"

"아무 도움도 주지 못하고 말았습니다!"

"배당표 실물을 보면 입찰보증금 몰수당한 것이 보입니다!"

"2011년 4월 7일에 입찰한 사람이 제공한 입찰보증금 960만 원이 몰수되어 재매각으로 경매가 마무리된 사건입니다!"

"그 핵심이 '임금채권'이라는 거죠?"

"그렇습니다!"

"확정일자부 임차인보다 먼저 배당받는 최우선배당부분의 내역을 사전에 알 수 있는 단서가 있다고 하셨는데요, 이 물건의 등기부란의 압류권자 중 '근로복지공단'의 압류가 그런가요?"

"맞습니다. 그리고 관할이 다른 해당 부동산의 관할 시·군·구청의 압류는 지방세 '당해세'로 의심하시고, '세무서'의 압류가 있으면 '일반국세'로 의심해서 '최우선배당'과 '순위배당'을 따져주셔야 합니다.

경매 정보지에 모든 것을 의지한 채로 입찰에 도전하는 병아리들이 있다. 경매 정보지에 근거해서 입찰했다가 입찰보증금 날린 실제사례를 살펴보자. 그리고 경매 정보회사가 짜놓은 예상 배당표가 실제와는 어떻게 다른지도 보여드리겠다. 가장 틀리는 부분이 많은 '예상 배당표' 부분이다.

임금채권자가 경매 신청한 신촌 오피스텔 [1]

소재지	서울 마포구 노고산동 10*-1** , 우정마*** 13층 13**호				
경매 구분	강제경매	채권자	근로복지공단		
용도	오피스텔(주거용)	채무/소유자	한국○○건설	낙찰 일시	2011.08.25 (65,576,990원)
감정가	120,000,000	청구액	35,500,450	종국 결과	2011.11.08 배당종결
최저가	61,440,000(51%)	토지 총 면적	2.71㎡(0.82평)	경매개시결정일	10.03.19
입찰보증금	20%(12,288,000)	건물 총 면적	18.72㎡(5.66평)	배당요구종기일	10.06.03
주의 사항	· 재매각 물건				

"경매 신청권자가 '근로복지공단'이네요?"

"임금채권이 확정일자부 임차인보다 먼저 배당될 가능성이 농후한 물건입니다!"

---

1) 원 사건은 서울 서부지방법원 서부 2010-4338이다.

"'근로복지공단'의 압류가 있으면 체불된 임금을 기업대신 지급하고 '구상권'을 행사하는 것으로 이해하면 되나요?"

채무자가 '법인(=기업)'이거나 법인 대표의 부동산이 경매 처분 당한 경우에서 경매 신청권자를 포함해서 압류권자가 '근로복지공단'이라면 임금채권이 최우선배당 될 수 있다고 가정하고 권리분석을 하셔야 한다.

"문제가 되는 경우는 이 물건처럼 등기부상 말소기준이 되는 권리보다 먼저 전입한 선순위 임차인이 있는 경우겠네요?"

후순위라면 소액배당 후 명도 대상자가 되기에 낙찰자 입장에는 추가 부담이 없지만, 이 경우처럼 등기부상의 권리보다는 선순위로 전입했지만, 부동산 등기부만 봐서는 알 수 없는 '임금채권'의 발생시점에 따른 최우선배당이 먼저 진행되고 대항력 있는 선순위 임차인이 배당받지 못한 나머지 금액은 낙찰자 추가 인수로 되고 만다는 점이다.

경매 정보회사가 보내는 경고

이 사건은 우선권 있는 임금채권에 의한 강제경매인 바, **우선순위 임금채권에 대한 근로복지공단의 대위변제금 67,935,450원 및 임금채권 1,580,000원에 대한 배당요구**가 있고, 기타 선순위 채권자에 대한 배당으로 인해 임차인이 이 사건에서 보증금 전액을 배당받지 못할 경우에는 배당받지 못한 잔액이 매수인에게 인수될 수 있음.

"이 같은 경고가 분명히 있었음에도 첫 번째 입찰일에 응찰자가 21명이라는 점이 절망하게 됩니다!"

"입찰보증금 날릴 예비군이 정말 많네요?"

"법원이 두 번이나 '불허가' 결정을 내리는 것을 보면 한 번 따져봐도

경매 정보지 세부 현황

소재지/감정서	물건번호/면적(㎡)	감정가/최저가/과정	임차조사	등기권리
121-100 서울 마포구 노고산동 10*-1** 우정마○○ 13층 13**호	물건번호: 단독물건 *대지(0.82평) 2.71/1297.6 *건물 18.72 (5.66평) 공용포함 : 34.98 -총15층/13층	*감정가 120,000,000 · 대지 54,000,000 (45%) (평당 65,853,659) · 건물 66,000,000 (55%) (평당 11,660,777) * 최저가61,440,000 (51.2%) 　경매 진행 과정　 ① 20,000,000 2010-07-01 유찰 ② 20%↓ 96,000,000 2010-08-12 낙찰 *낙찰자 : 이경○ 응찰수 : 21명 최고가 : 117,367,000 응찰가율 : 97.81% 불허가 : 2010-08-19 ------------------ ② 96,000,000 2010- 10-14 유찰 ③ 20%↓ 76,800,000 2010-11-18 낙찰 *낙찰자 : 구민○ *응찰수 : 6명 *최고가 : 106,300,000 *응찰가율 : 88.58% 불허가 : 2011-01-05 ------------------ ① 56%↑ 120,000,000 2011-03-03 유찰 ② 20%↓ 96,000,000 2011-04-07 낙찰 *낙찰자 : 김영○ *응찰수 : 3명 *최고가 : 119,001,000 *응찰가율 : 99.17% *매각허가 : 　2011-04-15 *대금납기 : 011-05-17 *대금 미납	*임하○ 전입 2008.01.25. 확정 2008.01.25. 배당 2010.04.02. (보증금) 60,00,000 주거/전부 점유 2008.01.25.이후 08.01.25 임하○ 주민센터확인 : 2011.02.18 *임하○ : 이 사건은 우선권 있는 임금채권 에 의한 강제경매인 바, 우선순위 임금채권 에 대한 근로복지 공단의 대위변제금 67,935,450원 및 임금 채권 1,580,000원에 대한 배당요구가 있고, 기타 선순위채권자에 대한 배당으로 인해 임차인이 이 사건에서 보증금전액을 배당받지 못할 경우에는 배당받 지 못한 잔액이 매수인 에게 인수될 수 있음. ------------------ ② 20%↓ 96,000,000 2011-06-16 유찰 ③ 20%↓ 76,800,000 2011-07-21 유찰 ④ 20%↓ 61,440,000 2011-08-25 낙찰 *낙찰자 : 김상○ *응찰수 : 2명 *최고가 : 65,576,990 *응찰가율 : 54.65% *매각허가 : 　2011-09-02 *대금납기 : 　2011-10-07 *대금납부, 배당종결	*소유권 한국○○건설 2007.02.02. 전 소유자 : ○○건설 *압류 시흥세무서 2009.09.04 *압류 안산세무서 2009.09. 08 *압류 근로복지공단 안산지사 2009.09.11. *압류 국민건강보험 인천계양지사 2010.03.18. 강제 근로복지공단 안산지사 2010.03.22. 청구액 *35,500,450원

나쁘지 않을 텐데, 안타까울 뿐이죠!"

임차인 임하○가 자신의 보증금 6,000만 원에서 배당받지 못하는 금액이 발생하면 그 부분은 낙찰자가 추가로 물어내야 한다는 것을 잘 설명하고 있다.

등기권리 관계

종류	권리자	등기일자	채권액	배당액	인수	비고
압류	시흥세무서	2009-09-04			말소	말소기준권리
압류	안산세무서	2009-09-08			말소	
압류	근로복지공단	2009-09-11			말소	
압류	국민건강보험	2010-03-18			말소	
강제	근로복지공단	2010-03-22	35,500,450	4,172,022	말소	경매기입등기

"기본적인 권리분석 한번 해주세요?"

"등기부상 말소기준은 2009년 9월 4일 시흥세무서의 '압류'입니다!"

"임차인 임하○는 이날보다 먼저 전입한 임차인이어서 대항력을 가진 '선순위 임차인'이라는 말씀이시고요?"

"배당순서는 어떻게 될 것 같으세요?"

"경매집행비용 ⇒ 소액최우선배당(소액임차인, 당해세, 임금채권) ⇒ 순위배당(말소권리, 임차인, 성립권리) 순서로 배당되는 것 아닌가요?"

"외형적으로는 그렇습니다만, 세부 사항을 따져보면 쉽지 않습니다."

"배당금액까지를 따져보면 어렵다는 건가요?"

임차인 현황

전입자	점유	전입/확정/배당	보증금/차임	예상배당액	대항력	비고
임하○	주거/전부 2008.1.25- 2010.1.24	전입 : 2008-01-25 확정 : 2008-01-25 배당 : 2010-04-02	보 60,000,000	60,000,000	有	소멸

"임차인 현황을 따져가면서 예상 배당표를 만들어봐주세요?"

"말소기준권리 성립일이 2009년이고 지역이 서울이어서 소액최우선배당에 해당되는 임차인이 되려면 임차보증금 6,000만 원 이하이고, 배당요구종기일 전까지 배당요구한 임차인에게 최우선적으로 2,000만 원까지 배당해주는 것 아닌가요?"

"소액최우선배당금액이 배당가능금액의 1/2을 넘어서면 최우선배당자들을 상대로 안분배당하는 점도 놓치시면 안 됩니다!"

경매 정보회사가 만들어놓은 배당표는 다음과 같다.

예상배당표(낙찰가 65,576,990 원으로 분석)

	종류	배당자	예상 배당액	배당후 잔액	배당사유
배당 순서	경매집행비용		1,404,968	64,172,022	
	임차인	임하○	20,000,000	44,172,022	소액임차인배당
	임차인	임하○	40,000,000	4,172,022	임차인
	강제	근로복지공단	4,172,022	0	강제 이하 안분배당

※ 본 표는 예상내역으로 실제와 차이가 있을 수 있습니다.
* 현장 보고서의 '3. 권리상 이해관계'
◎ 이마○는 전액 배당가능하므로 낙찰자 인수사항 없음(본 분석은 조사자 개인 견해입니다).

사고가 나도 법적 책임은 묻지 못한다

이 경매 정보지의 '예상배당표'로는 임차인은 소액최우선배당과 순위배당을 통해 전액 배당받는 것으로 표현되고 있다.

"병아리들은 낚일 것 같아요?"

"경매 진행 내역을 봐도 낚인 사람이 무려 총 30명입니다!"

"세 명이 아니고 30명인가요?"

"2010년 08월 12일 입찰에 21명, 2010년 11월 18일 입찰에 6명, 2011년 04월 07일 입찰에 세 명을 합하면 딱 30명입니다!"

"낚싯대 하나에 고기 30마리 물려 올라오면 참 행복할 것 같아요."

"경매 낚시터에서는 있을 수 있습니다!"

"떨어졌다고 섭섭할 일이 아니네요."

"떨어져서 감사함을 느낄 일이 아니고 당초에 이런 물건은 인수하고도 수익이 날 가격까지 기다렸다가 응찰했어야 합니다."

"이번 낙찰 건에서는 다행히 떨어졌지만, 다른 물건에서는 재수 없게 '운(運)'이 나빠 1등에 당선되었다가는 입찰보증금 몰수당하는 대열에 줄 서게 되는 거죠."

임금채권자가 최선순위 임차인보다 먼저란다

경매 정보회사가 만들어놓은 '예상배당표'는 말 그대로 참고용으로만 사용하셔야 한다.

"좀 더 심하게 말하면 참고조차 해서는 안 됩니다."

"모르면 얌전히 있으면 중간이라도 갈 것을 조사수수료 몇 푼에 아는 척 해서 병아리 입찰자들 골병들게 하고 있네요?"

"경매 정보지에 '본 표는 예상내역으로 실제와 차이가 있을 수 있습니다'는 문구와 '본 분석은 조사자 개인 견해입니다'라는 문구를 삽입해서 완벽하게 면피하고 있습니다!"

'예상배당표'와 실제배당표를 보시면 벌어진 입을 다물기 어려우실 것이다.

예상배당표와 전혀 다른 배당표실물

서울서부지방법원
배 당 표

사 건		2010타경4338 부동산강제경매		
명세	배당할금액	금	75,287,015	
	매각대금	금	65,576,990	
	지연이자 및 절차비용	금	0	
	전경매보증금	금	9,600,000	
	매각대금이자	금	110,025	
	항고보증금	금	0	
	집행비용	금	2,474,999	
	실제배당할금액	금	72,812,016	
매각부동산		서울 마포구 노고산동 107-17 외10 우정마상스오피스텔 13층 1327호		
채 권 자		근로복지공단	근로복지공단	근로복지공단
채권금액	원 금	35,500,450	4,700,000	27,735,000
	이 자	0	0	0
	비 용	0	0	0
	계	35,500,450	4,700,000	27,735,000
배당순위		1	1	1
이 유		채권자(지급명령)	배당요구권자(이명학.권성일의 임금채권 대위변제자)	배당요구권자(선정당사자 이룡대 외8인의 임금채권 대위변제자)
채권최고액		0	0	0
배 당 액		27,752,274	3,674,198	21,636,936
잔 여 액		45,059,742	41,385,544	19,748,608
배당비율		78.17%	78.17%	78.01%
공탁번호 (공탁일)		금제 호 (. .)	금제 호 (. .)	금제 호 (. .)

2-1

채 권 자	선정당사자 이흥대	임하리	
채권금액 원 금	205,000	25,000,000	
이 자	0	0	
비 용	0	0	
계	205,000	25,000,000	
배 당 순 위	1	1	
이 유	배당요구권자(임금)	임차인(소액)	
채 권 최 고 액	0	0	
배 당 액	205,000	19,543,608	
잔 여 액	19,543,608	0	
배 당 비 율	100.00%	78.17%	
공 탁 번 호 (공 탁 일)	금제 호 (. .)	금제 호 (. .)	금제 호 (. .)

2011. 11. 8.
사법보좌관 김 병 길

2-2

문제는 임차인이 선순위라는 것

"임차인이 '예상배당표'에서는 전액 배당받을 것이라고 표현했는데 실제배당표에서는 19,543,608원만 배당받네요?"

"낙찰자는 6,000만 원에서 낙찰자에게 배당된 19,543,608원을 뺀 40,456,392원을 추가로 물어줘야 마무리됩니다."

낙찰금액이 65,576,990원이고 소유권이전비용까지 따져보면 약 7,000만 원 정도 들어갔고, 인수금액 40,456,392원까지 더하면 총 투자 금액은 1억 1,050여만 원 정도가 된다.

"낙찰가율(=낙찰가/감정가)만 보면 54.65%여서 잘한 경매처럼 보이는데 속까지 들여다보면 골병들었겠네요?!"

"실제 매입가율(=낙찰가+인수금액/감정가)을 따져봐주세요?"

"실제 매입가율이 88.36%(=65,576,990원+40,456,392원/120,000,000원) 여서 칭찬할 투자는 못 됩니다!"

전 낙찰자가 몰수당한 960만 원의 행방은?

그나마 위안이 되는 부분이 전 낙찰자가 몰수당한 입찰보증금을 챙긴 다는 점이다.

"최종 낙찰자 김상○은 만약 2011년 4월 7일에 119,001,000(99.17%) 에 응찰했던 전 낙찰자인 김영○이 입찰보증금 960만 원을 몰수당하지 않았다면 임차인 임하○에게는 9,943,600원만 배당되고 본래 전세보증 금 6,000만 원에서 배당된 금액을 뺀 50,056,392원을 인수해야 해서 결 과적으로 960만 원만큼 적선받았다는 말씀이시죠?"

"누군가의 불행이 누군가에게는 '땡큐~!'일 수 있다는 점입니다."

"이 대목에서 우박사님이 참 용감하다는 생각이 들어요?"

"그건 또 무슨 말씀이세요?"

"전 낙찰자가 몰수당한 입찰보증금 행방을 너무 솔직하게 언급하는 것이오."

"음흉하게 뭉개고 있는 사람들보다는 낫다는 생각입니다."

"망한 사람에게는 위로의 박수를 보내고, 남이 몰수당한 입찰보증금 으로 자신이 인수해야 할 금액을 줄인 최종 응찰자에게는 축하의 박수 를 보내고 박사님의 용기에는 격려의 박수를 보냅니다."

"상처 입은 사람에게 위로의 마음을 전하는 것이 가장 먼저 해야 할 일 지만, 염려를 놓을 수 없습니다!"

"경매지만 믿고 전투에 나갔다가 목숨마저 위태로울 만큼 심각한 부 상을 당할 부상병이 계속 발생할 거라는 이야기시죠?"

Part 07

목에 힘주고 욕심에
눈이 멀면 일어나는 일들

투자의 본질은 '시소게임'이다. 성공과 실패는 투자의 양면이다. 누군가 달콤함을 즐길 때 한쪽은 쓴맛을 톡톡히 보는 것이 투자다. 성공만 하는 투자 판은 어디에도 존재하지 않는다. 목소리를 계속 높인다면 다른 저의가 있거나, 아니면 공상가다. 심하면 정신과 전문의의 도움을 받아야 할지도 모른다. 과유불급이란다. 조금 모자라는 것이 차고 넘치는 것보다는 유익하다.

온통 장밋빛 이야기뿐이다. 한두 건의 투자로 재미를 좀 보았다고 전부인 양 목청을 높인다. 자극을 넘어 환상을 주고 이성까지 마비시키기에 충분하다. 환상이 그립다고 마약을 계속 복용하실 참인가? 백해무익할 뿐 누구에게도 도움이 안 된다. 재미없는 마약공급은 그만할 때가 되었다. 자본주의의 속성상 경쟁이 격화될수록 경매 판이 커질 수밖에 없다. 판이 커진다는 것은 무엇을 의미하는 것일까? 판이 커지면 판돈도 커지고 참여자는 물론 호시탐탐 참여기회를 엿보는 예비군까지 증가할 수밖에 없다. 판이 커진 결과에 대해서는 냉정한 평가가 반드시 필요할 것이다.

현실은 우울하다. 인정하지 않으면 탈출구가 보이지 않게 된다. 쓰는 사람들이 그만두지 않는다면 독자들이 말려들지 말자. '아홉 건 성공 투자'가 '한 건 실패 투자'로 물거품이 될 수 있는 것이 경매 판이다.

계속해서 견제구를 좀 더 던져야겠다. 그러나 판을 깨려고 던지는 빈 볼성 견제구가 아니라는 것은 독자 여러분이 이미 아셨을 것이라고 믿는다. 오늘 한국사회에서 부동산 경매가 재테크수단으로 갖는 가치는 여전히 영롱하다.

여기에서는 성공 투자에 눈이 멀어 일어났던 일들을 보자.

chapter 01

부동산 경매 대박 투자?
5명 중 1명은 쪽박 투자!

수도권 재매각 현황

시인은 낙엽 한 잎 떨어지는 것을 보며 대지에 가을이 오는 것을 안단다. 누렇게 뜬 얼굴만으로 환자의 어디에 이상이 있는지를 명의는 단번에 안단다. 앞에서도 말씀드린 것처럼 '재매각'이란 전 낙찰자가 이런 저런 이유로 응찰할 때 제공했던 보증금을 날리면서까지 잔금납부를 포기한 경매 물건이라는 것이다. 이유야 그야말로 다양하다. 그런 의미에서 다음의 자료는 시사하는 바가 크다. 이 재매각현황표는 수도권에 국한되어 있을 뿐이다. 전국차원으로 범위를 확대한다면 다른 결론을 얻을 수도 있을 것이다.

지난 10년간 '수도권 재매각현황'을 살펴보려고 필자가 조건을 설정해 무작위로 캡처한 지지옥션 화면의 일부다.

지지옥션의 재매각현황표

☐	서부7계 2008-12473 (종경)	서울 마포구 염리동 142-9 [재매각 지분경매] 건물 : 34㎡ (10평) 토지 : 55㎡ (17평)	단독주택	210,023,800 @107,532,000	51%	09/12/01	1,493
☐	서부3계 2008-1879 (개발)	서울 은평구 불광동 311-13 메트로타워 5층 5015호 [일괄]5016호, 5030호, 5021호, 5018호, 5022호 [재매각] 건물 : 222㎡ (67평) 토지 : 41㎡ (12평)	주상복합 (상가)	866,000,000 @227,017,000	26%	09/12/01	944
☐	서부4계 2009-9146 (개발)	서울 은평구 응암동 626-64 2층 가호 [재매각] 건물 : 35㎡ (11평) 토지 : 24㎡ (7평)	다세대	90,000,000 @90,000,000	100%	09/12/03	289
☐	중앙10계 2009-8650 (개발)	서울 관악구 봉천동 196-220 근형하이 빌 4층 401호 [재매각] 건물 : 81㎡ (24평) 토지 : 50㎡ (15평)	다세대	300,000,000 @240,000,000	80%	09/12/03	517
☐	서부5계 2009-4837 (개발)	서울 마포구 노고산동 1-74 [재매각 입찰외] 토지 : 372㎡ (113평)	대지	4,691,697,000 @3,002,686,000	64%	09/12/03	653
☐	중앙2계 2009-4313 (개발)	서울 서초구 양재동 88 양재빌라 1층 101호 [재매각] 건물 : 58㎡ (17평) 토지 : 25㎡ (8평)	다세대	300,000,000 @240,000,000	80%	09/12/03	581
☐	서부5계 2009-2145 (개발)	서울 서대문구 홍은동 455 벽산 A동 1층 116호 [일괄]117호, 118호, 119호, 120 호, 121호 [재매각] 건물 : 119㎡ (36평) 토지 : 73㎡ (22평)	아파트상가	247,000,000 @126,464,000	51%	09/12/03	567
☐	중앙10계 2008-39176 (개발)	서울 강남구 도곡동 193-45 필로스 2층 201호 [재매각] 건물 : 119㎡ (36평) 토지 : 55㎡ (17평)	아파트	650,000,000 @416,000,000	64%	09/12/03	1,380
☐	중앙10계 2008-30568	서울 중구 을지로6가 18-185 ,-17,- 184,-212 밀리오레 4층 129호 [재매각 건물만입찰] 건물 : 4㎡ (1평)	상가	120,000,000 @25,166,000	21%	09/12/03	339
☐	중앙2계 2008-29445[2]	서울 중구 을지로6가 18-185 ,-17,- 184,-212 밀리오레 지하1층 132호 [재매각 건물만입찰] 건물 : 4㎡ (1평)	상가	100,000,000 @32,768,000	.33%	09/12/03	187

출처 : 지지옥션(www.ggi.co.kr) 조건검색 화면 캡처

　　주소와 부동산현황 사이를 보면 '재매각'이라는 '주의문구'가 뚜렷하다. 경매 판이 부상당하고 사망하기 쉬운 '지뢰밭'이지 대박 판이 아닐 수도 있다는 것을 '재매각' 자료만 보아도 금방 알 수 있다.

과거 10년간 수도권 재매각 물건의 수

(단위 : 건)

	서울시	인천광역시	경기도	총계
2000	84	–	10	94
2001	1,292	797	2,272	4,361
2002	711	455	1,606	2,772
2003	560	511	1,295	2,366
2004	615	1,121	1,551	3,287
2005	1,023	1,147	1,898	4,068
2006	975	753	1,961	3,689
2007	411	370	1,005	1,786
2008	273	224	633	1,130
2009	451	306	1,347	2,104
총 계	6,395	5,684	13,578	25,657

출처: 지지옥션(www.ggi.co.kr) 자료 인용 후 필자가 정리

　시인이나 명의는 아니라도 징후를 보고 상태를 읽을 수 있는 방법이 있다. 이 표는 지난 10년간 경매 지뢰밭에 잘못 들어가 부상 또는 사망에 이른 전사자들의 숫자이다.

　* 이 표를 보시고도 경매 판이 꿀단지라고 마냥 우기실 것인가?

　* 이 표를 보시고도 대박! 경매 대박! 대박 타령만 하실 것인가?

　* 이 표를 보시고 어떤 생각이 드는지 묻고 싶다. 독자 여러분은 지금까지 대한민국 어떤 경매 책에서도 이런 내용을 찾아 볼 수 없었다. 그리고 앞으로도 눈을 씻고 찾아보았자 결과는 마찬가지일 것이다. 이 대목에 관해 관심을 기울인 사람이 없었다. 말하는 사람도 없고, 쓰는 기자도 없고, 게재하는 잡지도 없고, 다룬 책도 없고, 지적하는 전문가는 더욱 전무한 상태다. 있는 데도 없는 척, 알면서도 모르는 척해온 것이 현

실이다. 옛날 양반가문에서 서자 취급하듯 말이다.

왜 그럴까? 여러분도 궁금하시겠지만 필자도 궁금하기는 마찬가지다. 대박 환상만을 외쳐온 경매 책의 저자들이 몰라서 쓰지 못했을까? 아니라고 생각한다. 어쩌면 다음과 같은 이유로 쓰지 않았을 것이다.

"대박 환상을 말하려는데, 이런 데이터는 아무런 도움이 되지 않아서",

"대박 교리를 설파하는 데 재매각 폭탄은 성가시고 귀찮은 훼방꾼에 불과해서",

"그래서 억지로라도 숨기고 싶었기 때문에"가 정답이 아닐까?

놀랍고 두려울 뿐이지만 위 자료를 보면 한눈에 보이는 게 있다. 입찰보증금을 몰수당하는 병아리 전투병들이 상상을 초월할 만큼 많다는 것이다. 그러나 이는 피해를 당한 사람들의 빙산의 일부에 불과할 뿐이다. 재매각수가 수면 위로 고개를 내밀고 있는 피해자수라면, 수면 아래의 9/10는 분명 따로 있다는 것이다.

전국 재매각 건수와 날린 보증금 현황

현실을 돌아보자. 두 눈 딱 감고, 두 귀 딱 틀어막고 오로지 '경매 대박! 경매 대박! 경매 대박! 경매 대박! 경매 대박!~'만을 외쳐대고 있는 지경이다. 신흥 사이비 종교집단의 집회장 같은 느낌마저 든다. 그러는 사이 병아리 전투병의 상처와 대한민국 부동산 경매 판은 속으로 곪아 썩어들어만 가고 있다. 솔직한 실상이다. 일차적인 증거가 재매각 물건의 수다.

여기서는 앞에서 본 '서울지역 재매각현황표'의 열 건에서 실제로 날아간 보증금이 얼마인지 확인해보았다. 쉽게 믿어지지 않는 독자들은 사건번호가 있으니 지지옥션(www.ggi.co.kr)에 접속하셔서 직접 검색해 보시기 바란다.

열 건으로 날린 입찰보증금 현황

(단위 : 천 원)

사건번호	주　　　소	용도	감정가	응찰자	날린 보증금
08-12473	마포구 염리동 142-9	단독	210,023	1명 2명	10,753 21,506
08-1879	은평구 불광동 메트로 5015	주상	866,000	1명 1명 1명	28,377 45,403 45,403
09-9146	은평구 응암동 626-64 2층 가호	다세대	90,000	8명	9,000
09-8650	관악구 봉천동 196-220 401호	다세대	300,000	2명	24,000
09-4837	마포구 노고산동 1-74	대지	4,691,697	1명	300,268
09-4313	서초구 양재동 88 101호	다세대	300,000	4명	24,000
09-2145	서대문구 홍은동 벽산@ 116호	상가	247,000	1명	15,808
08-39176	강남구 도곡동 193-45 201호	아파트	650,000	5명	41,600
08-30568	중구 을지로6가 밀리오레 129호	상가	120,000	1명	4,915
08-29445	중구 을지로6가 밀리오레 132호	상가	100,000	1명	3,276
총　합			7,574,720		571,311

　열 건에서 날린 입찰보증금 총액이 5억 7,130여만 원이다. 한 건당 5,714만 원 꼴이다. 건당 도전자가 3.8명이다. 정말이냐고 반문하고 싶으실 것이다. 필자 역시 입이 다물어지지가 않는다.

　'08-1879'번의 경우 한 건에서 세 명이 입찰보증금을 날리고 있는 것을 알 수 있다. 재매각에 이어 다시 재재매각이 진행되고 있음을 알 수 있다.

'09-9146'번의 경우는 응찰자가 무려 8명이라는 사실은 어떻게 설명해야 할까? 해충퇴치용 살충전등을 향해 달려드는 불나방과 뭐가 다른지 필자는 잘 모르겠다.

'09-4837'번의 경우에는 날린 입찰보증금만 3억여 원이다. 감정가 대비 날린 보증금의 비율은 약 7.5%(=571,311,500/7,574,720,800)이다. 실로 어마어마한 금액이고 비율이다.

응찰자 란을 보면 입찰보증금을 날리는 하자있는 경매 물건에 평균 3.8명(=38명/10건)이 도전하고 있은 것을 볼 수 있다. 먹음직스런 미끼를 발견하고 죽기 살기로 물었는데 나보다 행동이 빠른 경쟁자가 물어 내가 보증금을 날리지 않았다고 안도하실 참인가? 이 자료를 보니 현재 경매 시장에서 인기 있는 물건들도 알 수 있다. 09-9146(다세대주택), 09-4313(다세대주택), 08-39176(아파트)에는 무리를 지어 입찰보증금을 날려주겠다고 아우성들이다.

10년간 수도권에서만 25,657명이 보증금 날려

보시는 것처럼 한 건당 두세 번 입찰보증금을 날린 경우도 있지만, 한 건당 한 명씩만 부상을 당했다고 가정해보자. 그렇게만 따져도 지난 10년간 수도권에서만 입찰보증금을 날려 부상당한 병아리가 25,657명이다. 믿기 싫으셔도 사실이다. 전국으로 확대하면 입이 다물어지지 않을 것이다. 필자에게 시간이 허락된다면 과거 10년 동안 경매 판에서 부상 또는 사망당한 병아리 총수와 날아간 전체 보증금액을 조사해보고 싶다. 어림잡아 십만 단위와 피해액은 수천억 원에 이를 것이다. 우습게 보고 달려들었다가 골병들고 떠나가면서 흘린 병아리들의 피눈물이 보인다.

2009년 한해만 해도 2,104명[=서울시(451명)+인천시(306명)+경기도(1,347)]이 경매 판에서 실패의 쓴 맛을 당했다. 이 책을 읽고 계시는 독자는 내가 그 비극의 당사자가 아니어서 다행이라고 안도하실 셈인가? 내 자신도 중환자실로 실려 갈 수 있다. 그러나 재매각 물건의 수는 경매 판 비극의 일부일 뿐이다. 재매각 물건의 수는 경매 판에 뛰어들었다가 깨지고 떠난 사람들만의 수치다. 보증금을 날린 사람들만의 수치라는 것이다. 그야말로 빙산의 일각이다. 통계에도 잡히지 않고 실상도 드러나지 않는 9할의 사람들이 수면 아래에서 신음하고 있다.

아래의 Tip에서 보는 것처럼 '경매 투자로 망한 유형 일곱 가지'를 보면 필자의 견해가 무리가 아니다. Tip이 시사 하는 바가 하나 더 있다. 망한 유형 일곱 가지 중에서 ①의 '화끈하게 입찰보증금 포기한 사람'의 부상의 정도는 2~3주 정도 치료시간이 필요한 경상이다. 부상병 숫자도 얼마 안 되고, 부상의 정도도 가벼운 편이다.

그렇다면 ②~⑦까지의 피해 상태는 어떤가? 기본이 중상이고 옵션은 사망이다. 부상의 정도가 훨씬 더 심각한 9/10는 수면하에 있어 보이지도 않는다. 보이지 않는다고 없다고 우기지는 못할 것 아닌가?

Tip **경매 투자로 망한 유형 일곱 가지**

① 화끈하게 입찰보증금 포기한 사람

② 입찰보증금 포기 못 해 억지로 납부한 사람

③ 고가 낙찰인지 몰랐다가 나중에 땅을 친 사람

④ 권리분석 잘못해서 추가부담 막심한 사람

⑤ 비싸게 낙찰받았다가 껌값에 털어낸 사람

⑥ 하자있는 물건 낙찰받았다가 소송에 휘말린 사람

⑦ 취득한 소유권이 잘못되어 부동산 빼앗긴 사람

과거 10년간 수도권 경매 물건의 총수

(단위 : 건수)

	서울시	인천시	경기도	총계
2000	369	0	323	692
2001	14,609	10,859	20,143	45,611
2002	7,890	6,146	17,508	31,544
2003	6,820	6,912	15,605	29,337
2004	9,881	17,497	20,146	47,524
2005	14,388	16,411	27,719	58,518
2006	15,468	12,131	27,438	55,037
2007	10,384	6,805	19,347	36,536
2008	7,424	4,419	16,745	28,588
2009	9,915	5,271	23,915	39,101
총 계	97,148	86,451	188,889	372,488

출처 : 지지옥션(www.ggi.co.kr)자료 인용 후 필자가 정리

이 자료는 과거 10년간 신청된 경매의 총건수다. 이 자료에는 취하나 변경 등 낙찰로 인해 소유권 변동까지 이르지 않는 물건도 포함되어 있다. 끝까지 경매가 진행된 총 건수보다는 물건의 수가 많다는 의미이다.

경매로 소유권 변동된 건수 = 총 건수 – 취하나 기각된 건수로 지난 10년간 서울시는 총 97,148건, 인천시는 86,451건, 경기도는 188,889건으로 총 372,488건이다(2000년 자료는 통계미비로 정상적이지 않은 것으로 추정된다).

앞의 두 자료를 바탕으로 경매 물건의 수 대비 재매각비율을 살펴보면 다음과 같다.

(단위 : 건수, %)

	서울시	인천시	경기도	총건수
재매각수	6,395	5,684	13,578	25,657
총물건수	97,148	86,451	188,889	372,488
비 율	6.58	6.57	7.19	6.88

수도권 전체 비율이 6.88%이다. 100건 중 일곱 건의 비율로 입찰보증금을 날렸다는 것을 알 수 있다.

다시 말씀드리지만 그냥 지나쳐서는 안 되는 중요한 핵심사항이 하나 더 있다. Tip에서 열거한 ②~⑦까지의 사람들은 여기에 빠져 있다는 것이다. 입찰보증금 포기까지는 가지 않았지만 피눈물을 머금고 잔금납부한 사람들부터 완전히 망가져 취득한 소유권이 잘못된 사람까지는 빠져 있다.

따라서 단순히 보면 100건 중 일곱 건 정도처럼 보이지만 진실은 100건 중 20건 정도는 망한 경매라는 것이 통설이다. 다섯 명 중 한 명은 경매 투자로 망하고 있다는 말이다. 양적인 고통도 크지만 질적인 고통이 더 심각할 것이라고 추측한다. 입찰보증금 날리는 것보다 소유권을 날리는 것이 훨씬 큰 충격이기 때문이다.

속이 썩어 화장도 먹지 않는 대한민국 경매 판

얼굴에 화장만 떡칠한다고 무슨 소용이 있단 말인가? 안으로 썩어 문드러져 가고 있는데 말이다. 눈 가리고 아웅도 유분수다. 입찰보증금을 날린 사람과 날린 액수가 이와 같은데도 무책임하게 대박 타령을 계속하는 저의가 궁금하다. 당장 그만두서야 한다. 무책임한 대박 타령보다는 병아리들이 더 이상 피해를 당하지 않도록 책임 있는 자세를 당부한다.

경매 투자를 통해서 99명이 부자가 된들 무슨 소용이 있는가? 사이비 교주가 설파하는 무책임한 설교에 전재산을 한방에 털어 넣은 한 마리 어린 양이 있다면 말이다. 10년 동안 서울을 포함한 수도권 물건만 보아도 실상이 이럴진대, 전국 차원으로 대상을 확대하면 실상은 차마 눈뜨고는 보지 못할 정도로 처참할 것이다.

부동산 경매 시장에 15조원 몰려 [1]

갈수록 부동산 경매 시장이 커지고 있는 것으로 나타났다. 올해 부동산 경매 시장에 역대 최대 규모인 15조 원이 몰렸다. 지난해 하반기의 글로벌 금융위기와 국내 경기 침체로 돈을 갚지 못한 물건이 쏟아진 데다, 경매 대중화로 일반인이 많이 입찰에 참여했기 때문으로 풀이된다. 15일 부동산 경매 정보업체인 지지옥션에 따르면 올 들어 11월까지 낙찰가 총액은 14조 3500억 원으로 지난 한 해 동안의 11조 7,175억 원보다 22.4% 늘었다. 이는 경매 시장 역사상 가장 큰 규모이며 이달말까지의 금액을 더하면 15조 8,000억 원에 이를 것으로 추산된다. 11월까지 경매가 진행된 물건은 26만 9,134건으로 지난해의 26만 8,778건을 이미 넘어섰다. 이달 말까지는 총 29만 5,000여 건이 경매에 붙여질 것으로 예상된다.

그러나 이 기사에는 정작 중요한 사실 하나가 누락되고 있다. 판이 커진 만큼 피해자도 커지고 있다는 점이 그것이다.

---

1) 2009.12.16일자 중앙일보 기사 인용

2009.12.16일자 기사와 2015.3.20일자 기사를 비교해보시면 느낌이 있을 것이다.

부동산 경매 이제 안 싸다 '현장가격 파악 철저히'[2]

정부가 7·24대책과 9·1대책 등으로 부동산 시장 활성화에 힘을 쏟으면서 경매 시장은 과열되는 조짐을 보이고 있다. 응찰자가 늘어나고 낙찰가율(감정가 대비 낙찰가 비율)이 올라 물건을 싸게 산다는 장점이 줄어들고 있다.

부동산 전문가는 시장 분위기가 달아오른 만큼 경매가 진행되는 법원 현장에서 소신껏 경매에 나서길 권했다. 또한 주택담보인정비율(LTV)·총 부채상환비율(DTI) 완화, 재건축연한 완화 등으로 시장 호가가 올라 시세지표보다는 현장 방문을 통한 가격 조사가 필수라고 말했다.

9월 수도권 아파트 낙찰가율 올해 최고치… '추석 이후 계속 오를 듯'

5일 경매 정보업체 지지옥션에 따르면 지난 4일 기준 수도권 아파트 낙찰가율은 88.3%, 평균 응찰자는 9.1명으로 조사됐다. 지난달 평균 낙찰가율이 86.9%로 최고치를 기록한 데 이어 이달 초반 최고치를 경신했다.

낙찰가율이 상승하는 가장 큰 이유는 경매 진행건수가 줄어들고 있기 때문이다. 올 1분기 수도권 아파트 진행건수 평균은 1,937건, 2분기는 1,941건이다. 7월에 접어들며 1,823건으로 줄었고 지난달에는 1,600건으로 크게 감소했다.

---

2) 2015. 3.20일 조선비즈 기사 인용

진행건수가 줄어드는 이유는 매매시장의 거래량이 늘어나면서 회복세를 보이고 있기 때문이다. 서울부동산정보광장에 따르면 서울시 아파트 매매 거래량은 지난달 6,805건을 기록하면서 최근 5년간 동기간 최고치를 기록했다. 세월호 참사와 2·26 임대차선진화방안에 따른 임대소득 과세 방침으로 5월(6,058건)부터 급감했으나 7·24대책(LTV·DTI 완화)에 상승하기 시작했다. 한국은행이 기준금리를 2.25%로 낮추면서 주택담보대출 금리가 낮아진 것도 영향을 미쳤다.

싸게 사는 경매 시장 장점 약해져… '현장 시세조사 필수, 미래가치 따져야'

낙찰가율이 90%에 육박하면서 매매시장보다 싸게 살 수 있다는 장점이 약해졌다. 1차 감정가는 해당 지역 시세를 바탕으로 평가된다. 감정가는 시장평균가격의 95% 정도로 책정되는 것.

이 같은 경매 물건을 90%에 임박한 낙찰가율로 매입하게 되면 시장에서 급매물을 구입하는 것과 큰 차이가 없다. 입찰에 쏟는 시간과 노력, 기타 비용을 생각하면 매매시장에서 매입하는 것과 크게 차이가 없어진다.

이럴 경우 투자자나 실수요자 모두 경매 시장과 매매 시장을 동시에 살펴봐야 할 필요가 있다. 매매 시장의 급매물을 안정적으로 구매하는 것이 나을 경우가 생기기 때문이다. 또한 관심지역의 시장가격 변화를 알게 되면 경매 시장 참여 시 적정 입찰가격을 결정할 수 있기 때문이다. 시장 전문가는 과열된 분위기에 휩쓸리지 않아야 되는 점과 시세조사, 미래가치 분석 등을 강조했다.

chapter 02
지인과의 공동 투자가
함께 망하는 지름길이 될 수도

월 3부 사채로 경락잔금납부

서울 마포구에 사는 김강열씨는 투자를 겸해 마당이 있는 단독주택으로 이사하기로 작정했다. 경매를 통하면 시세보다 최고 절반은 싸게 살 수 있다는 말에 무려 6개월을 지켜보다가 집 근처인 서대문구 창천동에서 적당한 물건을 발견했다.

물건은 홍익대학교 옆이고 대지 85평, 지하 1층, 지상 2층으로 마당이 약 40여 평 있는 지은 지 약 15년 정도 된 단독주택이었다. 감정가는 7억 5,000만 원이었다. 두 번 유찰되어 4억 8,000만 원으로 감정가 대비 64%에 입찰이 진행되었다. 이 동네에서 오래 살아 동네 분위기나 향후 전망 등에 대해서 잘 알고 있어 반드시 낙찰받아야 한다는 욕심에 의욕적으로 참가했다.

친구가 운영하는 부동산 중개업소를 통해 시세를 알아보니 평당 1천만 원씩에 매각하는 것은 어렵지 않아 최소한 8억 원은 간다는 것을 다시 확인했다. 6억 1,000만 원에 응찰했고, 경쟁률은 11대1이었다. 2등과는 겨우 800만 원의 아슬아슬한 차이였다. 총 6억 5,000만 원 정도를 마지노선으로 정하고 응찰했는데, 보기 좋게 성공한 것이었다.

자금은 반반씩 부담기로

응찰 당시 현금을 3억 원 정도 가지고 있었는데, 응찰 전에 다른 친구가 함께 투자하자는 부탁이 있었다고 한다. 모자라는 금액은 빌리지 않아도 되겠다는 생각으로 흔쾌히 동의했다. 이익금을 나누는 조건으로 공동입찰하는 형태였다. 김강열씨 명의로 입찰하기로 하고 이익과 부담을 절반씩으로 하기로 했다. 순풍에 돛 단 듯이 순조롭게만 진행되었다. 그런데 문제가 거의 막판에서 일어나고 말았다.

잔금납부 단계에서 약속한 절반을 송금할 수 없게 되었다는 것이다.

* 잔금납부 약속을 못 지켜 미안하다,
* 받아야 할 돈을 못 받아서 그런다,
* 미안하지만 입찰보증금으로 준 돈을 좀 돌려달라,
* 전부가 어려우면 우선 절반만이라도 송금해달라,
* 지금 내가 너무 급해서 그런다가 구실이었다.

친구는 받아야 할 돈을 받지 못해 잔금납부에 동참할 수 없단다. 잔금납부일을 목전에 두고 발등에 불이 떨어진 것이다.

3억여 원을 졸지에 추가로 마련해야 하게 된 김강열씨는 부랴부랴 여기저기 수소문했지만 시간이 촉박했다. 은행 등에 문의했지만 여의치 않았다. 저축은행, 생명보험회사 등을 전전했으나 끝내는 잔금납부기한일을 넘기고 말았다.

가산금과 지불이자가 합해 1억여 원

법원 경매는 잔금납부기일을 지나면 잔금납부 때까지 연 20%의 연체 가산금을 물어야 한다. 발에 땀이 나도록 수소문 끝에 간신히 자금을 동원할 수 있었다. 낙찰 부동산에 1순위로 저당권을 설정하는 조건이었다. 이자는 무려 3부였다. 사채였으니 별다른 방법이 없었다. 그 조건이라도 잔금납부일을 30여 일 지난 다음 겨우 납부할 수 있었다. 이 경우 지연가산금으로 얼마를 추가로 납부했는지 계산해보자.

$$* \text{지연가산금 계산식} = \text{낙찰금액} \times \frac{\text{지연일수}}{365일} \times 20\%\text{이다.}$$

$$* 610,000,000원 \times \frac{30일}{365일} \times 0.2 = 10,027,400원$$

약 1,000만 원을 추가로 납부했다는 것을 알 수 있다.

잔금납부하고 약 1개월 만에 배당이 실시되었다. 기존의 임차인들과는 그다지 큰 마찰 없이 부동산을 넘겨받았지만, 문제는 7,000만 원 전세를 살고 있던 세입자가 이사비를 요구하면서 말썽을 부렸다. 사채를 전액 상환하는데 약 8개월 정도 걸렸단다. 이 이자 부담 또한 만만치 않았을 것을 계산해볼 수 있다.

3부 사채이자 계산방식

* 월 3부(36%) 단리 이자 계산식 = 원금 $\times \dfrac{1}{12} \times 36\%$ 이다.

* $360,000,000$원 $\times \dfrac{1}{12} \times 0.36 = 10,800,000$원

매월 1,080만 원씩 사채 이자를 8개월 납부했다는 것을 알 수 있다. 따라서 가산금과 사채이자를 합해보면 총 96,000,000원[=86,400,000 (10,800,000×8개월)+10,027,400]을 지불하는 바람에 어려움이 컸다고 하셨다. 추가된 가욋돈이 약 1억 원이다. 그러면서 배우셨단다. 투자란

"타인 투자금이 총 투자금의 절반 이하가 되도록 하자"

"절대 올인하지 말자"

"빌리는 범위가 30% 이하로 하자"

"시간적으로 충분히 여유를 가지자"라는 말씀을 하셨다. 하마터면 입찰보증금으로 제공한 6,000여만 원은 날릴 뻔했다면서 말이다.

펀드투자팀 만들었다가 1억 2,800만 원 날리다

공동투자팀을 구성하다

경제적 체력이 약할 때 '공동 투자'는 효과적인 것은 사실이다. 몇 해 전 필자는 서울 K대학 평생교육원에서 실전 투자 및 명도 사례를 강의

한 적 있다. 경험과 사례를 바탕으로 아래와 같이 공동 투자의 이점을 강조한 적이 있었다. 공통 투자의 장점은 대강 다음과 같다.

* 자금 부담이 작다,
* 나태함을 경계할 수 있다,
* 고독함을 극복할 수 있다,
* 실수가능성을 줄일 수 있다,
* 더 많은 경험을 할 수 있다,
* 다양한 시각의 접근이 가능하다,
* 상호 긍정적인 영향을 줄 수 있다,
* 역할 분담을 통한 명도 부담을 줄일 수 있다로 정리할 수 있다.

그 결과였는지 동기생 다섯 명이 부동산 경매 투자펀드를 조성하기로 했단다. 상대를 탐색하느라 술도 여러 번 마시고, 야외 임장활동 겸 1박 2일로 MT도 다녀왔다. 좋아 보이는 경매 물건은 임장활동도 함께 하면서 상호신뢰를 높여갔다. 그러면서 이심전심으로 공동 투자팀으로 발전시켜갔다. 그 과정에서 필자는 공동투자 시 발생할 수 있는 주의사항을 일러주고, 펀드협약서 초안도 만들어주는 등 어느 정도 도움을 주었다. 공동투자의 원칙은 대강 다음과 같았다.

* 입찰순서는 팀 결성 시 추첨으로 결정,
* 모든 비용과 부담과 수익 배분은 1/N,
* 무보수 매니저 선정해 팀 운영,
* 입찰·처분결정 시 과반수 이상 찬성으로 결정하기로 한다.

그리 크지 않은 물건으로 두 건까지는 아무 문제없이 잘 진행되었다.

두 건까지는 좋았다

세 번째 입찰에서 문제가 생겼다. 세 번째 순번이 되었을 때 차례가 된 멤버는 큰 건을 낙찰받자고 요구했단다. 두 건까지 순조롭게 진행이 된 터라 별다른 의심 없이 모두가 동의하고 물건을 찾았다.

그때까지 물건들은 건당 투자금이 1~2억 원 정도였고, 자금의 절반 정도는 잔금융자로 해결한 터라 개인당 투자금이 2,000만 원을 넘지 않은 상황이었다. 약간의 경험을 통해 멤버들끼리는 어느 정도 자신감도 생겼다. 그래서 투자 규모를 확대해 좀 더 큰 물건에 도전해보자는 데 어렵지 않게 의견이 모아졌다고 했다. 멤버 모두 신이 나서 물건검색에 열심을 부렸다.

약 2개월의 물건검색과 임장활동 끝에 서초구 서초동에 있는 대지 160평, 지하 1층, 지상 5층짜리 연면적 400평의 근린건물을 찾았다. 감정가는 22억 원이고, 2차 유찰돼 14억 800만 원으로 가격이 내려와 있었다. 16억 원에 응찰하기로 하고, 입찰보증금으로 개인당 3,200만 원씩 송금키로 합의가 되었다. 이 물건만 '잘되면' 하는 희망을 가지기에 충분한 물건이었단다.

우연한 실수가 아니었다

낙찰받고 나면 잔금은 은행에서도 절반 정도는 대출해주기로 약속했다. 소유권만 취득한다면 대기업 임원급의 연봉에 해당하는 수익이 예상되는 상황이었다. 적극적으로 매달리지 않을 수 없었다.

개인당 1억 2,000만 원을 투자하면, 예상매도가격이 25억여 원 정도였다. 따라서 투자금만큼의 배당이 실현될 것으로 예상되었다. 이의를 제기하는 사람 없이 일사천리로 합의가 이루어졌다. 입찰일 오전 10시까지 개인당 할당금액인 3,200만 원씩 송금이 이루어졌다. 보증금 1억 3,000여만 원이 그 물건 명의자의 계좌로 돈이 모였다. 그런데 문제는 여기서 터졌다.

명의자로 입찰해야 할 사람의 전화는 꺼져 있었고, 입찰이 끝날 때까지 끝내 법원에 나타나지 않았다. 불길한 생각이 들더란다. 어렵사리 확인해 보니 해당계좌는 지급정지가 걸려 있었다. 당사자가 신용불량자라는 사실을 멤버들은 그때 알았다. 입찰보증금 명목으로 송금했던 돈이 결국 다른 금융기관으로 이체돼버렸단다. 실수가 아니었던 것이다. 개인당 3,200만 원씩 당한 꼴이 되었다. 확보했던 물건도 급매 수준으로 처분했고, 팀은 청산되었다.

chapter 03

사고 친 다음 난리치지 말고
응찰 전에 오픈해라

사건번호 알려줘도 안 훔쳐간다

양천구 목동에 사는 이정미(가명)씨는 목동 H백화점 문화센터에서 필자에게 강의를 수강한 수강생으로 2년 전쯤 이야기다.

경매 공부와 병행해서 정년을 앞둔 남편과 시간이 날 때마다 서울 근교를 답사했다. 6개월 이상 물건검색 및 현장답사 끝에 강화도 내가저수지 인근의 농가주택 겸 임야를 발견했다. 향도 동남향이고 집 뒤편으로 약간의 경사가 마음에 들었다. 경매 정보지상에는 임야가 맹지로 기록되어 있었다.

현황상에는 분명히 임야의 일부가 도로에 접해 있어 진출입에 아무런 불편이 없어 보였다. 대지를 포함한 전체 면적이 약 620평으로 널찍했다. 임야 일부에는 자생하는 것처럼 보이는 감나무도 몇 그루 있었고, 밤나무(수령 30년 이상은 된 듯한)도 50여 그루 이상 심어져 있었단다. 건물 현황은 무허가건물을 포함해 건평이 약 45평 정도여서 약간만 수리를 하면 나중에 살기 충분할 것으로 판단되더란다. 이정미씨로부터 전화가 왔다.

* 강화도에 대해서 아는 것이 있는가?
* 향후 가치는 어떤가?
* 시세가 평당 30만 원부터 500만 원까지 가는데, 어떤가?
* 영종도에서부터 다리가 놓인다는데, 아는가?
* 석모도까지 연도교가 놓이면 어떤 영향이 생기는가? 등 한참을 물어 보셨다.

경매 이야기는 전혀 없으셨다. 필자는 일반매매로 구입하시려나보다 하고 이 지역 토박이로 강화군청 앞에서 오랫동안 중개업을 하는 분을 소개도 시켜드렸다. 그리고는 잊어버리고 있었는데 작년 가을에 다시 전화가 왔다.

시세보다 네 배나 비싸게 낙찰받았다

"그때 문의하신 물건이 경매 물건이었다는 말씀이세요?"

"네. 죄송합니다."

"저는 경매 물건이 아닌 줄 알았는데요!"

"경매로 낙찰받은 것 맞아요?"

"무슨 문제가 생겼다는 말씀이세요?"

"낙찰받았는데 다들 비싸게 받았다고 난리들이세요!"

"무슨 말씀이세요?"

"감정가가 평당 120만 원 정도였고, 100만 원 정도에 낙찰받았어요."

"그 정도면 강화 땅은 무난한 것 같은데요?"

"이 정도 물건은 지금 시세로는 평당 25만 원이면 충분하데요."

"그럴 리가 있나요? 감정가가 평당 120만 원 정도라면서요?"

"그것은 4미터 도로에 딱 붙어 있는 밭이 그렇다네요!"

"포장도로에 붙어 있지 않다는 말씀이세요?"

"30~40미터만 들어가는 땅은 50만 원이면 충분하고요."

"그런가요?"

"그리고 우리 땅처럼 맹지는 매매로 25만 원이면 살 수 있다고 하네요."

"그럼 맹지를 평당 100만 원에 낙찰받으셨다는 말씀이세요!"

한 겨울에 냉수로 샤워하는 것처럼 갑자기 정신이 번쩍 들었다.

임야의 밤나무는 주인이 따로 있단다

"네~에?"

"잔금은 치루셨나요?"

"네~에, 벌써 일 년도 넘었어요."

"이렇게 전화하시면 어떻게 도와드릴 방법이 없는데?"

"너무 답답해서 망설이다 이제야 선생님께 전화를 했습니다."

"그럼 그때 사건번호를 알려주시지, 왜 말씀 안 하셨어요!"

"죄송합니다. 소문나면 남들이 낙찰받아버릴 것 같아서요?"

어안이 벙벙할 뿐 무슨 말을 더 할 것인가? 사건번호를 알려주면 필자나 필자 주변의 사람이 응찰해버릴 것 같아서 알려주지 않았단다.

"그런데 선생님, 더 심각한 일이 있어요?"

"뭔데요? 비싸게 산 것 말고 또 뭐가 있다는 말씀이세요?"

"네."

"혹시 등기부에 무슨 문제라도 있나요!"

"등기부상 문제 같은 건 아닌데 머리가 아프게 생겼어요?"

"등기부상 문제 말고, 비싼 것 말고 또 무슨 문제가 있죠?"

"집 뒷산에 밤나무가 50~60그루 있는데 며칠 전에 어떤 사람이 밤나무가 자기 소유라고 동네 이장의 확인서를 받아왔어요. 주민등록초본하고 또 등기부등본도요?"

"그때 낙찰받을 때 임야 지상의 수목은 일체로 감정되지 않았나요?"

"무슨 말인지 모르겠는데요?"

"지금이라도 사건번호 좀 알려주세요!"

"인천법원 경매19계 2005타경 365**번입니다."

"잠시만 기다려보세요, 제가 지금 바로 검색이 가능합니다!"

인터넷으로 사건번호를 확인해보고 바로 전화를 드렸다.

밤나무는 아무 것도 아니었다

"그 사람 말이 맞을 수 있겠네요. 전 토지소유자는 밤나무의 소유자가 아닐 수 있어요!"

"큰일났네, 우리는 땅 비싸게 받은 거 그걸로 대신 만족하고 있었는데?"

"그 사람이 뭐라고 그러던가요?"

"밤나무 잘 보살펴주라고 하고 밤은 손도 대지 말라고 했어요."

"왜요!"

"밤은 자기들이 가을에 와서 한꺼번에 주워간다고."

"그럴 수 있겠네요. 그런데 등기부등본은 또 뭔가요!"

"그 사람이 우리 집으로 연결된 진입로도 자기 땅이라며 등기부를 가져왔어요."

"등기부 보셨어요?"

"네, 등기부에는 그 사람 소유가 맞아요."

"누구던가요!"

"우리가 낙찰받은 집의 전전 소유자였어요."

"전전 소유자는 또 뭔가요?"

"이 사람이 전 소유자한테 매각했는데 전 소유자가 경매 처분당해 우리에게 날려버린 거고요."

"아, 이제 알겠습니다. 근데 진입로가 왜 그 사람 소유일까요?"

"전 소유자한테 진입로까지 사라고 했는데 사지 않았다고 그랬어요."

"자기 땅이라고 그러면서 뭐라고 그러던가요?"

"지금은 할 말이 없는데 나중에 집 짓거나 다른 공사하려면 반드시 먼저 자기한테 연락하고 동의 받고 하라고 그랬어요. 그 말이 맞는 말인가요?"

"글쎄요, 그때 가서 판단할 문제지만, 제가 보기에는 이 건이 밤나무보다 훨씬 더 문제가 될 것 같은데요!"

"무슨 문제요?"

"나중에 신축이나 증축이라도 하려면 와서 싸인 받아라 어째라 그럴 수 있잖아요!"

"무슨 좋은 방법이 없을까요?"

"팔아버리세요. 손 떼버리면 되잖아요!"

"안 돼요, 선생님. 그럴 수는 없어요. 지금 팔면 평당 20만 원 받기도 어려워요."

"하긴 1/5값에 팔 수는 없겠죠!"

경매 세계에서만 그러한가?

아쉬웠지만 필자가 더 이상 도와줄 방법이 별로 없었다. 이미 엎질러진 물이었다. 응찰 전에 사건번호만이라도 알려주었다면 이렇게까지 상태가 악화되지 않았을 텐데 하는 마음이 들었다. 욕심이 마음을 가리면 이성으로 판단하기 어렵다.

이런 경우가 경매 세계에서만 그런가? 욕심에 눈이 멀면 경매 판에서만 당하는가? 아닐 것이다. 알지 못하고 알려지지 않고 드러나지 않을 뿐이지, 매매 판이 훨씬 상태가 심할지도 모르겠다. 우리에게 알려지는 사례는 정말 그야말로 빙산의 일각 중에서도 일각에 불과할 뿐일 것이다. 그렇지만 그 폐해의 참상은 목불인견이다. 잠깐 다른 세상을 보자.

충청지역 땅 살 때 조심!

"'기획부동산' 강남에만 200~300곳 성업, 쓸모없는 땅을 개발예정지로 속여 팔아!"

기사의 제목이다.

뜬금없이 어느 지역 땅 거래가 갑자기 폭주한단다. 전년 대비 여주는 2.5배, 이천은 약 3배, 홍성과 당진도 약 2배 이상 거래가 폭증했다. 자기들만 아는 고급 정보라면서 귀가 솔깃한 제안을 한다. 개발호재, 수익률 등 듣고만 있어도 귀가 간지럽고 가슴이 설레는 황홀할 소스들이다.

피눈물 나는 피해 사례들

이 자료에 첨부되어 있던 기사 중 일부다. 지난 4월 초 대구에서 사업을 하는 김동길(48·가명)씨는 부동산 중개업체로부터 전화를 받고, 충남

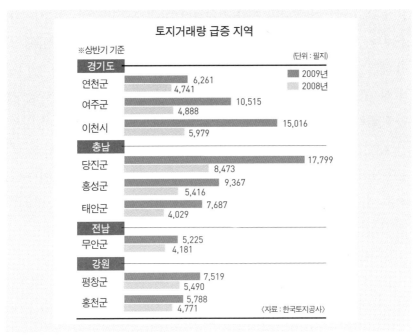

토지거래량 급증 지역

※상반기 기준 (단위 : 필지)

경기도
	2009년	2008년
연천군	6,261	4,741
여주군	10,515	4,888
이천시	15,016	5,979

충남
	2009년	2008년
당진군	17,799	8,473
홍성군	9,367	5,416
태안군	7,687	4,029

전남
	2009년	2008년
무안군	5,225	4,181

강원
	2009년	2008년
평창군	7,519	5,490
홍천군	5,788	4,771

〈자료 : 한국토지공사〉

출처 : 조선일보

홍성 지역 땅 1,000평을 20만 원씩에 샀다가 2억여 원이 잠겼다. 업자는 도청 이전 예정지라고 하면서 그럴듯한 도면까지 보여줬다. 알고 보니 쓸모없는 보전임야였다. 김씨는 땅 구입을 권유한 업체를 방문했지만, 사무실은 문을 닫은 뒤였다.

현재 서울 강남 테헤란로에만 여전히 200~300개 업체가 성업 중이며, 종사자도 2만여 명에 육박하는 것으로 추산한다. 이들은 쓸모없는 땅을 헐값에 사들인 뒤, 일정 크기로 작게 쪼갠 다음 그럴 듯하게 포장해 비싼 값에 땅을 팔아먹고 있다.

행정수도 이전 바람을 타고 충청도 일대에는 기획부동산들이 급증하면서 투기 열풍이 한바탕 휩쓸고 지나갔다. 평창도 비슷한 분위기이다. 소재가 동계올림픽으로 다를 뿐이다. 원주는 기업도시다. 새만금에 멀리 해남까지 기획부동산 전화부대 용사들의 전장이고 영업무대다. 이들은 부동산으로 돈 좀 벌어보겠다는 개미들의 심리를 교묘하게 악용, 폭리를 취하고 있다. 파주, 문산, 의정부북부, 김포, 여주, 이천, 용인, 양평, 가평, 평택, 평창, 원주, 충주, 여수(와 그 인근), 군산, 새만금일대는 기획부동산이 상당 기간 우려먹는 단골메뉴로 등장하는 지역일 것이다. 요즘은 제주도 호텔이다.

또 다른 날짜의 신문기사

빚을 내서 땅을 샀다가는 엄청난 재앙에 빠질 수도 있다. 유명 대기업에 다니던 당시 김모(45)씨는 97년 초반 자신의 돈 1억 원에 3억 원 빚을 내 휴전선 부근의 땅을 샀다.

남북관계가 호전돼 휴전선 부근의 땅을 사면 돈이 된다는 소문이 돌았다. 이미 땅 투자로 돈을 번 경험이 있기 때문에 김씨는 투자가 성공할 것이라고 확신했고 빚까지 냈다.

김씨의 예상대로 한두 달 지나자 땅값이 두 배 정도 뛰었다. 적어도 서너 배까지는 오를 것으로 기대했다. 하지만 외환위기가 터지면서 김씨의 꿈은 백일몽으로 전락했다. 땅을 사겠다는 사람들은 자취를 감췄고 금리가 뜀박질하면서 늘어나는 이자에 김씨는 밤잠을 설쳤다.

결국 김씨는 땅은 물론 자신이 살던 집조차 경매로 넘어가는 비운을 겪었다.

도시의 땅이라면 그런대로 임자를 만날 수 있지만 지방의 땅은 매수자를 만난다는 것 자체가 쉽지 않다. 가격이 문제가 아니라는 말이다. 사겠다는 사람이 나서지 않으면 땅은 무용지물이다. 아파트라면 전세라도 나가지만 땅은 매년 이자에 재산세만 나갈 뿐이다.

부동산 투자의 최악의 카드

부동산 투자 중 최악의 카드가 돈 빌려서 시골 땅 사는 것이다. 투자의 유형과 자금조달의 유형을 구체적으로 살펴보자.

　① 투자의 유형 : 단독 투자, 공동 투자

　② 자금조달의 유형 : 전액 자기돈 투자, 금융권에서 융자, 사채동원으로 나누어볼 수 있다.

투자의 유형 중 공동투자나 자금조달의 유형 중 타인자금조달은 망하는 지름길이다. 아무런 연고도 없는 시골 땅을 살 때는 얼마든지 내 맘대로 살 수 있지만, 팔 때는 산 가격의 1/5 이하가 아니면 못 털고 나온다. 가장 높은 부동산 투자의 단계가 시골 땅 경매로 낙찰받아 매매로 털고 나오는 것이다.

chapter 04

필자도 맞은
큰 충격의 펀치 세 방

필자도 입찰보증금을 날려보았다

부동산 경매의 효과적인 학습단계를 보면

① 책으로 공부할 때

② 낙찰받을 때

③ 응찰했다가 떨어질 때

④ 입찰보증금 날릴 때

⑤ 취득한 소유권이 잘못되어 소송에 휘말릴 때의 순서로 학습강도
가 높아진다.

여기서는 '④ 입찰보증금 날릴 때'인 경우를 보도록 하자.

법원 경매에는 통상 당일 최저입찰가의 10%를 입찰보증금으로 제출
하게 되어 있다. 그런데 재경매 사건의 경우는 입찰보증금이 20% 또는
30%를 요구한다. 권리분석이나 물건분석, 수익률분석 등을 잘못해 낙찰
받고도 잔금납부를 포기해 다시 경매에 나온 경우다. 입찰보증금이 몰
수되는 이유는 다양하다. 작게는 4~500만 원에서 크게는 억대의 입찰

보증금을 날릴 수 있다.

25평형 가격에 18평형을 응찰

본인도 낙찰 100여 건 중에서 입찰보증금을 포기해야 하는 경우가 지금까지 세 번 있었다.

2003년에 있었던 일로 단순하지만 도사인 척 까불다가 호된 경험을 한 사례이다. 서울 남가좌동 명지대학교 아래쪽 연립주택에 응찰했다가 550만 원을 날린 경우다. 문제는 18평형과 25평형, 38평형의 세 가지 타입의 연립주택이 있었다. 경매 나온 물건은 18평형이었는데 전화로 문의했더니 인근 중개업소에서는 25평형을 기준으로 대답해준 것이었다. 당시 그 연립단지의 가격은 대강 다음 표와 같았다.

남가좌동 ○○연립주택 당시 평형별 가격표

	A 타입	B 타입	C 타입
평 형	18평형	25평형	38평형
매매가	4,800~5,200만 원	7,000~7,500만 원	1억~1억 500만 원
전세가	3,000~3,200만 원	4,500~4,800만 원	6,500~6,800만 원
경매 감정가	3,200~3,500만 원	5,200~5,800만 원	7,500~7,800만 원
대지지분	약 7.2평	약 11.4평	약 16.5평
대지가격(평당)	650~680만 원 전후	600~630만 원 전후	600~630만 원 전후

낙찰받고 나서 즐거운 마음으로 음료수 한 박스 사 들고 통화했던 부동산 중개업소를 찾아갔다. 정보를 줘서 고맙다는 인사와 소유권을 취

득하면 임대나 매각할 때 협조 좀 잘 해달라는 부탁을 하러 말이다. 그런데 반갑게 맞이하던 중개업소 사장님은 필자가 내민 경매 정보지를 보더니 얼굴이 하얗게 변하셨다.

A타입, B타입, C타입

"이게 뭡니까?"

"제가 낙찰받은 물건 정보지인데요!"

"그건 아는데, 이건 18평형이잖아요?"

"사장님이 매매는 7,000만 원 정도, 전세는 4,500만 원 정도라고 하셨잖아요?"

"나는 25평형 기준으로 시세를 말씀드린 건데, 낙찰받은 물건은 18평형이시네?"

"네~에 뭐라고요? 아닌데 저는 18평형을 물어보았는데요!"

"나는 25평형 가격 정보를 알려드린 건데요."

"그러면 18평형의 매매-전세가격은 얼마나 되는데요!"

"매매는 5,000만 원, 전세는 3,000만 원 정도인데?"

"5,500만 원에 응찰했는데요, 보증금도 550만 원 걸었고요!"

"잘못 받으셨네~에, 18평형은 매매라도 5,000만 원이면 살 수 있는데?"

"이전비용하고 명도비용, 수리비용 합하면 6,000만 원 정도 예상하는데요!"

"18평형은 올 수리되어 있는 물건이 5,000만 원이면 살 수 있다니까요?"

"경매로 취득하면 1,000만 원이나 더 든다는 말씀이세요?"

"그렇다니까요?"

까불다가 나무에서 떨어진 원숭이 꼴

도사인 척 까불다가 나무에서 무방비로 떨어진 원숭이 꼴이었다. 해당 연립주택이 세 가지 타입이 있을 줄 꿈에도 생각 못 했다. 어디다가 누구에게 하소연할 것인가? 창피하고도 창피했다.

필자는 18평형의 물건을 물어보았고 중개업소 사장님은 25평형의 정보를 준 것이다. 25평형의 7,000만 원짜리를 6,000만 원에 낙찰받은 것이 아니다. 18평형의 5,000만 원짜리를 6,000만 원에 사게 되는 꼴이 되고 만 것이다. 1,000만 원을 더 주고 사는 것보다 550만 원을 포기하는 것이 현명하다고 판단했다. 포기하기로 결정하는 데는 시간이 많이 걸리지 않았다. 입찰보증금으로 제공했던 550만 원을 수업료로 치렀다.

더욱 기가 막힌 것은 그 이후부터다. 이 일대가 남가좌동 모래내 뉴타운 지역으로 확정된 것이다. 현재는 대지지분의 평당 매매가격이 2,500만 원을 넘어서 있다. 따라서 18평형 기준으로 매매가격이 1억 8,000만 원 전후다.

부동산 투자 수익률을 높이는 가장 좋은 방법이 있을까? 답은 있다. 간단하다. 남보다 먼저 선점하고 맨 마지막까지 버티면 된다. 부동산학 박사라는 사람의 견해가 겨우 그 정도냐고 야유하시는 소리가 들린다. 그러나 이는 필자가 시장에서 체험하고 내린 결론이다.

마음은 쓰라렸지만 원칙을 지켰다

누구에게나 말 못할 고민들은 있을 것이다. 어떤 분야에서 인정받는 사람일수록 더 그럴지도 모른다. 말하지 않는다고, 말하지 못한다고 해서 그에게서 외관으로 보이는 점이 전부라고 말할 수는 없을 것이다.

필자가 지금까지 맞았던 펀치 중 가장 충격이 큰 아픈 경우다. 입찰보증금 6,100만 원을 포기하고 돌아서야 했던 경우다. 서울중앙법원에서 2001년에 진행된 감정가 약 11억 5,000만 원짜리 서울 방배동 방배경찰서 옆 근린상가가 세 번 유찰로 5억 8,000여만 원으로 내려왔을 때, 6억 1,000만 원에 응찰해서 입찰보증금으로 6,100만 원을 제공하고 경쟁률 5대1로 낙찰받았을 때 기쁨은 말로 할 수 없었다.

무엇이 문제였는가? 신축건물이었는데 건물주가 IMF로 부도나는 바람에 공사비를 받지 못한 업자가 있었다. 공사업자가 신축비용으로 5억여 원을 유치권으로 신청하고 있었다. 무엇에 씌었었는지 지금 생각해도 이해가 되지 않는다. 좋게만 보였지, '하자'라고는 아무것도 보이지 않았다. 그 물건은 오직 나만을 위해 만들어졌다는 착각이 지금도 생생하다.

5억 원을 추가 부담해야 할 가치는 없는 것으로 최종 판단되었다. 법원에 낙찰불허가신청을 했는데 낙찰허가가 났다. 낙찰허가에 불복하고 낙찰허가취소소송을 냈는데 역시 받아들여지지 않았다. 그러던 과정에서 모종의 협상안이 들어왔다. 입찰보증금의 절반은 돌려줄 수 있는 묘수가 있으니 동의만 하면 절반을 받아주겠다는 것이었다. 고민했다.

지금까지 지불한 수업료 중 최고 비싼 수업료

원칙을 지켜 잘못한 책임으로 6,100만 원을 모두 포기할 것인가? 아니면 협상안을 받아들여 절반이라고 건지고 나올까? 고민은 그리 오래하지 않았다. 과오에 대한 대가를 치러보는 것도 나쁘지 않겠다고 생각했다. 오히려 그것이 이 세계에서 길게 오래 살아남는 방법일 수 있다는 판단에 6,100만 원을 딱 한 방에 날렸다. 당시 6,100만 원이면 서울 구도심의 소형빌라를 전세끼고 세 채를 살 수 있는 금액이었다. 환산하면 3억 원 전후일 것이다.

대학 졸업 후 일본유학도 갔다 왔고 부동산학 박사학위도 취득했지만 어떤 수업료도 이처럼 비싼 적은 없었다. 수업료 치고는 정말 너무 비싼 수업료였다. 그러나 결코 돈으로는 따질 수 없는 많은 값진 것들을 느끼고 배웠다.

투자의 세계에서 가장 큰 원칙의 첫 번째가 겸손이다. 서너 건의 투자 성공으로 목에 힘이 들어가면 얼마 안 있어 목이 부러지는 경험을 하게 된다. 100% 성공만이 보장되어 있는 투자란 세상 어디에도 존재하지 않는다. 장밋빛 환상만 좇다보면 그런 꼴 쉽게 당한다. 황당한 환상을 조장하는 책들이 재테크 베스트셀러코너를 차지하고 있는 현실이 우려스러울 뿐이다.

이 물건을 통해 필자는 돈을 날린 것보다 더 큰 아픔을 경험했다. 필자가 펀드매니저가 되어 세 명이 공동으로 응찰해 피해는 1/3씩 나누어 가졌다. 보증금을 날리는 과정에서 좋은 두 사람이 모두 떠나갔다. 필자에게 실망했을 것이고, 필자의 경매 실력에 실망했을 것이고, 필자가 날려버린 돈에 실망했을 것이다.

어차피 세상은 상대적이다

우리가 살아 숨 쉬는 이 세상에는

"천과 지가 있고",

"허와 실이 있고",

"유와 무가 있고",

"음과 양이 있고",

"명과 암이 있고",

"좌와 우가 있고",

"상과 하가 있고",

"고와 저가 있고",

"선과 후가 있고",

"동과 서가 있고",

"남과 여가 있고",

"노와 소가 있고",

"강과 약이 있고",

"건과 병이 있고",

"래와 거가 있고",

"생과 사가 있고",

"완과 급이 있고",

"시와 종이 있고",

"시와 비가 있고",

"애와 증이 있고",

"희와 노가 있고",

"희와 비가 있고",

"선과 악이 있고",

"귀와 천이 있고",

"유와 무가 있고",

"부와 빈이 있고",

"흥과 망이 있고",

"양과 질이 있고",

"원과 근이 있고",

"시와 종이 있고",

"열과 냉이 있고",

"피아와 아가 있고",

"미와 추가 있고",

"중과 경이 있고",

"성과 패가 있다."

어느 한쪽만으로 이루어진 것은 결코 없으며 존재할 수 없다. 성공투자만 보장되는 투자란 세상 어디에도 없다. 단언컨대 없다. 조건은 그냥 조건일 뿐이다. 같은 조건이 어떤 경우에는 성공의 요소지만, 어떤 경우에는 실패의 지름길이기도 하다. 욕심에 눈이 멀면 언제든지 누구에게든지 일어날 수 있는 극히 일반적인 사례일 뿐이다. 투자의 세계에서 겸손해야 할 이유다. 목에 힘이 들어가면 금방 목 부러지는 연유가 이것이다.

chapter 05
지뢰밭 민통선 임야와
미공군 훈련기지 인근 대지

경매 물건에도 유행은 있다

무엇이든 유행이 있듯이 경매 물건에도 유행이 있다. 유행일 때는 비싼 대접을 받는 것은 당연한 이치다. 다만 그럴 가치가 있는 녀석이 대접을 제대로 받는다면 무슨 문제가 발생하겠는가? 경매 시장에도 유행은 있다. '아파트 → 연립주택·빌라 → 단독주택·다가구주택 → 오피스(텔) → 상가 → 임야'로 이어지는 유행이 그것이다.

임야에 사람과 돈이 몰리면 경매 시장은 '꼭지'라고 보면 틀림없다. 과열 양상은 이미 지방의 땅으로까지 번진 지 오래되었다. 지방의 임야 등이 부동산 시세가 가파른 상승세를 보이는 가운데 법원 경매에도 외지 투자자들이 대거 몰려 일부 지역의 경매 물건은 폭등세마저 보이고 있다.

이런 현상은 일부에 국한된 것이 아니다. 장래 사소한 개발계획이라도 있다고 소문나면 매매든 경매든 외지인들이 설치지 않는 곳이 없다. 그 영향으로 가격은 하늘 높은 줄 모른다. 그러다 보니 심각한 부작용이 여기저기서 터지고 있다. 피해의 귀착점은 말할 것도 없다. '묻지마 경매!' 를 즐긴 투자자들의 몫이다.

임야에 사람과 돈이 몰리기 시작한 것은 언제

지방의 임야 물건에 사람과 돈이 몰리기 시작한 것이 2006년부터라는 것이 중론이다. 특히 2006년 하반기부터 낙찰가가 급격히 상승했다. 일부 지방의 임야나 전·답은 감정가보다 무려 다섯 배가 넘는 가격에 낙찰되는 사례마저 나타났다. 예전에는 1대1~2대1에 불과하던 평균 경쟁률이 최근 7대1~8대1로 높아지고 심지어 30~40명이 응찰하는 물건마저 나타나고 있는 것이다.

최근 들어 가장 높은 가격에 팔린 토지는 원주의 임야로 감정가가 2억 원이었다. 낙찰 결과는 36대1의 경쟁률을 나타내면서 10억여 원에 낙찰됐다. 매각가율이 500%라는 말이다. 제정신들이 아니다. 냉수라도 들이켜고 냉정을 되찾아야 할 때가 분명 도래했다. 임야 낙찰자 가운데 절반 이상이 수도권을 비롯해 전국 각지에서 모여든 외지 투자자들이다. 가격 상승의 주범으로 지목되고 있다. 문제는 이렇게 높게 낙찰받아도 수익을 낼 자신이 있다고들 한다.

필자 주변에도 시골 땅을 낙찰받아 쪼갠 다음 전화부대를 동원해서 그 몇 배 이상으로 처분하는 분도 계시다. 낙찰받아 쪼개기, 계획 짜기 등으로 본전 뽑기에 혈안이 되어 지방 임야 등을 난장판으로 만드는 사람들이다. 우리 같은 병아리들이 그 판에 끌러 들어갔다가 그 땅에 묻힐 수 있다.

기획부동산의 활약이 경매와 무슨 상관이 있냐고 궁금해하시는 분들도 계실 수 있다. 감염이 무섭다. 기획부동산의 전화로 이미 한 번은 낚인 상태다. 이미 뜸이 들여진 상태라는 말이다. 기획부동산의 전화는 쉽게 뿌리쳤을지 모르지만 전화로 소개받았던 지역의 경매 물건을 발견했다고 하자. 이럴 때 매몰차게 뿌리쳐지지 않는 것이 대체적인 인간의 속성이다.

지뢰 묻혀 있는 대 전차 진입로의 파주 임야

지뢰가 묻혀 있는 대 전차 진입로의 땅을 싸다고 낙찰받으면 어쩌자는 계산인가? 필자 주변에 이런 투자를 하고 나서 지금도 애를 먹고 있는 사람이 있다.

개미들은 보통 실패한다고 아우성을 치는 주식시장에서 전문 투자자로 상당한 재미를 보았던 이필정(가명)씨가 그 주인공이다. 파주 법원리 임야에 응찰했다가 상당한 자금이 묶여 지금도 고전하고 있다. 주식분석가로 모 케이블 방송국에 현재도 출연해 상당한 인기를 누리고 있는 중이기도 하다. 주식 시황분석가로는 꽤나 유명한 사람이고 필자와도 막역한 사이다.

"어디 땅을 낙찰받으셨다고요?"

"파주 법원리 가야리 산입니다."

"크기는요!"

"산봉우리 하나를 통째로 받았는데요, 2필지의 총면적은 13,650평이고요."

"꽤나 큰 걸 받으셨네요! 낙찰가가 꽤 나가겠는데요?"

"세 번 유찰로 감정가의 절반 수준일 때 66%에 응찰해서 받았습니다."

"좀 이상하네요, 요즘 파주 법원리 쪽 임야는 한 번 이상 유찰이 안 되는데?"

"아는 사람이 소개해서 받기는 잘 받았습니다."

"맹지인가요?"

"현황상 6m 도로에 접해있습니다."

"맹지는 아니네요!"

"지적도상에는 군사도로 8m가 접하는 걸로 되어 있어 맹지는 아닙니다."

전차가 다니는 길이어서 맹지는 아니란다

"얼마에 받으셨어요!"

"11억 7,800만 원이요? 평당 86,500원 꼴로 받았습니다."

"싸게는 받으셨는데 군사도로에 접해 있다고요?"

"땅이 전차 부대 진입로로 포격훈련장으로 가는 길목에 있어요."

"그쪽 임야는 보통 그러잖아요!"

"그런데 임야 일부에 지뢰가 매설되어 있다고 하더라고요."

"지뢰밭이라고요? 사실관계를 확인하지 않으셨어요?"

"확인을 하기는 했는데 다 하지는 못했죠."

"다 하지는 못했다는 말씀이 무슨 뜻인가요?"

"파주시청하고 군부대하고 말들이 서로 달랐어요."

"뭐라 그러던가요?"

"파주시청은 관리지역이어서 기본적으로 개발행위를 할 수 있다고 해요."

"군부대에서는 뭐라고 하는데요!"

"매설된 지뢰제거 여부의 판단은 자기들 소관이 아니라고 그렇게 말해요."

"그런 땅을 왜 사셨어요?"

"파주 신도시의 후광 효과도 기대되고 해서요."

"군부대는 어쩌고요!"

"군사시설보호구역이 완화되는 추세여서 미리 선점하자 그런 의도도 있었죠."

"선점이라고요?"

"제가 투자에는 동물적인 감각도 조금 있잖아요. 헤헤."

"저도 그쪽은 좀 아는 데 그런 땅은 매매로 평당 몇 천 원짜리도 많은데!"

필자가 파주 쪽에 대해서 조금 아는 척하자 그제야 진짜 고민을 말하기 시작했다.

평당 3,000원 정도의 임야를 30배 정도에

"그런 땅은 일반매매로 현재 5~6천 원 정도면 살 수 있다고 하더라고요?"

"저도 그렇게 아는데, 아는 분이 소개하셨다고 했는데 뭐라고 그래요?"

"그런데 그 사람 탓을 할 수가 없어요."

"그래요? 왜요?"

"군사시설보호구역이고 지뢰매설지역이라고 말했거든요."

"다른 말은 안했고요!"

"용도변경 여부하고 시세는 직접 알아보고 난 다음 입찰하라는 말을 했어요."

"그 양반 해줄 말은 다 하셨네. 공적장부 확인만 해서는 안 되는데!"

"그러면 또 뭐가 필요하죠?"

"이런 경우는 직접 문의하셔야 하는데!"

"당연히 했죠? 아까 말씀드렸잖아요~ 말들이 서로 다르다고."

"해당 군부대하고 파주시청에는 알아보셨을 것 아녀요?"

"공무원들 여전히 참 느려요, 원칙적인 이야기만 하고 있으니."

"거야 어제 오늘 일이 아니잖아요!"

"그러면 주식시장에서는 딱 굶어 죽는데."

"지금 그런 말을 할 때가 아닌데!"

"아무튼 답답하더라고요."

"주식시장하고 기본적으로 판이 다르잖아요!"

"그렇기는 하죠."

"판단자료로 삼았던 회신은 받으셨을 것 아녀요?"

"시청에서는 '토지이용계획확인원'대로 해석하고, 군부대는 깜깜 무소식이고."

"그럼 군부대 확인은 안 하신 거세요?"

"시간이 안 맞아 답을 못 듣고 응찰했다가 덜미를 잡힌 꼴이 되고 말았죠."

파주시로부터는 전용허가는 가능하다는 답을 들었다. 해당 군부대는 상급부대에 확인해서 알려주겠다고 했단다. 파주시청 담당자는 해당 용지가 관리지역이고 휴경상태이기 때문에 시 자체에서는 용도변경 허가는 가능하다는 답을 얻었다. 다만 용도변경을 위해서는 해당 군부대의 허가도 함께 받아야 한다고 했다는 것이다.

해당 군부대의 답을 듣지 못하고 응찰했다

문제는 입찰일까지 군부대의 답을 듣지 못했다는 것이다. 군부대에 문의할 때마다 담당자는 상급부대에 문의를 했고 회신을 기다린다는 똑같은 말만 되풀이했다는 것이다. 파주시청에서는 가능하다고 했으니, 군부대도 마찬가지일 거라고 판단하고 응찰한 것이 문제의 발단이 되어버렸다.

응찰할 때까지 회신을 듣지 못했는데 낙찰 후 잔금납부 전에 다시 확인해야 한다고 했던 사실을 깜빡 잊고 잔금을 납부했다는 것이다. 한참 뒤에 군부대를 통해서 받은 통보는

'해당토지용도변경불가'였단다. 용도변경 불가 사유로는 이러했단다.

"해당 군사용지는 군사훈련(작전) 시 전차부대 이동로로 용도변경이 절대 불가"

"해당 군사용지는 유사 시 전차부대 집결지로 용도변경이 절대 불가"

"해당 군사용지는 지뢰매설지로 용도변경이 절대 불가"

거기다가 한술 더 떠서

"부대장 허락 안내 없이 민간인 출입 절대불가"

"위반 출입 시 발포 가능함"이란다.

군부대에 다시 질의를 했지만 같은 답이 돌아올 뿐이었단다. 아마 지뢰매설지역이어서 민간출입으로 사고라도 발생하면 문제가 되니까 출입금지구역으로 지정하지 않았나 하는 추측이다. 군사보호시설이라는 임야의 특성을 무시하고 그 해제와 변경 여부를 사전에 완전히 확인하지 않고 과감하게 경매에 참여한 것이 패착이었던 셈이다. 다 확인하고 나니 마음은 편하단다. 말은 그렇게 하지만 쓰린 속은 대강 추측이 가능하다.

어느 쪽이 더 어려울까?

주식 투자하는 사람이 현금 12억 원을 묶여놓고 꼼짝 못하면 속은 많이 상할 거라는 추측이다. 지금 급매물로 평당 7,000원선에 처분하면 9,555만 원은 받는단다. 12억 원 투자해서 몇 년 지나 9,555만 원에 처분하면 어떤 결과가 발생할까? 상상이 어렵지 않다. 깨진 쪽박을 차는 일만 남게 되지 않을까?

'D투자 : 1만 원짜리를 2만 원에 사서 5,000원에 팔았다. 쫄딱 망할 투자?'는 그래도 양호하다고 해줘야 할 판이다.

주식시장에서 워낙 험한 꼴을 자주 당한 전력이 있어 1/12로 줄어드는 것은 참을만하단다. 필자를 위로할 요량으로 한마디 더 하신다.

"주식은 깡통이 되면 쓰레기지만, 경매는 덩어리는 남아 있잖아요!"

이 정도로 도통하는 데까지 얼마나 많은 수업료를 지불하고 깊은 상처를 입었을까? 주식 판에서 쓰러지지 않고 인정받는 내공이 분명하게 느껴진다. 깊은 내공이 존경스럽다. 아마 필자라면 이 정도 충격이면 상당한 정도의 데미지를 입었을 것이다. 여러분은 어떠하실까 궁금해진다. 지금도 이 물건을 생각할 때마다 이필정씨 말이 귀를 맴돈다.

"우선생님, 경매도 주식시장만큼 어려운 것 같아요!"

부동산 시장과 주식 시장의 투자 난이도를 비교하면 어느 쪽이 살아남을 가능성이 높을까? 비슷한 또 다른 사례다.

평택 공군부대 훈련장 옆 대지

일산 주엽동에 사는 박용선씨는 고향인 평택시 독곡동의 지목이 대지 (잡종지) 약 700평을 1차 유찰로 8억 8,000만 원 일때 9억 3,000만 원에 응찰해 소유권을 취득했다가 다시 밭으로 농사짓고 있다. 5년째 주말마다 일산에서 평택까지 차에다가 호미랑 삽을 실고 농사지으러 다니려니까 미쳐버리겠단다. 남들은 밭을 사서 대지로 용도변경을 하느라고 난리들인데 대지를 사서 농사를 짓고 있으니 한숨이 나오지 않을 수 없는 노릇일 것이다.

그럴 수밖에 없는 이유가 있다. 이 지역 일대가 평택 미 공군 비행훈련장으로 이착륙 활주로 진입부분에 해당한다. 따라서 건물의 신축허가가 나지 않을 뿐만 아니라, 제1종일반주거지역이어서 일반 주거용주택은 3층 이하로만 허가가 나는 지역이란다.

또한 설령 허가가 나서 신축을 한다고 해도 제정신을 가지고는 도저히 살 수 없는 동네란다. 시도 때도 없이 이착륙하는 전투비행기 소음 때문에 말이다.

"고향이어서 잘 아는 지역 아니세요?"

"그게 문제였죠. 저는 어렸을 적부터 익숙해져서 심각하게 생각 안 했죠."

"그럴 수 있겠네요!"

"집사람이랑 꼬마들은 두 번 다시 오기 싫다고 해요."

"왜요? 시끄러워서요?"

"그렇죠, 저는 지금도 별로 모르겠어요."

"그럴 수도 있겠네요!"

"시끄럽다는 생각이 별로 안 들거든요."

"선생님 같은 분이 자기 위주로 이야기하면서 학생들은 어떻게 가르치세요?"

"그러니 참 아이러니하죠."

"참 재미있네요!"

"우선생님, 놀리지 마세요. 저는 심각해요."

"난감하니까 오히려 한번 웃자고 드리는 소리입니다!"

"좋은 해결 방법이 없을까요?

중개업소도 별로 반가워하지 않는단다

"건축허가 받아서 팔아버리면 되잖아요!"

"그 일대는 부동산 중개업소도 없어요."

"정말이요?"

"가장 가까운 곳이 독곡동 시내에 있는데, 차로 15분 걸려요."

"그런가요?"

"비행장 들어오면서 동네가 못 쓰게 되어버렸죠."

"전에는 그러지 않았나요?"

"제가 어릴 적에는 그렇게까지 자주 뜨고 내리지 않았어요."

"그럼요?"

"미 공군 주 훈련장이 들어서면서부터 지금처럼 되어버렸죠."

"그 정도인지는 몰랐는데!"

"지금은 이 인근에 슈퍼 하나, 편의점 하나 없어요."

"그래도 인근 중개업소에 부탁할 수밖에 없잖아요!"

"그렇죠. 그런데 중개업소도 별로 반가워하지 않아요."

"시끄러워도 장사는 해야 할 것 아닌가?"

"손님을 모시고 가다가도 비행기 한 대만 날면 바로 차 돌리라고 한다네요."

"시끄럽다고 그러나요?"

"비행기가 편대로 날아버리면 창문이 덜렁 덜렁합니다."

"그 정도로 심한가요?"

"그러니 차 돌리라는 말이 무리가 아니죠."

인근에는 가축 농장도 없단다

"아세요? 이 근처에는 소, 돼지, 닭 키우는 농장이 없다는 것."

"너무 시끄러워 죽어버리나요?"

"그렇죠. 송아지가 태어나도 절반은 기형이래잖아요."

"그런 정도인가요?"

"시청에서는 양계장 같은 것 가능하면 못하게 한답니다."

"정말이세요?"

"그러니 사람인들 정상이겠어요?"

"그래도 박선생님은 정상이시잖아요. 헤헤!"

"지금 그런 농담 들을 겨를도 다 있네요. 하하하."

박용선씨와 함께 필자도 2007년 가을에 이 지역을 한번 가본 적이 있었는데 사람살기는 어렵겠다는 생각이 들었다.

"비싼 밭에 고구마 캐러 가는데 우선생님도 한번 가실래요?"

"아직 안 파셨어요?"

"누가 그 가격에 사나요?"

"그럼 여태 끼고 계셨단 말씀이세요?"

"별수 없잖아요, 농사라도 안 지으면 시끄럽잖아요."

"그게 무슨 말씀이세요, 누가 시끄러워요. 비행기 말고 또 있어요?"

"시청에서 과태료 부과한다, 형사고발 한다, 강제매각의뢰 한다 달달 볶잖아요."

"아, 그 말씀이세요?"

소풍 삼아 한나절 놀이 삼아 따라가 고구마를 함께 캐는데 약 4시간 동안에 머리 위로 지나는 비행기 횟수가 19번이었다. 필자가 일부러 세어보았다. 1시간에 다섯 번 꼴이다. 약 12~13분당 한 번씩 귀가 찢어지는 굉음을 들어야 한다는 것이다.

얼마 전 뉴스를 들으니 미 공군은 한국 국방부와 협의해서 평택 비행 훈련장을 현재보다 더욱 확장하기로 했단다. 그 뉴스를 듣는데 갑자기 박용선씨 평택 땅이 생각났다. 문득 의문 하나가 머리를 스쳤다.

"미 공군이 이 지역에서 먼저 철수를 할까?"

"박용선씨가 죽어 이 세상을 먼저 떠날까?"

고향 사랑하는 것과 투자는 분리하자. 그러지 않으면 귀를 찢는 괴성을 지르며 머리 위를 지나가는 비행기나 쳐다보며 죽을 때까지 고추, 고구마나 심고 살아야 할지 모르겠다는 생각이 들었다. 10억 원 투자해서 평생 이러고 살아야 한다면 어떤 심정일까?

chapter 06
조금 안 다고 너무 까불다가
나무에서 떨어졌다

필자가 2004년부터 2008년 8월까지 춘천에 있는 국립 강원대학교에서 나이 들어 고생한 끝에 마침내 박사학위를 취득했다. 필자가 학위를 취득하자 친구들이 시골 면사무소 앞에 '박사학위 취득 축하' 플랭카드를 높게 걸어주었다.

사람은 누구나 평생을 사는 내내 참 다양한 선택을 하고, 그 결과들이 씨줄 날줄로 켜켜이 쌓여 한 사람의 인생이라는 모자이크가 완성된다는 생각이다. 당시 40여 년을 살면서 박사과정에 진학하기로 한 것은 필자의 인생에서 참 잘한 선택이라는 말을 하고 싶어서다. 잘한 선택으로 시작한 박사과정에서 만난 동기의 권유로 시작한 '인천 투자 프로젝트'는 비참한 결과로 쫄딱 망하고 철수한 사건이다.

부동산 경매 투자! 알면 알수록 어렵다

약 10여년 전 부동산과 경매 지식에 한창 목말랐던 시절에는 주워듣는 대로 바로 바로 흡수해버리는 놀라운 능력을 가진 스펀지였다.

그리고 그 얄팍한 앎과 지식을 바탕으로 참 용감하고도 과감한 투자를 거침없이 진행했었다. 투자자금? 필자의 몇 푼과 투자자들로부터 받은 자금이 밑천이었다.

그 시절 구체적인 이야기를 두 가지 사례만 이야기해드리겠다.

"결국은 실패한 이야기를 하겠다는 말씀이시죠?"

이 책의 성격이 경매 투자로 까먹은 사람들의 이야기를 쓴 책이니 투자했다가 망한 이야기를 들려드리는 것은 당연하다. 하여튼 지금 보여드리는 투자 사례를 보시면 독자여러분들은 아마도 '우박사, 이 양반 참 야무지네!' 하실 지도 모르겠다.

인천 투자 프로젝트의 시작은 이러했다

도사라고 자청하는 사람이 경우 3,000만 원대 물건을 낙찰받고, 또 이 정도를 투자 참고사례로 열거하는 이유를 먼저 헤아려주시기를 바란다. 필자가 인천지역과 인연이 된 것은 우연(?)이었다.

강원대학교 부동산학 박사과정 입학동기 형이 이 지역 토박이로, 인천 서구 가정동에서 부동산 중개업을 하시는 분이셨다. 그분이 2004년부터 지속적으로 인천지역의 장래를 말씀하시면 경매 물건에도 관심을 보이라는 것이었다. 당시 본인은 서울지역의 물건도 감당하지 못해 인천까지는 도저히 눈을 돌릴 여유가 없었다.

동기 형님의 권유를 편하게 생각할 뿐 심각하게 받아들이지 않는 사이로 2006년 신학기가 되었다. 개강파티에서 형님 말씀이 '속는 셈치고 한 번만 와 보라'는 간곡한 요청에 마지못해 인천 청라지구와 가정오거리 도심재생구역을 처음 가본 것이 2006년 3월이었다.

"야~ 우박사 속는 셈치고 인천에 한 번만 놀러 오라니까?"

당시 인천시장이 인천구도심과 송도지구, 청라지구, 영종지구를 집중 개발해 상전벽해시키겠다는 대대적인 개발 프로젝트를 연발하고 있었다.

특히 가정오거리~도심재생구간을 우선적으로 집중 개발하겠다는 프로젝트를 야심차게 진행시키고 있었지만, 많은 사람들이 반신반의 하고 있었다. 특히 천문학적으로 소요되는 개발 자금의 충당방법에 그리 확신을 보내지 않고 있었다.

당시 필자가 들은 인천 청라지구의 청사진

인천개발청에서 운영하고 있는 '갯벌타워(송도매립지내)'에 가면 미래(송도매립신도시-청라지구-영종국제업무지구)의 인천시를 볼 수 있다.

더불어 2020년까지 인천시 구도심 전체를 서울의 강남을 능가하는 그래서 21세기는 본격적인 인천시대를 열어가겠단다. 인천시의 이런 야심에는 상당한 근거가 있었다. 무엇보다도 지리적 위치가 경쟁관계에 있는 다른 국제도시들에 비해 월등히 우수하다는 점이다. 인천시의 역사는 그 자체로 우리나라 관문의 역사이다. 19세기말 개화기에는 뱃길로 개국을 했다면, 항공시대인 21세기에는 인천국제공항이 그 중심에 있음을 부정할 수 없다. 인천국제공항으로 연결되는 길들을 보자. 현재 운영 중인 영종대교와 전철은 굳이 다시 열거할 필요는 없다고 본다.

1) 서울 여의도 ↔ 경인고속도로 ↔ 가정오거리 ↔ 청라지구 ↔ 제3인천대교(가칭) ↔ 인천국제공항 ↔ 해외가 한 축이다.

2) 수도권 ↔ 송도국제도시 ↔ 인천대교 ↔ 인천국제공항 ↔ 해외가 두 번째 축이다.

3) 경기남부 ↔ 제1, 2외곽순환도로 ↔ 송도국제도시 ↔ 인천대교 북
   단(인천국제공항) ↔ 영종도 ↔ 강화도 연도교(강화도 남부 : 동막해
   수욕장 : 신설 예정) ↔ 강화도 북부 ↔ 한강하구 대교(신설 예정) ↔
   황해도 개풍 ↔ 개성공단으로 이어지는 대교와 도로가 세 번째다.

물류이동의 중심에 인천이 있었다

물류이동의 중심에 인천이 있다는 것을 알 수 있다. 인천국제공항은
단순하게 분단국가 대한민국만의 공항이 아니란다. 통일 대한민국의 국
제공항인 것이다.

물론 새로 길이 나고, 새 대교가 놓인다고 부가 항상 모이는 것은 아니
다. 새 길, 새 대교가 오히려 원주민이나 투자자들에게는 예상하지 못한
재앙이 될 수도 있다. 투자는 시간과의 싸움이다. 아무리 우수한 투자를
했다고 해도 알곡이 꽉 찰 때까지 기다릴 능력이 안 되는 사람들은 남
좋은 일만 하게 되는 것이 이 판이다.

입찰할 당시 필자의 판단

뚜렷한 목적을 가지고 인천을 한 바퀴 돌고 나서 놀라지 않을 수 없었
다. 향후 가격이 상승할 것이 한눈에 보였다. 당시 인천 구도심 지역의
빌라·연립주택의 대지지분 낙찰가는 평당 400~500만 원 전후였다. 그
것도 1~2년 전보다 많이 올라 그렇다는 것이다.

즉 대지지분 10평에 건평 15평 정도의 다세대-연립주택이 4,000~4,500
백만 원 정도에 낙찰가가 형성되고 있었다. 더 이상 물어볼 것도 없었다.
본인의 판단으로 낙찰받아 1,000만~2,000만 원 정도에 전세 또는 월세

로 처분하고 난 뒤 버티기에 들어가서 짧게는 3년, 길게는 4년만 버티면 최소한 투자원금의 5배인 평당 1,000만 원은 쉽게 넘어설 것이라는 확신이 들었다. 그다음은 행동이었다.

경인고속도로 서인천IC에서 가좌IC에 이르는 구간으로 지역을 한정하고, 집중해 일곱 건을 낙찰받았었다. 대강의 개요를 보여드리겠다. 사건번호를 모두 공개한다. 독자 여러분들이 사건번호를 직접 검색하셔서 투자의 간접 경험을 하시는 것도 훌륭한 타산지석이 될 것이다.

인천에 대한 투자 가치의 황홀함에 눈이 부셨다. 10년만 지나면 '청라지구'가 강남 뺨 칠 거라는 장담에 저절로 고개가 주억거려졌다. 장밋빛 일색의 기사를 잠시 보자.

2008년 인천 가정오거리에 대한 기사 [3]

인천 가정오거리 일대가 부동산시장의 초미의 관심지역으로 부상하고 있다.

인천 서구 가정오거리 일대 97만m^2에 달하는 구도심을 헐고 복합단지를 개발하는 도심재생사업이 본격화하기 때문이다. 가정오거리 개발사업은 송도·영종도·청라를 잇는 경제자유구역 개발사업과 함께 인천시가 야심차게 추진하는 도심재개발사업의 핵심이라는 점에서 성공 여부에 관심이 쏠리고 있다.

인천시는 ▓경인고속도로 직선화에 따른 도로교통체계와 연계해 국제적인 수준의 입체복합도시로 육성하고, ▓도시공간구조를 재편해 구

---

3) 서울경제 2008년 3월 19일자 기사 인용

도심 재생의 활성화를 도모하며, ▓청라지구 등 인근 경제자유구역과 연계한 시너지 효과를 창출할 수 있도록 하고, ▓상습정체 등 교통문제를 근본적으로 해결한다는 기본 개발 콘셉트를 갖고 있다.

인천시와 공동시행사인 대한주택공사는 이 같은 청사진 아래 오는 2013년까지 이곳을 아파트·주상복합 등 공동주택 11,000여 가구와 금융타운 등 오피스빌딩, 레저·의료 등 상업시설이 들어서는 복합단지로 개발할 예정이다. 공동주택은 일반아파트 4,200가구, 주상복합 5,400가구, 임대주택 1,800가구 등이고 오피스텔 1,800실이 들어선다.

수용방식으로 건설되는 가정오거리 도심재생사업은 4월 초까지 감정평가 작업이 마무리되면 4월 말 보상협의를 진행하고 내년 8월께 착공에 들어가게 된다.

현재 가정 뉴타운 사업의 지하공간과 상징구조물에 대한 설계공모가 마무리된 상황으로 삼우종합건축사무소와 무영종합건축사무소·닛켄설계 등 3사의 컨소시엄이 제안한 설계안이 당선됐다. 이 설계안을 토대로 개발 모습을 그려보면 이곳에는 일단 77층짜리 쌍둥이 랜드마크타워가 건설된다. 두 건물 사이에는 지하 2층까지 자연 채광이 가능하도록 꾸며지며 폭 70여m의 조형예술품이 설치된다. 상징조형물 주변에는 38,700여m^2에 달하는 중앙공원이 조성된다. 설계상의 가장 큰 특징은 중심상업지역 지하 3층을 경인고속도로 직선구간(서인천IC~청라지구)이 통과한다는 점이다.

이는 앞서 밝힌 경인고속도로 직선화와 연계된 교통체계를 구축한다는 기본 개발 콘셉트에 부합하는 것이다. 또 인천지하철 2호선 가정오거리 역사 앞에 입체 환승터미널이 들어선다. 이렇게 되면 지하철은 물론 경인고속도로·서곶로·간선급행버스(BRT) 등이 집결돼 교통 허브가 된다.

가정오거리 개발사업이 탄력을 받으면서 인근 집값도 상승세를 타고 있다. 부동산114에 따르면 가정동 주택가격은 지난해 12월부터 3개월간 1.07%, 1.18%, 0.08% 등 비교적 높은 상승률을 보이고 있다.

기사를 접할 때마다 행복했었다.

당시 기사가 이러했으니 필자가 만용을 부리는 것도 무리가 아니었다.

우리 법인[(주)지엠알씨]이 실행할 인천 투자 프로젝트의 대강

이런 판단으로 시작한 '인천 가정오거리 청라지구 투자 프로젝트'의 출발은 당차고도 야무졌다.

"경인고속도로 서인천 IC에서 가좌IC까지 사이에 건당 4,000만 원 정도씩 투자하는 규모로 총 40억 원을 동원해서 다세대와 연립을 100개만 잡읍시다."

"그래서 어떻게 하시려고요?"

"세 주고 이쪽이 본격적인 개발 계획이 발표 나는 내년(2008년 무렵)부터 이쪽 중개업자들 이야기로는 낙찰가의 두 배로 매각하는 것은 아무 것도 아니고, 그 가격에 매각이 되지 않으면 자기가 책임지고 사준다고 하네요!"

"중개업자 말을 믿을 수 있으세요?"

"박사과정 동기 형이라니까요, 나한테 실없는 소리 할 양반 절대 아닙니다!"

"너무 몰빵 치는 것 아닌가요?"

"낙찰가 아래로 매매가격이 떨어지는 날이 대한민국 부동산 시장 무너지는 날입니다, 그럴 일 절대 없습니다."

그리고는 과감히 인천 구시가지 다세대주택 시장에 뛰어 들었다. 부동산 투자에서 해서는 안 될 일 중 하나가 호언장담이다. 소리지를 때는 속이 시원할지 몰라도, 머지않아 속이 쓰려 잠 못 이루는 날이 많아질 수 있다. 다음은 그 당시 낙찰로 소유권을 취득했던 물건 중 하나다.

인천시 구도심에 낙찰로 보유했던 물건 일곱 건 중 하나 [4]

주소/감정서	물건번호/면적(㎡)	감정가/최저가/과정	임대차현황	구분/권리/등기/금액
인천시 서구 석남동 549-37 세화빌라 나동 101 • 감정평가서 정리 -석남2동사무소 북동쪽 -차량출입가능 -경인고속도접 -정방형평지 -도시가스 중앙공급식 05.11.5 경인감정	물건번호 : 단독 대지 21.1/168.8 (6.38평) 건물 36.34 (10.99평) (20.7평형) 3층- 1991.1.8보존 ------------ -응찰자수 : 3명 -낙찰자 : (주)지엠알씨 -허 가 : 06.09.25 -대 납 : 06.10.20 -배 당 : 06.11.24	감정가 27,000,000 대 지 22,000,000 (81.5) 건물 5,000,000 (18.5%) 최저가 27,000,000 (100%) ------------ • 경매 진행 과정 27,000,000 낙 찰 06.09.18 32,109,000 (118.9%)	-임대차 미상 -전입세대 없음.	소유권 : 박정숙 03.06.28 가압류 : 권오상 04.06.24 15,000,000 강제 : 권오상 05.05.06 압류 : 인천서구청 05.11.29 압류 : 인천세무서 06.03.31 -청구액 : 14,636,109
주의사항	* '폐문부재'로 이해관계인 만날 수 없어 임대관계는 미상임. * 전입세대는 없음.			

---

4) 원 사건은 인천지방법원 2005-45935이다.

인천광역시 구도심의 물건현황

인천광역시 구도심의 경인고속도로변에 있는 작은 다세대주택이다. 전체 대지면적은 168.8m^2이며, 이 중 경매로 취득하는 지분면적은 21.1m^2이다. 건물면적은 11평 정도 되는 오래된 다세대주택이다. 전체층수는 3층이고 물건의 층수는 1층이다. 위치는 경인고속도로 서인천IC와 가좌IC 사이이다.

최초감정가 2,700만 원인 1차 입찰일에 감정가보다 높은 3,210만 원(감정가 대비 118.9%)에 응찰해 낙찰받았다. 경쟁률은 3대1이었다.

부동산 등기부(등본)를 보면 가압류권자인 권오상이 채권액 1,464만 원을 회수하기 위해 강제경매를 신청한 것을 알 수 있다. 이 물건처럼 감정가 대비 채권액이 소액인 경우 경매가 끝까지 진행된다는 보장이 없다. 즉 중간에 채무자가 빚을 갚아버려 경매가 취하되는 경우도 흔하게 발생한다.

인천 구시가지 빌라 투자의 포인트

당시의 신념을 좀 더 보여드리겠다. 실망하셨을지 모르겠다.

천하의 우박사라는 사람이 겨우 이 정도 규모의 물건을 '투자사례'에 올려놓았다고 말이다. 그러나 작은 고추라고 우습게보지 마시라. 경매 투자 경험이 많은 사람의 눈에는 놀라운 수익이 숨겨져 있는 것이 보인다. 2003년 정도만 해도 인천시 구도심의 소형공동주택의 대지지분 낙찰가는 평당 250~300만 원 정도에 불과했다. 이 물건은 소유권이전비용 포함 총 3,500만 원 정도가 소요되었다. 대지를 평당 약 548만 원(=3,500만 원/6.38평)에 구입한 셈이다. 현재는 매매가가 평당 1,200만 원 정도에 거래되고 있다. 매도가를 7,500만 원 정도로 본다면 정확히 두 배가 되었다. 이 지역은 현재 재개발추진위원회(석남4구역 정비사업조합)이 설립되어 주상복합으로 탈바꿈을 시도하고 있다. 추가부담 여부는 아직 확정되지 않았지만 32평형의 아파트 입주권을 받는다면 다음과 같은 계산이 가능하다.

현재 가정오거리~청라지구의 분양가격이 평당 850만 원 전후이다. 그리고 인근 아파트 시세는 3억 5,000만 원 전후이다. 수익률을 살펴보면 1,000%의 수익률이다. 3,500만 원 투자해 3억 5,000만 원짜리 아파트를 확보한 것이다.

그동안 수도권 중 인천 지역의 부동산시장은 어떠했을까? 아시는 분들도 많이 계시지만 대한민국 건국 이래 인천지역만큼 부동산(특히 주거용) 가격이 천대를 받았던 지역도 없었다. 적어도 2006년까지는 수도권에서 인천지역(부평 포함)의 주거용 부동산 가격이 가장 낮았다. 수도권이라고 말하기가 민망할 지경이었다. 외환위기 때는 다세대주택 한 채가, 1000만 원대에 낙찰되는 경우마저 비일비재했다. 외환위기 이후부터 2006년까지 인천지방법원은 공휴일~일요일만 제외하고는 토요일 포함해 연중 매일 경매가 진행될 정도로 경매 물건이 넘쳐나고 있었다. 하루 경매 진행 건수도 다른 지역의 법원은 150여 건 정도인 것에 반해 인천법원은 평균 250여 건이 넘었었다.

그러던 것이 인천시가 대대적인 개발 프로젝트를 발표하면서 낙찰가를 끌어올리기 시작했다.

1) 인천 2005 - 45935(세화빌라)

인천20계 2005-45935 석남동 다세대

소 재 지	인천 서구 석남동 5■■7 세화빌라 나동 지하층 101호	도로명주소		
경 매 구 분	강제경매	채 권 자	권오■	
용 도	다세대	채무/소유자	박정■	낙 찰 일 시 06.09.18 (32,109,000원)
감 정 가	27,000,000	청 구 액	14,636,109	종 국 결 과 06.11.24 배당종결
최 저 가	27,000,000 (100%)	토지총면적	21.1 ㎡ (6.38평)	경매개시일 05.05.02
입찰보증금	10% (2,700,000)	건물총면적	36.34 ㎡ (10.99평)	배당종기일 05.08.30
조 회 수	• 금일 1	공고후 43	누적 231	• 5분이상 열람 금일 0	누적 0		

소재지/감정서	물건번호/면 적(㎡)	감정가/최저가/과정	임차조사	등기권리
404-220 인천 서구 석남동 5■■ 7 세화빌라 나동 지하층 101호 **감정평가정리** - 벽돌조슬래브지붕 - 석남2동사무소북동측 인근 - 다세대및단독,점포등 혼재 - 차량통행가능 - 버스(정)인근,대중교 통사정보통 - 가스보일러개별난방, 도시가스설비 - 정방형토지 - 동측10m,복측4m도로 접함 - 1종일반주거지역 05.05.07 신성감정	물건번호: 단독물건 대지 21.1/168.8 (6.38평) ₩27,000,000 건물 36.34 (10.99평) - 총3층 - 보존:1987.12.23	감정가 27,000,000 • 대지 10,800,000 (40%) (평당 1,692,790) • 건물 16,200,000 (60%) (평당 1,474,067) 최저가 27,000,000 (100.0%) **경매진행과정** ① 27,000,000 2006-09-18 낙찰 낙찰자 (주)GMIC 응찰수 3명 낙찰액 32,109,000 (118.92%) 2위 32,010,000 (118.56%) 허가 2006-09-26 2006-11-24 종결	**법원임차조사** 김광■ 전입 2003.10.06 조중■ 전입 2004.02.04 *본건 조사차 현장에 수차 임 한바, 폐문부재로 이해관계인 을 만날수없어 상세한 임대관 계는 미상임 경매시 참고바람 **지지옥션세대조사** 나 03.10.06 김광■ (나-지하1호) 나 04.02.04 조중■ (나-B01호) 주민센터확인:2006.09.08	소유권 박정■ 2003.06.28 전소유자:홍숙■ 가압류 권오■ 2004.06.24 15,000,000 강 제 권오■ 2005.05.06 *청구액:14,636,109원 채권총액 15,000,000원 열람일자 : 2005.06.21

낙찰받고 받았던 입찰보증금 영수증

"가랑비에 옷 젖는다는 말을 실감하지 못하던 치기어린 시절이었죠!"

"한 건 입찰보증금이 270만 원이니 그럴 법도 하겠네요."

"별다른 부담 없이 질러댔죠!"

"그래도 10여 년 전에 이런 투자를 감행한 박사님, 대단하세요!"

"비싼 수업료 톡톡히 치르고 배운 것이 좀 있습니다!"

"이런 물건을 일곱 건 도전했다는 말씀이세요?"

"아뇨, 도전은 50여 건 했습니다만, 낙찰받은 건수가 일곱 건이고요?"

"그나마 다행이라고 생각한다는 말씀이시죠?"

"그렇죠, 천만다행이죠, 만약 당초 포부대로 100건 낙찰받았다면 아마 감당 못 하고 주저앉았을 겁니다!"

잔금납부 후 촉탁말소로 소유권을 이전 받은 후 등기부

순위번호	등기목적	접수	등기원인	권리자 및 기타사항
인천광역시 서구 석남동 549-37 제지하층 제101호				고유번호 1242-1996-247998
6	3번가압류, 4번임의경매개시결정 등기말소	2003년6월28일 제50914호	2003년6월18일 임의경매로 인한 낙찰	
7	가압류	2004년6월24일 제43496호	2004년5월22일 수원지방법원여주지원의 가압류 결정(2004카단1383)	청구금액 금15,000,000원 채권자 권○상 710818-1●●●●●● 경기도 여주군 북내면 당우리 136-9
8	강제경매개시결정	2005년5월6일 제41785호	2005년5월2일 인천지방법원의 강제경매개시결정(2005 타경45935)	채권자 권○상 710818-1●●●●●● 경기도 여주군 북내면 당우리 136-9
9	압류	2005년11월29일 제126108호	2005년10월21일 압류(세무과-26108)	권리자 인천광역시서구
10	압류	2006년1월31일 제25104호	2006년1월29일 압류(징세과-4742)	권리자 국 처분청 인천세무서
11	압류	2006년1월31일 제25105호	2006년1월29일 압류(징세과-5024)	권리자 국 처분청 인천세무서
12	압류	2006년4월20일 제31988호	2006년4월17일 압류	권리자 인천광역시중구
13	소유권이전	2006년11월16일 제103303호	2006년10월20일 강제경매로 인한 매각	소유자 주식회사지영알앤 110111-2816●● 서울 광진구 구의동 252-11 성지하이츠 1006호
14	7번가압류,	2006년11월16일	2006년10월20일	

열람일시 : 2006년11월22일 오전 10시52분39초   4/6

"박사님네 법인이 낙찰받아 잔금납부하고 소유권이전한 다음의 등기부등본이라는 거죠?"

부동산 등기부등본의 갑구 순위번호 '8번'을 보면 강제경매가 진행되었고(사건번호 2005타경 45935번), '13번'을 보면 필자의 법인인 ㈜지엠알씨로 소유권이 이전된 것을 볼 수 있다.

"말씀대로 참 별별 경험을 해보셨네요?"

"직접 돈 싸들고 투자할 때만큼 많이 배우는 공부 방법이 없습니다!"

또 말씀드리지만 서둘러서 좋을 일 하나 없는 판이 또한 경매 판이다.

당시 필자가 낙찰받았던 인천 구시가지 다세대주택(빌라) 일곱 건의 사건번호

1) 인천 2005- 45935
2) 인천 2005-137124
3) 인천 2006-26580
4) 인천 2005-109396
5) 인천 2006-25792
6) 인천 2005-55680
7) 인천 2006-23581

"낙찰 후에 상황은 어땠나요?"

"당초 판단과는 다르게 인천지역 개발사업이 시간이 갈수록 반대방향으로 가기 시작했어요!"

"반대방향이라뇨?"

"2012년 인천 아시안게임과 맞물려 개발에 가속도가 붙을 줄 알았는데 실제는 완전히 딴 판이 벌어졌어요!"

"우리가 이미 아는 꼴이 나고 말았다는 이야기시죠?"

"개발계획만 철없이 믿고 피 같은 돈 동원해서 경매 판에 뛰어든 사람들 곡소리가 시간이 지나면서 커져만 갔죠."

높아지는 통곡소리에 맞추어 부동산 가격은 폭락하기 시작한 것도 이미 아는 사실 그대로였다.

"그래서 어떻게 하셨나요?"

"판단이 서면 행동은 빠릅니다!"

"처분하셨다는 말씀이세요?"

"부동산 시장 하락기에는 '돈' 쥐고 있는 사람이 대장입니다!"

"'물건' 들고 있던 박사님 같은 사람이 밥 노릇하는 거고요?"

"여섯 건은 일반매매로 낙찰가 이하로 떨어내고, 마지막 하나는 10여 년 동안 비워났다가 이번에 경매로 털어내고 있습니다!"

"경매로 매각한다고요?"

"더 이상 쳐다보기도 싫어서요, 이제는 아무 미련이 없습니다!"

인천 낙찰 물건의 사건번호를 올려놓는다

"앞에서 보여주신 사건번호는 박사님네 법인이 낙찰받아 소유권 취득한 인천 빌라 물건이라는 거죠?"

"검색해보시면 눈물이 보일 겁니다."

"그러는 과정을 통해서 배우게 되는 것 아닐까요?"

"살아남아야 의미가 있습니다!"

결국 누가 마지막까지 버틸 수 있는 깡이 있는가 하는 점이 쟁점이 된다. 현재 경매로 털어내고 있는 사건번호는 인천법원 2015타경 4735번이다. 직접 검색해보시면 필자의 무모함이 보일 것이다.

"부동산 판은 마지막에 털고 일어나는 사람이 전체 판을 먹은 것 맞습니다!"

"한두 건 잘 했다고 목에 힘줄 일이 아니라는 말씀으로 새기겠습니다."

"반대로도 해석하실 수도 있으셔야 합니다."

"뭘 반대로 해석할 수 있어야 한다는 건가요?"

"한두 잘못되어 망했다고 낙담할 일도 아니라는 점입니다!"

다음 기사는 얼마 전까지 인천 지역의 투자 상황에 대한 일반적인 분위기를 보여주는 기사다.

시름 깊은 PF사업… 청라국제타운도 위기에 [5]

사업명	사업자	내용	무산시기	사업 규모(원)
오송역세권 개발사업	민간사업자 유치 못함	KTX 오송역 주변상업· 주거·업무용지로 개발	10월	3,100억
에잇시티	(주)에잇시티	용유·무의도 문화·관광· 레저 복합도시로 개발	8월	317조
알파로스	알파로스PFV	은평뉴타운 중심상업지구에 주상복합·호텔·의료단지 조성	7월	1조 3,000억
에콘힐	에콘힐(주)	광교신도시 남쪽에 문화· 유통·업무 복합단지 조성	6월	2조 1,000억

시행사 자금 조달 실패로 LH와 체결한 토지계약 해지
오송역세권·인천 에잇시티 등 부동산 침체에 발목 잡혀
올 대형 PF사업 줄줄이 좌초

5) 한국일보 2013-10-10자 기사 인용

인천 서구 청라지구에 업무 및 상업시설을 조성하는 청라국제업무타운 사업(127만㎡)은 착수 6년만에 무산 위기에 처했다. 4월 초 금융권이 시행사인 청라국제업무타운㈜에 빌려준 2,800억 원의 상환만기 연장을 거부해 한국토지주택공사(LH)와 체결한 토지 매매계약이 해지됐기 때문이다. LH는 정상적인 사업 추진을 위해 지난달까지 사업협약 해지를 두 차례 유예했지만 시행사는 끝내 자금 조달에 실패했다. LH 관계자는 '사업협약 해지를 미루는 것은 더 이상 의미가 없다고 보고 다음 달 중 결론을 낼 것'이라고 말했다.

인천 용유·무의도 내 문화·관광시설 건립계획인 '에잇시티'는 8월 초 물거품이 됐다. 천문학적인 사업비(317조 원)에 대한 재원 조달의 우려가 높았는데, 결국 400억 원 추가 증자에 실패하면서 사업시행 예정자 지위를 박탈당했다.

대형 PF사업의 잇따른 무산은 수렁에 빠진 부동산경기 탓이다. 2005~2007년 부동산경기가 최고조일 때 계획됐던 PF사업들은 주상복합건물을 먼저 분양한 후 분양대금으로 상업시설을 순차 개발하는 방식이 대부분이었다. 하지만 글로벌 금융위기 후 주택경기의 급격한 하락과 비싸게 책정된 분양가로 인한 사업성 악화가 불가피해졌다.

이로 인해 금융권에서의 자금 조달은 점점 어려워졌고, 아파트분양 추가 등 사업성을 높인 변경 안은 특혜 우려로 수용되지 않아 포기할 수밖에 없는 상황으로 내몰리고 있다.

인천 2015-4735 경매로 털어내고 있는 중

[예정] 인천9계 2015-4735 석남동 다세대

조 회 수	· 금일 1 | 누적 9	· 5분이상 열람 금일 1 | 누적 1			조회통계

경매구분	임의경매	경매신청자	박종█	경매개시일	2015.01.26
청 구 액	17,000,000원	채 무 자	지엠알씨	현 재 상 태	대기
용 도	다세대	소 유 자	지엠알씨	배당종기일	2015.04.07

■ 지도 [숨기기]

매각목록	면 적 (단위:㎡)	등기부상의 권리관계
404-220 인천 서구 석남동 5██-3 지하층 1호	대지 23.83/333.2(7.2평) 건물 39.92(12.1평) 보존 1994.07.14	소유권 지엠알씨 2006.11.16 전소유자:최근█ 전세권 박종█ 2009.01.08 17,000,000 존속기 간:2010.12.12 근저당 문회█ 2009.02.27 18,000,000 임 의 박종█ 2015.01.26 청구:17,000,000원 등기부채권총액 35,000,000 원 *열람일-2015.02.16

■ 당사자내역

당사자구분	당사자명	당사자구분	당사자명
채권자	박종█	채무자겸소유자	㈜지엠알씨
근저당권자	문회█	전세권자	박종█
교부권자	인천서구	교부권자	서울광진구

■ 가격정보

공시가격	2015	2014	2013	2012	2011
지가		972,700 ▲0.1%	972,000 ▲1.8%	955,000 ▲12.5%	849,000 ~ 0.0%

■ 관할정보

법원	· 인천지방법원 9계 전화 : (032)860-1609 · 입찰시간 10:00~11:20 <법원안내> · 신한은행(1층 111호), 신한은행(2층), 우체국(2층 213호)
주민센터	· 석남1동주민센터 (대표:032-560-4607, 인천광역시 서구 석남1동 465-3)

'2005-55680'으로 받았던 물건을 '2015-4735'으로 털어내는 중

"앞의 기사야 부정적이지만, 다음 기사를 보면 인천 지역의 투자 가치는 여전한 것 아닌가요?"

아무튼 필자네는 인천 투자에서 중상을 입고 철수하고 있는 중이다. 사망에 이르지는 않았고 심하게 예방주사 맞은 정도다. 이 정도는 버틸 만하다는 말이지만, 얻은 교훈까지 잊어서는 안 된다.

"경매로 털어내고 계시다고요?"

"낙찰받고 거의 10년 공실로 비워놓았는데 이제는 쳐다보기도 싫고 더 이상 신경 쓰기도 싫어서 강제로 털어버리고 있는 중입니다."

"얼마에 받으셨고 얼마에 털릴지 흥미진진합니다."

"이제는 아무런 관심도 없습니다!"

"이 건의 경매 신청권자가 박사님과 동업하시는 분이시라고 하셨죠?"

"믿을 수 없는 사람한테 이런 부탁하셨다가는 배당받고 자기 돈이라고 우기면 답이 없습니다."

"그래서 여쭤보았습니다!"

"이 정도 채권으로 안면 바꾸는 정도라면 당장 상종을 끊어야 합니다!"

"경매로 받은 물건을 경매로 털어내는 것도 나름 재밌을 것 같아요?"

"오래하시다 보면 경험하게 됩니다. 필요를 느끼게 될 때가 있게 됩니다!"

다음 기사를 보시면 마음이 다시 흔들릴 분이 계실 것이다.

1년 새 매매價 24% 올라… 인천 청라지구 꿈틀 [6]
(5년 만에 분양 재개하는 청라 국제도시)

작년 공항철도역 개통 등 도시 인프라 대폭 확충…
주택공급 부진 인천서 몰려와 중대형아파트 분양가 회복,
중소형은 1억 원 이상 올라… 올해 총 3,600여 가구 분양

지난 13일 오후 인천 청라국제도시를 관통하는 수변공원 '커널웨이' 인근의 한 상가. 1층에 있는 부동산 중개업소 세 곳 중 두 곳은 방문객 상담에 정신이 없었고, 문이 잠겨 있는 한 곳에 전화를 하니 '손님과 집을 보는 중'이라고 했다. D부동산 관계자는 '최근 6개월 사이 시세가 많이 올랐는데도 집을 알아보는 문의가 끊이지 않는다'며 '집값이 오르니 주민들 표정도 한층 밝아졌다'고 말했다.

한때 '유령도시'라는 오명(汚名)을 얻었던 청라국제도시의 부동산 시장이 살아나고 있다. 미분양아파트는 대폭 줄었고 아파트 시세는 고공행진을 하고 있다. 미분양이 많았던 중대형아파트는 과거 분양가를 회복하고 있고, 전용면적 $84m^2$ 이하의 중소형은 매물이 귀해 웃돈까지 형성될 정도이다. 주택시장이 살아나면서 건설사들도 2010년 이후 5년 만에 청라국제도시에서 분양을 재개했다.

"중소형아파트, 2년 새 1억 원 넘게 올라"

청라국제도시는 지난해 도시 인프라가 대폭 확충됐다. 작년 6월 공항

---

[6] 조선일보 2015.02.17 기사 인용

철도 청라국제도시역이 생기고, 경인고속도로 직선화 구간이 개통되면서 서울 접근이 더 편해졌다. 작년 인천아시안게임에 맞춰 개장한 중앙호수공원은 지역의 랜드마크가 됐다. 7,000여 명이 상주할 예정인 '하나금융타운'을 착공하고 신세계복합쇼핑몰 개발도 진행 중이다.

롯데마트와 홈플러스가 나란히 있는 중심상업지구 주변엔 '서울지하철 9호선 청라 유치, 적극 환영합니다'라는 플래카드가 걸려 있었다. 주민 이모(44)씨는 '서울 강북으로는 공항철도로 이동하는데, 지하철 9호선까지 연결된다면 서울 강남권 접근도 한층 편해질 것'이라고 말했다.

각종 개발 호재(好材)에 아파트 가격도 많이 올랐다. 한국감정원에 따르면, 작년 1월 3.3㎡당 980만 원이던 청라국제도시 아파트 평균 매매가는 12월 1,211만 원으로 24% 상승했다. 작년말 기준 청라국제도시 내 미분양아파트는 447가구로 1년 사이에 40% 정도 감소했다. 현지 부동산 중개업소들은 '한때 분양가보다 30~40% 내린 가격에 거래되던 전용 85㎡ 초과 중대형아파트는 분양가를 거의 회복했고, 중소형아파트는 2년 전과 비교하면 1억 원 이상 올랐다'고 입을 모았다.

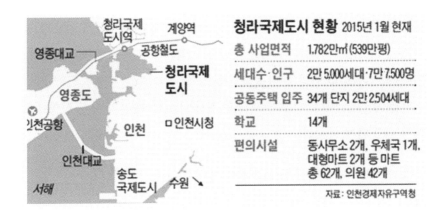

청라국제도시 현황 2015년 1월 현재

총 사업면적	1,782만㎡ (539만 평)
세대수·인구	2만 5,000세대·7만 7,500명
공동주택 입주	34개 단지 2만 2504세대
학교	14개
편의시설	동사무소 2개, 우체국 1개, 대형마트 2개 등 마트 총 62개, 의원 42개

자료: 인천경제자유구역청

최근 몇 년 동안 인천 지역 아파트 공급이 부진했던 것도 집값 상승에 영향을 미쳤다. 인천은 2009년만 해도 3만 가구 넘게 공급되던 물량이 2013년 6,700여 가구, 2014년엔 7,500여 가구 분양에 그쳤다. 인천의 낡은 아파트에 살던 수요층이 교통 여건과 생활 인프라가 개선된 청라로 몰려온 것이다. 청라연합 공인중개사사무소 이사는 '청라로 들어오려는 사람은 많은데, 이사 나가려는 사람은 없다'며 '도시가 제대로 자리를 잡으면서 입주자들이 주거 환경에 만족한다는 뜻'이라고 말했다.

5년 만에 분양 再開… 총 3,600가구

5년 만에 신규 아파트도 공급된다. 과거 중대형아파트 위주로 공급된 청라국제도시는 전체 가구 중 전용 $60~85m^2$의 중소형아파트 비율이 23.5%에 불과하다. 이런 희소성 때문에 $76 \cdot 84m^2$ 646가구를 분양하는 '청라파크자이 더 테라스'에 대한 수요자 관심이 특히 높다. 1·4층 가구에 전용면적에 포함되지 않는 널찍한 테라스 공간이 제공되는데, 4층은 복층 구조로 설계됐다. 청라국제도시는 지구 내에 영화관이 없는 등 생활 편의시설이 완벽히 갖춰지지 않았고, 인접한 송도에 비해 국제도시로써 위상이 떨어진다는 지적도 있다. '청라국제도시는 주거 인프라 정비가 잘돼 있고 인천 등 수도권 서남부 지역의 수요층이 두꺼워 당분간 인기가 이어질 것'이라고 말했다.

믿을 게 따로 있다. 정부 정책에 춤추지 마시고, 눈앞의 어떤 상황에도 너무 함몰되지 마시라.

좀 안다고 까불다 심하게 다친 사람들의 이야기였다.

chapter 07

수익률에만 정신 팔렸다가
제대로 한 방 맞은 필자

범인(凡人)들은 누군가의 성공과 실패 이야기를 들을 때 이중적인 반응을 보이는 것이 보통이다. 누군가의 '성공 이야기'를 들으면 겉으로는 환한 미소에 한 옥타브 높은 목소리로 축하한다고 인사를 건네지만, 속으로 쓰려오는 아픔은 어쩔 수 없는 것이 인지상정이다. 그러면서 성공한 자의 '성공 요인'을 분석해보려는 노력 정도만 해주어도 발전 가망은 있다. 반대로 누군가의 '망한 이야기'를 듣게 되면 반대 증상을 보인다.

"앞에서 보여드린 인천 구시가지 다세대주택 투자와 마찬가지로 중닭 시절에 저질렀던 간 큰 투자 사고 중 하나입니다!"

"이번에는 오피스텔을 13건 낙찰받으셨다고요?"

"응찰은 40건 했었고 낙찰받은 건수가 13이었습니다!"

"대단하시네요."

"칭찬은 아니시죠?"

"아뇨, 칭찬입니다!"

"이런 투자를 칭찬하시면 안 됩니다."

서울남부지방법원 10계 2006-30843(122)상세정보 [7]

경매구분	임의(기일)	채 권 자	○○종합건설	경매 일시	08.01.14
용 도	주상복합(아파트)	채무/소유자	e좋은/○올부동산	다음 예정	08.02.21
감정가격	120,000,000	청 구 액	12,446,000	경매개시결정일	06.09.26
최저가격	61,440,000(51.2%)	토지 총 면적	5.39㎡(1.63평)	배당요구종기일	07.08.16
입찰보증금	6,144,000	건물 총 면적	34.07㎡(10.31평)	조 회 수	

주 소/감정서	물건번호/면적(㎡)	감정가/최저가/과정	임대차현황	구분/권리/등기/금액
서울 구로구 오류동 46-* e좋은집 1327호 • 감정평가서 정리 -오류역 서측 -차량출입가능 -근린시설밀집 -부정형평지 -도시가스 　중앙공급식 06.10.25 장일감정	물건번호 : 122번 (총물건수 138건) 122) 대지 5.39/2997 (1.63평) 건물 34.07 (10.31평) (20.7평형) 15층- 2005.10.21보존 -------------- -응찰자수 : 33명 -낙찰자 : (주)지엠알씨 -허 가 : 08.01.21 -대 납 : 08.02.25 -배 당 : 08.04.30	감정가 120,000,000 대 지 36,000,000 　　　 (30%) 건 물 84,000,000 　　　 (70%) 최저가 61,440,000 　　　 (51.2%) -------------- • 경매진행과정 　　　 120,000,000 유 찰 07.09.10 20%↓ 96,000,000 유 찰 07.10.22 20%↓ 76,800,000 유 찰 07.11.26 20%↓ 61,440,000 낙 찰 08.01.14 　　　 88,888,000 　　　 (74.1%)		저당권 : ○○종합건설 　　　 05.10.21 　 49,918,639,000 저당권 : ○○종합건설 　　　 95.11.30 　 49,918,639,000 소유권 : ○○올부동산 　　　 05.11.30 전소유자/e좋은(주) 가처분 : 이장효 　　　 06.07.26 임의 : ○○종합건설 　　　 06.10.02 -청구액 :12,446,000
주 의 사 항	* 유치권. 미분양, 미입주상태로 공실 * (주)○○기업이 관리비를 이유로 유치권신고 있음(각 세대별 300만 원 정도이며, 　 총액수는 438,437,00원 정도).			

---

7) 서울 구로구 오류동 국철 오류역 앞 오피스텔을 낙찰받은 사건이다.

확신이 있었다, 그것이 문제였다

"확신이 어째서 문제라는 건가요?"

"확신범이 무섭습니다!"

"총 물건수가 138건이네요?"

"그날(2008년 1월 14일) 제 법인 명의로 40건 응찰했었습니다."

"서울·수도권 지역 소형 오피스텔의 장래를 밝게 봤다는 이야기시죠?"

"저뿐만 아니라 소액으로 수익형 부동산 투자에 관심 있던 사람들의 일반적인 생각이 비슷했습니다!"

"물건의 기본 개요 좀 설명해주세요?"

"실 평수 10평이고, 오류역 바로 앞이고, 감정가 1억 2,000만 원짜리 오피스텔이 미분양 상태에서 세 번 유찰로 감정가 대비 51.2%인 61,400,000원일 때 88,888,000원(74.1%)에 응찰해서 평균 경쟁률 30대1로 낙찰받을 때만 해도 필자도 투자자들도 모두 행복했죠."

"평균 경쟁률 30대1이라면 다들 투자 가치를 높게 봤다는 말이 맞네요?"

"투자가 참 어려운 부분이 이 대목입니다!"

주거용 부동산과 상업용 부동산 사이에 엉거주춤

"이 건 투자로 서울·수도권의 소형 오피스텔의 투자 생리를 완전히 파악했다고 할 수 있습니다."

"어떤 점이 사실과 다른가요?"

"사상 최저치를 갈아치우는 금리 때문에 월세 잘 나오는 부동산에 관심이 갈수록 뜨거워지고 있지만 투자하고 나면 당초 예상과는 한참 다른 실상을 접하게 됩니다!"

"수익률이 당초보다 나오지 않는다는 이야기는 들었습니다!"

"그 정도는 귀여울 수 있고요, 공실이 발생하면 관리비 대신 내야 하고, 융자받았다면 이자내야 하고, 이사 들어온다고 하면 도배장판 해줘야 하고 평균 이상의 수익률이 나온다고 소문다면 인근에 바로 비슷한 규모의 오피스텔 공사가 시작됩니다."

"다른 문제는 또 뭔가요?"

"오피스텔의 특징이 주거용 부동산과 상업용 부동산 사이에 엉거주춤 겹쳐 있다는 점입니다!"

"장점이지 않나요?"

"부동산 경기가 좋은 시절에는 장점일 수 있지만, 불황기에는 양쪽 악재를 다 뒤집어 쓸 수도 있습니다!"

"박사님이 이 물건 응찰할 때 기대수익률은 몇 %였나요?"

"9% 전후였던 것 같습니다!"

"지금은 어떤가요?"

"요즘은 강남은 4%, 강북이나 수도권은 5~6%면 투자자를 모집하는 게 어렵지 않다는 이야기를 들었습니다!"

"신규 오피스텔 분양광고를 보면 6% 전후로 광고하던데요. 실제로는 그렇게 안 나오나 보죠?"

기대 수익률이 달성되면 바로 인근에 비슷한 부동산이 신규 공급되어 수익률은 낮아지고 만다.

필자네가 40건 응찰해서 낙찰받았던 13건의 물건번호

1) 2006 - 30843(45)

2) 2006 - 30843(57)

3) 2006 - 30843(69)

4) 2006 - 30843(80)

5) 2006 - 30843(81)

6) 2006 - 30843(90)

7) 2006 - 30843(91)

8) 2006 - 30843(102)

9) 2006 - 30843(103)

10) 2006 - 30843(120)

11) 2006 - 30843(122)

12) 2006 - 30843(123)

13) 2006 - 30843(129)이다. 경매 정보사이트에 접속하셔서 직접 검색해보시면 필자의 무모함을 또 한 번 만나게 될 것이다.

응찰 당시 이 부동산의 객관적인 상황과 필자의 판단은 다음과 같았다.

138건 진행된 오류역 앞 오피스텔 물건현황

국철 1호선 오류역 바로 앞에 있는 e좋은 오피스텔(총 5백20여 세대) 중 미분양-미입주 공실 물량이 경매에 나왔다. 공사를 담당했던 시공사가 공사비를 회수하기 위해 총 138건을 경매에 붙인 경우였다. 총 15층이고 하층부는 상가, 4층부터는 아파트와 오피스텔로 구성되어 있다.

북서쪽으로 왕복 8차선의 대로에 접해 있고, 약 3분 거리에 남부순환로 오류IC가 있다. 남서쪽으로는 국철 오류역과 지상 철로로 인해 전망 또한 양호하다. 이 물건은 13층에 있으며, 북서측 대로에 접해 탁 트인 시야를 확보하고 있다. 분양 평형은 20.7평형이고, 전용면적은 10.3평이다. 방 하나와 거실, 주방, 욕실로 이루어진 구조이며, 층고가 높아 복층 공사가 가능한 물건이다. 대지지분은 1.63평이다.

최초감정가는 1억 2,000만 원이다. 3차 유찰로 최저입찰가격이 6,144만 원으로 낮아진 상태에서, 8,888만 원(최초 감정가 대비 74.1%)에 응찰해 33대1로 낙찰에 성공했다. 관리회사가 '유치권' 명목으로 밀린 관리비를 요구한 이유로 세 차례나 유찰이 거듭되고 있었다. 일부는 3차 입찰일에 낙찰된 물건이 있었다. 응찰 당시 같은 조건의 매물가격은 1억 1,000만 원 정도였다.

서울 역세권 소형 오피스텔 투자 포인트

다음 에피소드에서 보듯이 입찰 당일(2008년 1월 14일) 서울남부법원 경매 법정은 말 그대로 입추의 여지가 없었다. 그러면 왜 이날 사상초유의 일이 벌어졌을까? 많은 사람들이 서울 시내 역세권 중소형 오피스 물량의 공급부족으로 향후 투자 가치가 상승할 것으로 판단했기 때문이다. 서울 지역의 오피스 공실률이 5% 이하로 떨어져 있다는 기사가 실리고 있던 시절이다. 오피스 부동산의 특성상 공실률이 5% 이하라면 모든 공간이 임대되고 있다는 것을 의미한다.

상황 판단을 잘못해도 한참 잘못하고 있는 필자다

서울이라는 도시의 특성상 도심지역에 오피스 공간이 대규모로 공급되기에는 여러 어려움들이 있다. 공급부족에 따른 임대료 상승현상은 계속되고 있으며, 당분간 계속될 것으로 보인다. 또한 향후 우리나라의 '가족-세대-인구'구성 추이를 예상해보더라도 도심 지역에 주거기능을 갖춘 중소형 오피스(텔)의 가치는 올라갈 수밖에 없을 것이다. 특히 역세권 부동산은 더욱 그러할 것이다. 이러 연유로 부자들에게 월세 수입이 가능한 서울시 오피스(텔) 부동산의 인기는 여전하다. 이유는 간단하다. 부동산 담보대출 금리가 연 6~8%대를 유지하고 있다. 월 임대료는 약 9~12% 수준이다.

대한민국 경매 사상 최장 시간 기록수립

법원 경매는 오전 10시에 시작하면 보통 오후 1시 전후, 늦어도 2시 정도면 끝나는 것이 일반적이다. 그러나 필자가 40건을 응찰했던 2008년 1월 14일은 서울 남부법원에서 무려 저녁 9시 20분에야 겨우 끝이 나는 신기록이 수립되었다. 무려 11시간의 사투가 벌어진 것이다.

이날 남부법원은 이 물건에 응찰하고자 밀려드는 사람들로 난장판 그 자체였다. 필자의 기억으로는 집행관들은 식사도 제대로 하지 못하고 진행했다. 그럴 수밖에 없었던 것이 이날 진행된 이 오피스텔의 총 물건수가 약 60여 건이었다. 한 건당 평균 30~40명씩 응찰했으니 줄잡아 2천여 명의 사람들이 법정을 달구었다. 필자는 이날 이 평형대의 물건에만 총 40건 응찰해 13건 낙찰받는 데 성공했다. 오피스텔을 40건 낙찰받겠다고 도전해 13건을 낙찰받았다.

이날 남부법원 구내식당과 매점은 몰려드는 사람들로 인해 먹을 수 있는 모든 물건이 동이 나버렸다. 그럴 수밖에 없었던 것이 이 물건의 응찰자, 따라온 사람, 그리고 다른 물건에 응찰한 사람까지 합해보면 대충 짐작이 가실 것이다. 하여튼 경매 법정에서 가장 많은 군중을 본 기억이 오래도록 생생하다.

경매로 13건을 낙찰받은 후 상황

"지금은 모두 처분해서 보유하고 있지는 않다고 하셨죠?"

"당초 수익률이 나오지 않자 투자자들로부터 자기 돈 돌려달라는 독촉이 시작되더라고요!"

"그럴 수도 있겠네요?"

"사설 펀드에 의한 부동산 공동투자 시 주의해야 할 점이 한둘이 아닙니다!"

"어떨 때 그런가요?"

"특히 투자원금마저 손실이 발생하면 '매니저'는 각오해야 합니다!"

"어떤 각오를 해야 하나요?"

"원금을 자기 돈으로 물어주든지, 아니면 경찰·검찰에 조사받으러 불려다니든지!"

"이익이 나면 함께 누리고, 손실이 발생하면 함께 손해 보는 것이 '투자의 원칙' 아닌가요?"

"저도 처음에는 그렇게 알았습니다!"

"오류동 오피스텔 투자 건에서 손해났다는 말씀처럼 들리고, 손실 부분을 매니저 노릇한 박사님이 보충해줬다는 말로 이해해도 되나요?"

"맨 정신으로 겪을 일이 못 됩니다!"

"낙찰받았는데도 손해가 발생한 원인이 뭘까요?"

"주변에 비슷한 오피스텔이 계속 신축되더라고요!"

"손해보고 처분했나요?"

"13건 모두 매각하고 나서 따져보니 내가 약 2억 5,000만 원 정도 물어냈더라고요."

"고소는 안 당하셨나요?"

"형님, 동생하면서 참 친했던 한 사람에게 당했습니다!"

"그래서요?"

투자 원금 물어주고 전과자는 되지 않았다

"고소의 이유가 뭐였나요?"

"간단하죠."

"어떻게요?"

"이익 남겨주겠다는 말에 투자했는데 손해났으니 원금 돌려달라는 말하더라고요!"

"정말이세요?"

"돈 앞에서는 부모, 형제도 없는 세상입니다!"

"안 돌려줘도 되는 것 아닌가요?"

"그랬다가는 계속 시달릴 것이 뻔한데 빨리 정리하는 것이 건강에 더 좋습니다, 그리고 투자금 받았다가 손실낸 저한테 책임도 있다는 생각이 들어서 손실난 부분 제가 책임지는 것으로 마무리했죠!"

"별 경험 다 해보셨네요?"

"그럼요!"

본 책의 내용에 대해 의견이나 질문이 있으면
전화(02)3604-565, 이메일 dodreamedia@naver.com을 이용해주십시오.
의견을 적극 수렴하겠습니다.

新 위험한 경매

제1판 1쇄 발행 | 2015년 5월 25일
제1판 5쇄 발행 | 2019년 12월 27일

지은이 | 우형달
펴낸이 | 한경준
펴낸곳 | 한국경제신문 *i*
기획제작 | (주)두드림미디어

주소 | 서울특별시 중구 청파로 463
기획출판팀 | 02-333-3577
영업마케팅팀 | 02-3604-595, 583 FAX | 02-3604-599
E-mail | dodreamedia@naver.com
등록 | 제 2-315(1967. 5. 15)

ISBN 978-89-475-4012-4 03320